ANSIEDADE E STRESS

Dra. Susan M. Lark

ANSIEDADE E STRESS

LIVRO DE AUTO-AJUDA

Soluções eficientes para a tensão nervosa, o sofrimento emocional, a ansiedade e o pânico

Tradução
A. J. SILVA E SOUSA

EDITORA CULTRIX
São Paulo

Título do original: *Anxiety & Stress*.

Ilustrações de Shelley Reeves Smith.

Fotos de Ronald May.

NOTA: As informações contidas neste livro servem como um complemento aos conselhos do seu médico, não para substituí-los. É muito importante que mulheres que apresentam alguns sintomas de ansiedade ou *stress* sejam examinadas por um médico. Se você já estiver sob os cuidados de um médico, discuta os problemas com ele. Por não ser um livro de consulta médica, tenha em mente que as informações apresentadas aqui podem não se aplicar no seu caso em particular. Qualquer dúvida que surja, discuta com seu médico.

O primeiro número à esquerda indica a edição, ou reedição, desta obra. A primeira dezena à direita indica o ano em que esta edição, ou reedição, foi publicada.

Edição	Ano
1-2-3-4-5-6-7-8-9-10	01-02-03-04-05-06-07

Direitos de tradução para a língua portuguesa
adquiridos com exclusividade pela
EDITORA PENSAMENTO-CULTRIX LTDA.
Rua Dr. Mário Vicente, 368 — 04270-000 — São Paulo, SP
Fone: 272-1399 — Fax: 272-4770
E-mail: pensamento@cultrix.com.br
http://www.pensamento-cultrix.com.br
que se reserva a propriedade literária desta tradução.

Impresso em nossas oficinas gráficas.

Ao meu maravilhoso marido, Jim, e
à minha querida filha, Rebecca.
À saúde e ao bem-estar de todas as mulheres.

Sumário

INTRODUÇÃO

Uma Abordagem de Auto-Ajuda para a Ansiedade e o Stress

Sintomas emocionais resultantes de um estado excessivo de *stress* são muito comuns em nossa sociedade e afetam muitos milhões de mulheres. Sentimentos de inquietação e mal-estar criados pelo *stress* podem deflagrar tensão nervosa, irritabilidade e explosões irascíveis. Em casos extremos, as mulheres reagirão ao *stress* com sentimentos de ansiedade. De fato, 10% da população norte-americana – entre vinte e trinta milhões de pessoas – sofrem de sintomas de ansiedade a cada ano. Esses números são estarrecedores, sobretudo se levarmos em conta que os sintomas de perturbação emocional não estão limitados a um determinado grupo etário. Muito pelo contrário, os sintomas de ansiedade ocorrem em mulheres de todas as idades, desde a pré-adolescência aos anos pós-menopausa.

Quando os sentimentos de ansiedade são excessivos, podem expressar-se em episódios de medo e pânico. É mesmo possível que provoquem desagradáveis sintomas físicos, como taquicardia e respiração ofegante, deixando o corpo físico da mulher muito transtornado e fora de controle quanto às suas emoções. A ansiedade pode impedir o ótimo funcionamento da capacidade de uma mulher no local de trabalho, no lar e nas relações com seus colaboradores, amigos e família.

Sintomas emocionais como a ansiedade resultam de uma ampla gama de desequilíbrios emocionais, sociais, químicos e físicos. Algumas mulheres têm episódios de ansiedade que têm seu fundamento emocional em frustrações e traumas na infância, enquanto que outras podem desenvolver sintomas de *stress* após uma séria crise na vida, como um falecimento, divórcio ou perda do emprego. A ansiedade pode também ser um sintoma primário de problemas médicos, tais como tensão pré-menstrual, transição para a menopausa, hipertireoidismo e hipoglicemia, bem como outras questões relacionadas com a saúde. E a ansiedade pode ainda resultar de deficiências nutricionais, assim como do uso inadequado de medicamentos ou álcool.

Historicamente, mulheres com ansiedade têm sido tratadas com terapias medicamentosas, combinadas por vezes com aconselhamento ou psicoterapia.

Embora as drogas ansiolíticas ajudem a aliviar sintomas emocionais, elas podem ser uma benção não mais que relativa para muitas mulheres, na medida em que produzem, com freqüência, desagradáveis efeitos colaterais, bem como dependência psicológica e física. O aconselhamento pode ser ineficaz se causas físicas subjacentes da ansiedade não são diagnosticadas ou são ignoradas. Muitas mulheres me falaram de sua busca infrutífera de alívio adequado enquanto iam de médico em médico, tentando diferentes combinações de medicação.

O que está faltando nesse roteiro é a participação da mulher em seu próprio processo de cura. Em minha experiência, as mulheres podem colher tremendos benefícios quando aprendem e praticam técnicas de auto-ajuda para aliviar a ansiedade. Essas técnicas, que englobam princípios específicos de dieta, nutrição, exercício e administração do *stress*, podem freqüentemente substituir a medicação como tratamento. Até mesmo em casos mais graves de ansiedade, o uso de técnicas de auto-ajuda, a par da medicação, produz melhores resultados para a paciente do que o uso exclusivo de medicamentos. Além disso, a prática das técnicas de auto-ajuda pode ajudar as mulheres a reduzir não só a sua dependência de medicamentos mas também a probabilidade de que se repitam os debilitantes sintomas de ansiedade.

Aprendendo a Ajudar Minhas Pacientes

Nos últimos vinte anos, muitas das minhas pacientes que sofriam de ansiedade e outros sintomas emocionais relacionados com o *stress* colheram benefícios consideráveis de programas de auto-ajuda. Passei anos pesquisando o uso de técnicas dietéticas, nutricionais e muitas outras relacionadas com o estilo de vida como parte de uma completa abordagem do tratamento desses problemas. Pontos específicos de acupressura, posturas físicas da yoga e exercícios de rotina, assim como muitas outras técnicas de administração do *stress*, oferecem uma ampla variedade de opções de auto-ajuda. O meu objetivo com pacientes foi sempre fornecer informação, educação e recursos necessários para ajudá-las a aliviar seus sintomas, na medida em que se tornam mulheres mais saudáveis, e depois manter esse estado por meio de salutares práticas de estilo de vida. Fico deliciada com o *feedback* positivo que minhas pacientes me proporcionam. Elas mostram-se sempre satisfeitas e aliviadas ao descobrir que os tratamentos de auto-ajuda são tão benéficos e eficazes.

Como Usar Este Livro

O meu propósito ao escrever o presente livro foi o de compartilhar com mulheres as técnicas de auto-ajuda que, ao longo de muitos anos de prática médica, concluí serem as mais úteis. Eu também pratico essas técnicas. Os cuidados preventivos com a saúde tiveram resultados imensamente benéficos para mim; sou mais saudável e mais produtiva agora do que há dez anos. Tenho planos para sentir-me melhor e ser ainda mais saudável daqui a dez anos. Ampliar os meus conhecimentos sobre a auto-ajuda e pesquisar continuamente novas técnicas de tratamento para a ansiedade fazem parte das metas primordiais na minha prática.

O programa de auto-ajuda no combate à ansiedade e ao *stress* fornece importante informação para todas as mulheres que sofrem desses problemas. O programa está escrito de modo que cada mulher que leia este livro possa fazer sua escolha entre uma ampla variedade de opções de tratamento de auto-ajuda. Um plano de tratamento que utilize apenas um método e pretenda ser o único válido para esses dois problemas só funcionará provavelmente para uma pequena percentagem de mulheres. Em minha prática médica, obtenho melhores resultados quando individualizo o programa de tratamento para cada paciente. Com a sobreposição parcial de tratamentos oriundos de várias disciplinas, a maioria das mulheres encontra combinações que funcionam para elas. Você também será capaz de encontrar a combinação que funciona no seu caso.

Este programa está montado para habilitá-la a desenvolver o seu próprio plano de tratamento. Todos os métodos de que precisa estão contidos neste livro. Incluem informação sobre dieta e nutrição, assim como material sobre vitaminas, minerais e ervas que, nas duas últimas décadas, provaram ser eficazes para aliviar os sintomas de ansiedade e *stress*. A suplementação nutricional é uma parte importante para um programa de saúde de ótimo nível para mulheres com ansiedade e *stress*. Programas de redução do *stress*, exercício físico, massagem de acupressura, exercícios de respiração profunda e yoga, os quais são especificamente úteis para a ansiedade e o *stress*, também são partes importantes deste livro. Um capítulo sobre terapias com psicofármacos está incluído, para que você possa estar plenamente informada sobre os mais eficazes tratamentos médicos.

Leia primeiro o livro todo para familiarizar-se com o material. O Manual de Ansiedade e *Stress* (capítulo 2) irá ajudá-la a avaliar os seus sintomas, os fatores de risco e os hábitos da vida que dão origem ao *stress*. Passe depois para os capítulos de terapia e leia o resto do livro até ao fim. Tente todas as terapias que tenham algo a ver com os seus sintomas; é provável que umas a façam sentir-se melhor do que outras. Estabeleça um regime que funcione para si e use-o diariamente.

Este programa de auto-ajuda para a ansiedade e o *stress* é prático e fácil de seguir. Pode ser usado independentemente ou em conjunto com um programa médico. Embora o trabalho com um médico ou psicólogo possa ser necessário a fim de se estabelecer um diagnóstico definitivo da causa da ansiedade, e a terapia médica possa ser ainda necessária se você tem sintomas de moderados a graves, não subestime a importância de um bom programa de auto-ajuda. Para muitas mulheres, este livro pode ajudar a acelerar o processo de diagnóstico. As minhas técnicas de auto-ajuda podem desempenhar um papel importante na redução da severidade dos seus sintomas e na prevenção de que o processo patológico se repita. Com um programa de auto-ajuda, você pode experimentar um sentimento de plenitude que irradiará e afetará toda a sua vida. Terá mais tempo e energia para sentir satisfação no seu trabalho, no relacionamento com a família e em outros prazeres que a vida proporciona. Tal como ocorre com as minhas pacientes, você pode transformar positivamente a sua vida segundo essas técnicas benéficas de auto-ajuda.

PARTE I : A Identificação do Problema

CAPÍTULO 1
O Que é Ansiedade?

A palavra *ansiedade* significa "um estado inquieto, apreensivo ou preocupado a respeito do que possa vir a acontecer". Também é descrita como uma "sensação de ser impotente e incapaz de enfrentar acontecimentos ameaçadores...[caracterizados] pela tensão física". Embora seja uma definição de dicionário, certamente, se ajusta ao modo como muitas mulheres sentem hoje sua vida. A freqüência com que as mulheres se sentem ansiosas é refletida na minha prática clínica. As minhas pacientes queixam-se de ansiedade e de outros sintomas emocionais mais do que de qualquer outra coisa. Isso é verdadeiro no caso de estarem procurando ajuda tanto para males primordialmente psicológicos, quanto para os de natureza física.

As Emoções da Ansiedade

Para a maioria das pessoas, a ansiedade é uma parte inevitável da vida. Todas nós deparamos com situações cotidianas, na vida real, para as quais a ansiedade é uma resposta razoável. Essas situações podem ser tão sérias quanto a morte, o divórcio ou a perda do emprego, ou de uma importância relativamente menor, na aparência, como ir ao médico ou encontrar novas pessoas num evento social.

Embora a ansiedade seja uma reação emocional muito comum, sua expressão pode assumir formas diferentes. Varia em intensidade desde ser uma resposta apropriada para situações estressantes ou difíceis, até ser um distúrbio psiquiátrico real. Os distúrbios podem ocorrer quando os sintomas persistem ou são de natureza muito grave. Algumas mulheres têm sintomas de ansiedade tão intensos que interferem na capacidade delas de atuar no dia-a-dia.

A Fisiologia da Ansiedade

Embora a maioria das mulheres sinta a ansiedade emocionalmente como aflitiva e angustiante, nós também reagimos a esses sentimentos perturbadores num nível físico. O que acontece realmente ao nosso corpo quando nos sentimos ansiosas, nervosas ou mesmo tomadas de pânico? Os sentimentos de ansiedade desencadeiam normalmente uma reação de alarme em nosso corpo, a chamada reação de "luta-ou-fuga". Essa reação ocorre em face de qualquer ameaça percebida, quer ela seja fisicamente real, psicologicamente alarmante ou até imaginária. Os nossos pensamentos e sentimentos podem desencadear essa resposta; ela pode até acontecer simplesmente quando estamos excitadas. A reação de luta-ou-fuga é um poderoso mecanismo protetor que permite ao nosso corpo mobilizar energia rapidamente e optar por uma das duas alternativas: ou escapar ou enfrentar qualquer tipo de perigo.

A reação de luta-ou-fuga começa no nosso sistema nervoso, o qual consiste no cérebro, medula espinal e nervos periféricos. Está dividido por função em duas partes: o sistema nervoso voluntário (ou central) e o sistema nervoso involuntário (ou autônomo).

O sistema nervoso voluntário administra a atividade no domínio consciente. Por exemplo, se você colocar a mão na chapa quente de um fogão, as fibras da dor deflagram uma reação que é enviada ao cérebro. Este, por sua vez, manda de volta uma reação imediata, instruindo você para retirar a mão antes que se queime. A mão é então rapidamente afastada do fogão.

O sistema nervoso autônomo regula funções das quais a pessoa comum não se apercebe usualmente, tais como, a tensão muscular, a pulsação, a respiração, a função glandular e a circulação sangüínea. O sistema nervoso autônomo também está dividido em duas partes que se opõem e se complementam mutuamente: os sistemas nervosos simpático e parassimpático. Estes controlam, respectivamente, os limites superior e inferior da nossa fisiologia. Por exemplo, se a excitação acelera demais os batimentos cardíacos, a tarefa do sistema nervoso parassimpático é atuar como um circuito de controle e moderar os batimentos. Se o coração diminui demais seu ritmo, então é tarefa do sistema nervoso simpático acelerá-lo.

Uma reação de luta-ou-fuga estimula o sistema nervoso simpático, deflagrando numerosas reações físicas diferentes. As nossas glândulas supra-renais aumentam sua produção de adrenalina e cortisona quando a química do corpo se ajusta para enfrentar a crise. O recrudescimento do fluxo desses hormônios causa a aceleração dos batimentos cardíacos e das pulsações, a respiração torna-se pouco profunda e rápida, mãos e pés ficam gelados. Além disso, os músculos retesam-se, ficando tensos e contraídos. O sistema nervoso simpático também deflagra a liberação de açúcar armazenado no fígado, um aumento na taxa metabólica do corpo, inibição da digestão e uma excessiva secreção de ácido no estômago – tudo em resposta a sentimentos de ansiedade e *stress*.

Embora a reação fisiológica à ansiedade ou *stress* seja a mesma, não importa qual tenha sido o fator estressante inicial (perigo físico, distúrbio psicológico ou ameaça imaginária), o gatilho químico para a ansiedade pode variar imensamente. Por exemplo, o desequilíbrio químico que desencadeia a ansiedade relacionada com a tensão pré-menstrual é, com freqüência, muito diferente dos desequilíbrios químicos ou hormonais observados no hipertireoidismo ou na ansiedade relacionada com a menopausa. Examinarei os gatilhos químicos quando explorar as causas comuns da ansiedade.

Em mulheres com episódios de ansiedade ou pânico, o sistema nervoso simpático é, na realidade, extremamente sensível ou deflagrado com excessiva facilidade. Seus sistemas encontram-se, com demasiada freqüência, num estado de prontidão para reagir a uma crise. Isso coloca-os num constante estado de tensão – luta-ou-fuga.

As Causas Comuns da Ansiedade

Quando uma mulher identifica a ansiedade como uma queixa séria, qualquer um dos quatro sistemas somáticos pode estar comprometido:

- O sistema nervoso, o qual inclui as fibras que ligam o cérebro, os órgãos e os músculos pela transmissão dos impulsos que permitem as sensações e os movimentos normais do corpo, assim como a experiência e expressão de estados de ânimo e sentimentos.

- O sistema endócrino ou glandular, o qual regula as funções reprodutivas e metabólicas, tais como a menstruação e a eficiente queima de alimento para energia. As glândulas endócrinas comunicam entre si segregando substâncias químicas chamadas hormônios que, através da corrente sangüínea, levam mensagens químicas de uma glândula para outra.

- O sistema imunológico, o qual combate invasores externos no corpo, como bactérias, vírus e células cancerosas.

- O sistema cardiovascular, o qual consiste no coração e todos os vasos sangüíneos existentes no corpo.

O restante deste capítulo examina os problemas físicos e psicológicos mais comuns nesses sistemas com que me deparei ao longo dos anos de minha prática médica. Muitos desses problemas (mas não todos) são freqüentemente observados por qualquer profissional que exerça a clínica médica. Muito provavelmente, os sintomas de ansiedade estão relacionados com um ou mais desses problemas de saúde.

Tipos de Distúrbios da Ansiedade

Três importantes tipos de distúrbios da ansiedade com base psicológica têm grande relevância nas mulheres: o distúrbio da ansiedade generalizada, o distúrbio do pânico e as fobias. Pesquisas na química do cérebro mostraram que esses distúrbios da ansiedade também podem estar associados a mudanças químicas específicas no cérebro, sugerindo assim um forte vínculo mente-corpo. O campo da psiquiatria reconhece outros tipos de distúrbios da ansiedade, como a neurose obsessivo-compulsiva e a síndrome de *stress* pós-traumática, dos quais não me ocuparei neste livro; embora sejam problemas importantes, eles têm menos relevância para a maioria das mulheres. Embora se verifique a tendência para uma certa sobreposição parcial nos sintomas sentidos por mulheres com os vários tipos de distúrbios da ansiedade, existem ainda assim, diferenças significativas entre os tipos específicos.

Distúrbio da Ansiedade Generalizada

O distúrbio da ansiedade generalizada caracteriza-se pela ansiedade crônica que tende a concentrar-se em questões da vida real, como problemas com o trabalho, as finanças, as relações ou a saúde, os quais são sentidos como perigosos ou ameaçadores para a segurança e o bem-estar de uma mulher. Os sintomas emocionais e físicos da ansiedade que essas situações suscitam devem persistir durante, pelo menos, seis meses para estabelecer esse diagnóstico. Freqüentemente, os problemas da vida real provocam, por sua vez, inquietações emocionais mais profundas, como o medo do abandono, a rejeição ou o medo de não ser amada. Esses medos profundos podem estar subjacentes na ansiedade em torno das relações pessoais conturbadas, medo do fracasso, incapacidade para enfrentar eficazmente situações estressantes e mesmo o medo da morte quando existem preocupações com a saúde. Uma vez que os sintomas são sentidos com freqüência, eles podem interferir na qualidade de vida de uma mulher e na sua capacidade de atuar de modo mais favorável na vida de todos os dias.

Sintomas comuns incluem as freqüentes indisposições, inquietação e tensão nervosa, assim como insônia, irritabilidade, dificuldade de concentração e alarmar-se ou sobressaltar-se com facilidade. Os sintomas físicos incluem a típica reação de luta-ou-fuga de batimentos rápidos do coração, mãos e pés frios, respiração ofegante, tensão muscular, tremores, depressão e fadiga crônica. Os sintomas, entretanto, não são tão graves a ponto de serem complicados por acessos de pânico e fobias. A origem do distúrbio da ansiedade generalizada pode remontar à infância mas a maioria das pacientes é inicialmente diagnosticada nas faixas dos 20 ou 30 anos. O distúrbio parece ocorrer com igual freqüência entre homens e mulheres.

Consulte um médico, caso sofra de um aparente distúrbio da ansiedade generalizada, a fim de eliminar quaisquer possíveis distúrbios de natureza médica que possam estar causando esses sintomas. Por exemplo, o hipertireoidismo, as alergias alimentares ou a tensão pré-menstrual são, com freqüência, confundidos com um distúrbio da ansiedade. Além disso, como ansiedade e depressão podem coexistir, é importante saber qual é o componente primário, visto que o tratamento pode diferir, dependendo do que é primário e do que é secundário.

Distúrbio do Pânico

A experiência do pânico é caracterizada pelo súbito acesso de intenso medo ou apreensão que ocorre inesperadamente sem nenhuma razão aparente. Usualmente, os sintomas de pânico surgem sem aviso prévio, apanhando uma pessoa de surpresa; uma mulher está, com freqüência, em pleno episódio de pânico antes mesmo de ter tido tempo para registrar o que está acontecendo. Felizmente, a fase aguda do ataque de pânico tende a ser passageira, durando apenas alguns minutos. Entretanto, os sintomas podem persistir para além do ataque inicial, embora num nível de menor intensidade. Para ter um diagnóstico do distúrbio do pânico, uma mulher deve ter sofrido, pelo menos, quatro ataques no período de um mês, ou ter experimentado significativa apreensão e inquietações no transcurso de todo um mês após um único acesso de pânico. Tal como no distúrbio da ansiedade generalizada, os sintomas são típicos da reação de luta-ou-fuga, embora os ataques de pânico tendam a ser muito mais intensos e incapacitantes.

Como os ataques de pânico são agudos e passageiros, eles também diferem em duração do distúrbio da ansiedade generalizada, no qual os sintomas são persistentes e crônicos. Os sintomas típicos incluem, pelo menos, quatro dos seguintes: rápido batimento cardíaco ou palpitações, dor no peito, tremores, vertigens, fraqueza, respiração ofegante, mãos e pés frios, torpor e formigamento das mãos e dos pés, distúrbio intestinal, sudorese, sensação de perda de controle e sentimentos de irrealidade. Entre os episódios de pânico, as mulheres podem sofrer de muito medo e apreensão, preocupadas a respeito de sua repetição. Os distúrbios do pânico tendem a coexistir com a agorafobia (medo de espaços abertos ou de lugares públicos), a qual também é examinada neste capítulo. De fato, os acessos de pânico em combinação com a agorafobia afetam 5% da população dos Estados Unidos, ao passo que apenas 1% sofre do distúrbio do pânico isolado. O distúrbio do pânico tende a desenvolver-se na faixa dos 20 anos em mulheres suscetíveis.

É importante diferenciar o distúrbio do pânico de problemas médicos tais como o prolapso da válvula mitral (que pode coexistir com o distúrbio do pânico e produzir sintomas semelhantes), a hipoglicemia ou até desequilíbrios químicos como a retirada de drogas ou a excessiva ingestão de cafeína. Uma cuidadosa avaliação diagnóstica deve ser realizada por um médico a fim de se certificar de que um problema médico que necessita de terapias específicas, não-psiquiátricas, não foi negligenciado ou incorretamente diagnosticado.

Fobias

As fobias são caracterizadas por um medo excessivo, persistente e, com freqüência, irracional de uma pessoa, objeto, lugar ou situação. Em casos graves, a pessoa que sofre de uma determinada fobia tentará evitar o agente instigador. No mínimo, uma fobia pode criar sérias dificuldades emocionais e fazer com que uma pessoa adie enfrentar situações que desencadeiam a fobia. O trabalho cotidiano ou até mesmo a própria saúde e o bem-estar podem ser comprometidos, sobretudo quando a fobia se concentra em estar em lugares públicos, ir a reuniões sociais, fazer discursos em público, ou até ir a um médico ou dentista.

Como foi mencionado anteriormente, a agorafobia (medo de espaços abertos ou públicos) tem certa preponderância entre as fobias em nossa sociedade, afetando 5% da população em maior ou menor grau. De fato, a agorafobia é o mais comum de todos os distúrbios da ansiedade. Cerca de 3/4 de todos os agorafóbicos são mulheres. As mulheres com agorafobia podem desenvolver um ataque de pânico quando colocadas em situações tão comuns quanto usar transporte público (ônibus, aviões, trens), estar em locais públicos como lojas de departamentos, *shopping centers* e restaurantes lotados, ou encontrar-se em espaços confinados, como túneis. Em todos esses casos, a preocupação dominante é o medo de se sentir encurralada num local de onde é difícil escapar e sofrer um acesso de pânico. Muitas mulheres também se preocupam com as reações que as pessoas ao seu redor possam ter se ocorre um ataque de pânico.

Quando a fobia se agrava, o simples fato de pensar numa situação na qual se tem uma reação fóbica já pode causar o pânico. Em conseqüência disso, mulheres com agorafobia passam, com freqüência, a restringir sua gama de atividades e locais. Em casos extremos, só conseguem arriscar-se a sair quando acompanhadas por um amiga ou parente de confiança. Algumas agorafóbicas temem até ficar sozinhas em casa, a menos que tenham companhia. Felizmente, a agorafobia é uma doença facilmente tratada se for levada a efeito a terapia apropriada. Uma combinação de medicação, aconselhamento e treinamento de administração do *stress* produzirá bons resultados em 90% de todas as pessoas que sofrem dessa doença.

Um outro tipo comum de fobia é a fobia social. Isso ocorre quando existe o medo de desempenhar ou realizar algo diante de outras pessoas ou de ser por elas examinada. A fobia social mais comum envolve falar em público. Isso constitui um sério problema para muitas pessoas, em cujo número se inclui estudantes que têm de falar nas aulas, mulheres que devem fazer uma apresentação formal no trabalho ou em funções sociais ou caritativas, ou até atores profissionais e outros tipos de apresentadores. Outras fobias sociais comuns incluem o medo de comer em público, o medo de ser vigiado ou olhado quando em reuniões sociais, medo de ser fotografado numa sala cheia de gente, ou até o medo de ficar ruborizado em público. Essas fobias podem começar na infância e persistir durante toda a vida adulta (se bem que, em muitas mulheres, as fobias sociais diminuem de gravidade com a idade). Desenvolvem-se com freqüência em crianças que são mais tímidas e acanhadas.

Muitas pessoas usam uma variedade de técnicas de auto-ajuda para lidar com fobias sociais; algumas dessas técnicas são de notável eficácia. Por exemplo, grupos profissionais e amadores de conversação dão às pessoas a oportunidade de falar diante de um grupo de apoio formado por pessoas em condições iguais; isso ajuda, num grande número de casos, a diminuir a ansiedade relacionada com a fala em público. Os cursos sobre imagem pessoal e auto-estima usam uma variedade de técnicas de promoção de imagem e de capacidade de afirmação; esses cursos tendem a ser muito populares e assiduamente freqüentados. Algumas mulheres acham que podem dissipar efetivamente fobias sociais quando se empenham num aconselhamento um-a-um.

Um terceiro tipo de fobia, chamado fobia simples, envolve o medo de determinada situação ou objeto. Exemplos comuns de fobias simples incluem o medo de animais, como cães e cobras, de aviões (medo de que os aviões caiam), de altura ou até do sangue coletado para uma análise clínica. Muitas fobias simples originam-se na infância e persistem até à vida adulta (embora o adulto possa reconhecer que são irracionais). Também podem resultar de um trauma, como ficar preso num elevador ou passar por um quase-acidente durante uma viagem de avião. Um trauma pode condicionar uma pessoa a temer a exposição repetida a uma situação análoga (por exemplo, viajar de avião ou usar um elevador). As fobias simples são mais fáceis de tratar, porque a reação de medo pode ser geralmente manipulada pela gradual exposição ao objeto ou situação que induz a fobia, assim como pela prática de uma variedade de técnicas que reduzem a tensão, tais como, as visualizações e afirmações. Essas são examinadas na seção de auto-ajuda deste livro.

Fatores de Risco para Distúrbios da Ansiedade

São vários os fatores que podem predispor uma mulher para desenvolver distúrbios da ansiedade. Eles incluem: desequilíbrios fisiológicos, fatores genéticos (predisposição familiar), programação familiar, tensão emocional a curto e a longo prazo, e sistemas de crenças pessoais.

Desequilíbrios Fisiológicos

As pesquisas sugerem que mulheres com distúrbio da ansiedade generalizada podem ter um desequilíbrio de ácido gama-amino-butírico (GABA) no cérebro.

O GABA é um neurotransmissor, uma substância que transmite mensagens de uma parte do cérebro para uma outra. Quando se dá GABA ou medicamentos que aumentam a atividade do GABA às pessoas, a ansiedade diminui. Embora o mecanismo exato que deflagra a ansiedade generalizada não seja conhecido, é possível que uma deficiência do GABA ou a extrema sensibilidade por parte do corpo aos níveis disponíveis do GABA desempenhem um papel em sua etiologia. De um modo semelhante, foi identificada a ocorrência de distúrbios do pânico em animais quando há uma disfunção num sistema específico do cérebro chamado sistema noradrenérgico. Esse sistema é muito sensível a um outro neurotransmissor chamado norepinefrina. Quando ocorre uma disfunção no modo como funciona o sistema noradrenérgico, são deflagrados os acessos do pânico.

Fatores Genéticos (Predisposições Familiares)

Os fatores genéticos parecem ter alguma importância como fatores de risco para o desenvolvimento de distúrbios da ansiedade. Por exemplo, em estudos com gêmeos idênticos, a probabilidade de que ambos tenham um distúrbio da ansiedade se um deles for afetado é estatisticamente significativa (acima de 30%). Os gêmeos fraternos, os quais não possuem a mesma constituição genética, também correm maior risco de desenvolvimento de um distúrbio da ansiedade se um deles for afetado, embora o risco esteja longe de ser tão grande quanto para os gêmeos idênticos. A agorafobia, o mais comum distúrbio da ansiedade, também parece mostrar uma predisposição familiar. Enquanto 5% de toda a população sofre desse mal, a taxa de agorafobia em pessoas em que um dos pais também tinha esse mesmo diagnóstico é de 15 a 25%.

Programação Familiar

Certos tipos de ambientes familiares parecem predispor as crianças para o desenvolvimento de distúrbios da ansiedade, produzindo nelas sentimentos de insegurança, medo e dependência. Um desses cenários é criado por pais que são perfeccionistas críticos, exigindo constantemente que o desempenho de seu filho atinja níveis insuperáveis. Nessa família, qualquer desvio do nível máximo é punido ou criticado. Uma criança nessa situação pode crescer com um sentimento sofrível de auto-estima, ansiosa e receosa de aceitar riscos por medo de fracassar.

Os pais que têm eles próprios fobias ou são superansiosos também podem criar filhos que sofrem de ansiedade. Esses pais tendem a ensinar aos filhos que o mundo é um lugar assustador, repleto de perigos e riscos. Esse tipo de família pode criar um filho que é tímido e ansioso a respeito de enfrentar novos desafios na vida.

Os pais que são abertamente dominadores e suprimem a capacidade de afirmação de uma criança por meio de punições, pode engendrar ansiedade em seus filhos. Nesse ambiente, as crianças são punidas por falar com franqueza e expressar seus sentimentos sem rodeios. Essas crianças podem crescer receosas de tomar a iniciativa ou mostrar suas verdadeiras convicções.

Nem todas as crianças que crescem em ambientes familiares estressantes desenvolvem distúrbios da ansiedade. Muitas crescem em ambientes familiares muito difíceis, sem nunca ter contraído uma ansiedade excessiva. A probabilidade de desenvolverem um distúrbio de ansiedade quando criadas em famílias sumamente estressadas é maior em crianças que nasceram com personalidades mais sensíveis e reativas. São aquelas crianças cuja reação de luta-ou fuga é facilmente deflagrada por circunstâncias perturbadoras ou desconcertantes.

Motivos Importantes de Tensão Nervosa

Mulheres que sofreram de séria tensão nervosa durante um longo período de tempo, em conseqüência de um casamento com um marido violento e injurioso, do falecimento ou enfermidade crônica em numerosos membros da família, ou de constantes preocupações financeiras, podem descobrir que está comprometida a sua capacidade para dominar o *stress* com equanimidade e calma. Tensões emocionais incessantes e graves são suscetíveis de causar o desgaste do sistema nervoso e, com o tempo, fazer com que uma mulher fique excessivamente ansiosa ou estressada.

Além disso, um motivo de muito *stress* num curto período de tempo também pode engendrar ansiedade. Isso é particularmente verdadeiro quando o agente estressante – como a morte de um cônjuge ou a perda de um emprego de muitos anos – provoca significativas mudanças ou transtornos na vida. Até mesmo experiências positivas, como casar ou ter um bebê, causam ansiedade, porque lançam as pessoas em situações inteiramente novas, para as quais elas podem não ter tido preparação adequada.

Sistemas de Crenças Pessoais

Muitas mulheres nutrem sistemas de crenças que reforçam os distúrbios da ansiedade e geram um comportamento que mantém o estado ansioso. Incluem-se aí a sofrível imagem de si mesmas e a baixa avaliação das próprias capacidades e aptidões. Muitas mulheres com distúrbios da ansiedade são muito inseguras e sentem-se mal-equipadas para realizar na vida as transformações que lhes permitam enfrentar e mudar as questões relacionadas com a ansiedade.

As mulheres com distúrbios da ansiedade nutrem, com freqüência, uma visão negativa do mundo. Elas vêem as situações da vida e os lugares como perigosos e ameaçadores, enquanto outras que não sofrem desses distúrbios podem ver as mesmas circunstâncias como inofensivas e agradáveis. Em suma, as mulheres com distúrbios da ansiedade reforçam, com freqüência, a própria perturbação por meio de diálogos interiores. Uma mulher que se entrega a constantes solilóquios, assustados e ansiosos, pode antever certas situações e evitar certas pessoas como ameaçadoras e perigosas, reforçando assim os seus sentimentos da ansiedade. Como todas as pessoas mantêm um constante diálogo consigo mesmas durante boa parte do dia, o solilóquio negativo pode ser um importante fator na perpetuação de distúrbios de ansiedade.

Em resumo, os distúrbios da ansiedade podem adotar grande variedade de formas, incluindo o distúrbio da ansiedade generalizada, o distúrbio do pânico e as fobias. Muitas circunstâncias podem aumentar o risco de se desenvolver um distúrbio da ansiedade, tais como, desequilíbrios fisiológicos, fatores genéticos, criação familiar, grandes tensões emocionais a longo e a curto prazo, e as próprias crenças e solilóquios negativo da pessoa, os quais podem manter um distúrbio da ansiedade em vigor, uma vez que se tenha consolidado como processo. Os distúrbios da ansiedade podem ser tratados por meio de aconselhamento, técnicas de administração do *stress* e exercícios respiratórios, terapias nutricionais e exercício regular. Todos esses métodos são discutidos em profundidade nos capítulos de auto-ajuda deste livro.

Ansiedade Resultante de Desequilíbrios Endócrinos

Muitos problemas de saúde relacionados com as glândulas endócrinas têm como principais sintomas a ansiedade e as oscilações do humor. Essas condições de saúde são examinadas nesta seção.

Tensão Pré-Menstrual

Ansiedade e acentuadas variações de humor são a marca registrada da tensão pré-menstrual (TPM), um dos problemas mais comuns que afetam as mulheres durante seus anos reprodutivos (da puberdade ao início da faixa dos 50 anos). Em minha prática, mais de 90% das mulheres com TPM queixam-se do aumento da ansiedade e da irritabilidade, que se intensificam uma semana ou duas antes da menstruação. Muitas pacientes com TPM descrevem graves alterações da personalidade – algo parecido ao Dr. Jekyll e Mr. Hyde. Dizem que estão irritadiças, malévolas e mesquinhas, que gritam com os filhos, criam brigas com o marido, mostram-se ríspidas com as amigas e colegas de trabalho. Algumas passam o resto do mês consertando os estragos emocionais causados às suas relações durante esse período.

Como a TPM afeta de um terço a metade das mulheres norte-americanas entre as idades de 20 e 50 anos (algo em torno de dez a quatorze milhões de mulheres), ela é uma causa comum de ansiedade, assim como de outros sintomas emocionais, como a depressão e a fadiga.

Além dos sintomas emocionais, a TPM tem numerosos sintomas físicos que envolvem quase todos os sistemas do corpo. Mais de 150 sintomas já foram documentados, incluindo enxaqueca, inchação, seio sensível, aumento do peso, ânsia por doce e acne. Entretanto, para muitas mulheres, os sintomas emocionais e a fadiga são os mais sérios, afetando desfavoravelmente as relações familiares e a capacidade de trabalho. Além disso, não é incomum haver mulheres que apresentam até dez ou doze sintomas.

Não existe uma causa isolada para a TPM; pesquisadores médicos acreditam hoje que vários desequilíbrios hormonais e químicos podem deflagrar sintomas de TPM. Embora não seja inteiramente conhecido o que causa os sintomas de ansiedade, as pesquisas sugerem que os prováveis culpados são numerosos tipos de desequilíbrio. Uma possível causa é o desequilíbrio dos níveis de estrógeno e progesterona no corpo. Ambos registram um acentuado aumento durante a segunda metade do ciclo menstrual. As ações químicas desses dois hormônios afetam a função de quase todos os sistemas orgânicos do corpo. Quando adequadamente equilibrados, estrógeno e progesterona promovem emoções saudáveis e harmônicas. Entretanto, sintomas de humor relacionados à TPM podem ocorrer se o equilíbrio entre esses hormônios é anormal, porque exercem um efeito antagônico sobre a química do cérebro. O estrógeno atua como estimulante e a progesterona tem um efeito sedativo sobre o sistema nervoso, de modo que, se predomina o estrógeno, as mulheres tendem a sentir-se ansiosas; se predomina a progesterona, a tendência é para sentirem-se deprimidas. Outros exemplos dos efeitos antagônicos do estrógeno e da progesterona incluem os seguintes: o estrógeno reduz o açúcar no sangue, a progesterona eleva-o; o estrógeno promove a síntese de gorduras nos tecidos, a progesterona decompõe-nas. Assim, quando estrógeno e progesterona estão adequadamente balanceados, o mais provável é que as mulheres tenham padrões normais de humor e de comportamento.

O equilíbrio entre esses hormônios depende de duas coisas: que quantidade de hormônio o corpo produz e com que eficiência o corpo os decompõe e elimina. Os ovários são a fonte primária de estrógeno e progesterona em mulheres na pré-menopausa (com o estrógeno sendo também sintetizado por bactérias intestinais e pela conversão de hormônios supra-renais a estrógeno pelos tecidos graxos.; o fígado tem a maior responsabilidade pela inativação do estrógeno. O fígado procura garantir que os níveis de estrógeno que circulam em todo o corpo numa forma quimicamente ativa não se tornem excessivamente elevados.

Um colapso na capacidade do fígado para desempenhar essa função afeta os níveis de estrógeno no corpo. O *stress* emocional e os hábitos nutricionais desempenham papéis significativos no grau de eficiência com que o sistema funcionará. Por exemplo, a exagerada ingestão de gorduras, álcool e açúcar submete o fígado a um esforço excessivo, ao qual cumpre processar esses alimentos, assim como o hormônio. Com a deficiência de vitamina B, que pode ser causada por má nutrição ou *stress* emocional, falta ao fígado a matéria-prima para executar suas tarefas metabólicas. Em qualquer desses casos, o fígado não pode decompor os hormônios com eficiência, de modo que níveis superiores de hormônios continuam a circular no sangue sem eliminação adequada, fazendo a balança pender para a produção da ansiedade por excesso de estrógeno.

Outras pesquisas estudaram o vínculo entre os sintomas emocionais de TPM e os desequilíbrios químicos no sistema nervoso central. Alguns pesquisadores sugerem que os sintomas de ansiedade e as oscilações do humor se devem a um aumento da sensibilidade, em algumas mulheres, às flutuações no nível de endorfinas beta no organismo. Essas substâncias são os opiáceos naturais do corpo, produzindo uma sensação de bem-estar e até de vivacidade quando presentes em grandes quantidades. (As endorfinas beta são responsáveis pela "euforia do corredor" que muitas pessoas experimentam após prolongados exercícios aeróbicos, porque o exercício aumenta a produção de endorfina beta). Os níveis de endorfina beta aumentam um pouco depois da ovulação no meio do ciclo e podem diminuir com a aproximação da menstruação. A queda dos níveis de endorfina beta nas mulheres que são muito sensíveis aos efeitos dessa substância química ou que produzem um número elevado de endorfina beta podem, com a retirada das drogas, causar sintomas como ansiedade e irritabilidade.

Uma outra possível causa dos sintomas de ansiedade relacionados à TPM pode ser a falta de serotonina suficiente no cérebro. A serotonina é um neurotransmissor que regula o movimento rápido dos olhos (REM) no sono e o apetite. Níveis inadequados de serotonina poderiam explicar o sono de má qualidade, resultante da fadiga, ansiedade e irritabilidade, de que sofrem algumas mulheres com TPM. Também poderiam explicar, pelo menos em parte, por que algumas mulheres com TPM sentem tanta dificuldade em controlar seus hábitos alimentares e em administrar seu desejo insaciável de comida durante o período pré-menstrual. A serotonina é produzida no corpo a partir de um aminoácido chamado triptofânio. O triptofânio é um aminoácido essencial que deve ser reposto diariamente pela adequada ingestão dietética, visto que o nosso corpo não pode fabricá-lo de outras fontes. Boas fontes de triptofânio incluem amêndoas, sementes de abóbora e de gergelim.

Muitos fatores aumentam o risco de TPM em mulheres suscetíveis. A síndrome ocorre com maior freqüência em mulheres com mais de 30 anos; a sintomatologia mais grave é registrada em mulheres nas faixas dos 30 e 40 anos. As mulheres correm alto risco quando estão sob *stress* emocional significativo ou têm maus hábitos alimentares e não praticam exercícios. As que são incapazes de tolerar a pílula anticoncepcional parecem mais propícias a sofrer de TPM, assim como as que tiveram uma gravidez complicada por toxemia. Também quanto mais filhos uma mulher teve, mais graves são os seus sintomas de TPM.

É muito raro a TPM desaparecer espontaneamente, sem tratamento. Do meu ponto de vista ela piora com a idade. Algumas das minhas pacientes que sofrem de maior desconforto são as que se aproximam da menopausa entre os 45 e 50 anos. Essas mulheres sentem, com freqüência, ter a pior de ambas as fases da vida quando passam de seus anos férteis para a menopausa. Os sintomas de TPM coexistem muitas vezes com a irregularidade do fluxo menstrual e ondas de calor. Uma vez tratada a TPM, os concomitantes sintomas de fadiga e humor dissipam-se. As terapias para a TPM são discutidas na seção de autoajuda deste livro.

Como se mencionou antes, nenhum desequilíbrio hormonal ou químico foi isoladamente associado à TPM. Pelo contrário, quase duas dúzias de desequilíbrios hormonais, químicos e nutricionais podem contribuir para causar os sintomas. Ainda mais frustrante para pacientes e médicos é o fato de que as causas subjacentes podem diferir de uma mulher para outra. Por conseguinte, não existe uma droga milagrosa para curar a TPM, embora tenham sido testadas muitas, incluindo hormônios, tranqüilizantes, antidepressivos e diuréticos. Felizmente, os sintomas de ansiedade e variações do humor relacionados à TPM, assim como os sintomas físicos, respondem muito bem a salutares mudanças de estilo de vida. Em minha prática, descobri que a TPM é um problema muito tratável. Obter resultados requer, porém, que as mulheres participem ativamente em seu próprio programa, adotando bons hábitos alimentares e lidando com o *stress* de um modo mais efetivo.

Menopausa

A menopausa, o término de todo o fluxo menstrual, ocorre para a maioria das mulheres entre os 48 e 52 anos de idade. Entretanto, algumas mulheres param de menstruar bem mais cedo, em fins dos 30 e começo dos 40 anos, ao passo que outras continuam menstruando até meados da casa dos 50. Ansiedade, oscilações de humor e fadiga acompanham com freqüência esse processo, quando as mulheres passam pelas mudanças hormonais que culminam na cessação da menstruação.

Para a maioria das mulheres, a transição para a menopausa ocorre gradualmente, desencadeada pelo declínio da função de seus ovários. Esse processo tem início quatro ou seis anos antes do último período de menstruação e continua durante muitos anos depois. Durante esse período de transição, a produção de estrógeno dos ovários diminui, caindo para níveis tão baixos que a menstruação torna-se irregular e, por fim, cessa inteiramente. Para algumas mulheres, essa transição para um novo e mais baixo nível de equilíbrio hormonal é fácil e tranqüila. Para muitas, porém, a transição é difícil, repleta de muitos sintomas desconfortáveis, como fluxo menstrual irregular, ondas de calor, ansiedade, bruscas variações de humor e fadiga. Em torno de 80% das mulheres que passam pela menopausa sentem alguns desses sintomas.Em minha prática médica, vi muitas mulheres que apresentaram acentuados sintomas emocionais durante o processo de menopausa. De fato, muitas das minhas pacientes descreveram sintomas semelhantes aos da TPM. Os sintomas psicológicos da menopausa incluem insônia (muitas vezes associada a súbitos acessos de calor), irritabilidade, ansiedade, depressão e fadiga. Como se mencionou na seção sobre a TPM, o estrógeno e a progesterona foram estudados por seus efeitos sobre o estado de ânimo: se predomina o estrógeno, as mulheres tendem a sentir-se ansiosas; se o predomínio é da progesterona, as mulheres podem sentir-se deprimidas e fatigadas. Durante a menopausa, ocorre primeiro um desequilíbrio nesses hormônios e, finalmente, uma deficiência em ambos quando a sua produção ovariana cai a níveis muito baixos ou cessa por completo. A gravidade dos sintomas depende provavelmente da bioquímica e dos fatores psicológicos de cada mulher. Os sintomas agravam-se se as mulheres estão submetidas a um forte *stress* emocional ou têm hábitos alimentares agravantes, como a excessiva ingestão de cafeína, açúcar ou álcool.

Os sintomas emocionais da menopausa também podem ser agravados por questões de estilo de vida. Para algumas mulheres, fatores sociais e culturais que ocorrem antes, durante e depois da menopausa podem ser muito estressantes. A menopausa pode acontecer numa época em que os filhos saem de casa e mudam para longe, em que ocorrem grandes transformações na carreira profissional e o casamento termina em divórcio ou começa outro. É claro que essas mudanças importantes da vida podem acontecer em outras épocas que não na "crise da meia-idade", mas lidar com a combinação de mudanças hormonais e bioquímicas somadas às de estilo de vida, pode significar uma tarefa muito difícil.

Existem muitos tratamentos eficazes para reduzir os sintomas emocionais e físicos da menopausa. Incluem a terapia de reposição hormonal e, em casos mais sérios, o uso de drogas psicotrópicas para alterar o humor. Suplementos vitamínicos, minerais e ervas ajudam a sustentar os sistemas reprodutivo e glandular das mulheres na menopausa. Técnicas de administração do *stress* e exercícios regulares podem também ajudar a restabelecer a energia e a vitalidade, e a estabilizar o humor. Isso é tratado na seção de auto-ajuda deste livro.

Hipertireoidismo

Quando a glândula tireóide segrega uma quantidade excessiva de hormônio tireóide, ocorre o hipertireoidismo. Trata-se de um problema potencialmente sério e perigoso se não for diagnosticado logo. Os sintomas de hipertireoidismo podem imitar os de acessos de ansiedade, e incluem a ansiedade generalizada, insônia, cansaço ao menor esforço, pulso acelerado, suores, intolerância ao calor e intestino solto. De fato, um diagnóstico correto pode, com freqüência, ser omitido no início, sobretudo, nas mulheres na menopausa, se os sintomas forem considerados simplesmente resultantes do *stress* ou de mudança na vida.

O hipertireoidismo apresenta, porém, outros sintomas que devem advertir tanto a mulher quanto o seu médico para a existência de um desequilíbrio fisiológico. Esses sintomas incluem a perda de peso apesar de um apetite voraz, movimentos rápidos, mãos trêmulas e dificuldade em focalizar a visão. Num exame médico, também podem apresentar-se numerosos sinais de hipertireoidismo. A pele de uma mulher com esse problema está geralmente quente e úmida. Na palpação, o médico pode detectar uma hipertrofia da tireóide (bócio). Pele e cabelo têm geralmente uma textura fina e sedosa. Os olhos tendem a estar arregalados e, em casos mais avançados, parecem querer saltar das órbitas (exoftalmia). Também em casos avançados, registra-se grande perda de massa muscular e óssea (osteoporose), a par de anormalidades cardíacas. Como se vê, o hiperdireoidismo pode causar graves e potencialmente perigosas mudanças no corpo e devem ser levadas em consideração quando se procura diagnosticar a causa de episódios de ansiedade.

Um diagnóstico de hipertireoidismo pode ser precocemente feito por análises de sangue que revelam a secreção excessiva de hormônios tireóideos, assim como outras alterações do sangue. Se anormalidades cardíacas e ósseas também estiverem presentes, elas podem apresentar-se num eletrocardiograma ou em radiografias. Uma vez diagnosticado, o hipertireoidismo deve ser tratado imediatamente a fim de reduzir a produção hormonal. Os tratamentos incluem o uso de drogas para suprimir e até inativar a glândula tireóide, assim como a remoção cirúrgica da tireóide. Isso é examinado em detalhe no Capítulo 11 deste livro.

As mulheres com disfunção tireóidea têm, com freqüência, exaustão em outras glândulas endócrinas. As glândulas supra-renais são particularmente afetadas pela função tireóidea deficiente, assim como por qualquer outra causa de *stress* físico e emocional. As supra-renais são duas glândulas do tamanho de amêndoas que segregam várias dúzias de hormônios. Um deles é a cortisona, um importante hormônio que regula nossa reação ao *stress*. Este último pode ser uma reação a fortes sentimentos emocionais, como a ansiedade e a depressão, ou a certos disparadores físicos, como uma reação alérgica, doença infecciosa, queimaduras, cirurgia ou um acidente. Seja qual for a origem do *stress*, a cortisona abranda os seus efeitos perniciosos no corpo, reduzindo a dor, a inchação e a febre.

Quando o *stress* é recorrente e de longa duração, as glândulas supra-renais podem ficar exaustas, reunindo cada vez menos capacidade para amortecer os efeitos negativos do *stress* físico e emocional. Em conseqüência da exaustão supra-renal, a pessoa pode sofrer um aumento de fadiga e esgotamento. Muito repouso, administração do *stress* e apoio nutricional são requeridos para restabelecer a atividade das supra-renais e refazer o "amortecedor" fisiológico para lidar com o *stress*. Existem muitas técnicas salutares, enumeradas na seção de auto-ajuda deste livro, para ajudar a recuperar o sistema glandular.

Hipoglicemia

A hipoglicemia ocorre quando os níveis de açúcar no sangue estão abaixo do normal. Nesse estado, as pessoas apresentam muitos sintomas semelhantes aos de acessos de ansiedade, incluindo irritabilidade, tremores, desorientação, aturdimento, espaçamento anormal na elocução oral, e até palpitações. O gatilho alimentar para episódios hipoglicêmicos é a ingestão excessiva de açúcares simples, como o açúcar branco, mel, suco de frutas, produtos com farinha branca e doces como tortas, bolos, sonhos e caramelos.

A glicose, ou açúcar, é de suma importância para a sobrevivência porque constitui o principal combustível para o funcionamento do nosso corpo (só o cérebro consome até 20% de toda a glicose disponível no corpo para alimentar o seu nível normal de funcionamento). Entretanto, os açúcares simples requerem pouco processamento no trato digestivo e são rapidamente absorvidos na circulação sangüínea, sobrecarregando o corpo com combustível. Para introduzir essa abundância de açúcar nas células, onde possa ser processado e utilizado para as necessidades energéticas das células, o pâncreas libera o hormônio insulina. Sem uma dose adequada de insulina, o açúcar não pode ser introduzido nas células. Infelizmente, quando uma quantidade excessiva de açúcar é despejada na circulação sangüínea, ocorre geralmente a situação inversa e é segregada insulina demais. Isso pode ocasionar, realmente, uma queda da taxa de açúcar no sangue (abaixo de 50-60 miligramas por milímetro) a níveis onde ocorrem os típicos sintomas de ansiedade da hipoglicemia. Um detalhe interessante, as quedas no nível de açúcar no sangue também podem ocorrer simplesmente em resposta a níveis muito elevados de *stress*, porque o corpo utiliza glicose ou combustível extra durante esses períodos.

Quando o nível de açúcar no sangue registra uma queda excessiva, o cérebro é rapidamente privado de energia. Tem que ocorrer então uma correção que faça os níveis de glicose voltar ao normal, cabendo então às glândulas supra-renais liberar os hormônios cortisona e adrenalina que fazem o fígado descarregar o açúcar armazenado. Embora o açúcar armazenado, proveniente do fígado, restabeleça o equilíbrio de açúcar no sangue, o aumento de produção dos hormônios supra-renais também eleva a excitação emocional e a ansiedade. Assim, o ciclo hipoglicêmico pode perpetuar os sintomas físicos e psicológicos de ansiedade. As mulheres que mantêm uma dieta rica em açúcar simples sentem-se, com freqüência, como se fossem uma montanha-russa emocional, jogadas entre os altos e baixos da ansiedade e irritabilidade, por um lado, de fadiga e depressão, por outro, ao sabor das flutuações no nível de açúcar.

A maioria das mulheres pode solucionar facilmente esse problema, adotando uma dieta rica em carboidratos complexos, os quais incluem alimentos tais como cereais integrais, féculas, frutas e verduras. Quando ingeridos isoladamente ou combinados com proteínas de alta qualidade, como nozes, castanhas, amêndoas, sementes e peixe, os carboidratos complexos decompõem-se em glicose e são lentamente absorvidos na circulação sangüínea, não provocando assim uma excessiva produção de insulina. Por conseguinte, o nível de açúcar no sangue e as emoções mantêm-se estáveis e equilibradas. Além disso, consumir as vitaminas e os minerais apropriados sustenta o metabolismo da glicose e a função pancreática, evitando assim os sintomas em mulheres propensas a ataques de ansiedade relacionados com a hipoglicemia. A dieta mais favorável e os suplementos nutricionais para a hipoglicemia são discutidos nos capítulos de auto-ajuda deste livro.

Ansiedade Devida a Desequilíbrios do Sistema Imunológico

Os distúrbios no sistema imunológico podem causar uma variedade de sintomas psicológicos e físicos. Esses desequilíbrios são examinados em detalhe nesta seção.

Alergias, Incluindo as Alergias Alimentares

Muitas mulheres não se apercebem de que as reações alérgicas podem causar mudanças de humor, como a ansiedade. As alergias ocorrem quando o sistema imunológico do corpo reage de forma excessiva a substâncias inofensivas. Normalmente, o sistema imunológico encontra-se em estado de alerta contra invasores tais como vírus, bactérias e outros organismos causadores de doenças. A tarefa do sistema imunológico é identificar esses invasores e produzir anticorpos que os destruam antes que eles causem alguma doença. Em pessoas alérgicas, esse sistema começa a reagir a outras substâncias – tipicamente, pólens, mofo ou alimentos. Os alergênios mais comuns incluem o trigo, leite (e laticínios), álcool, ovos, chocolate, fermentos, amendoim, frutos cítricos, tomates, milho e mariscos.

Por vezes, as reações alérgicas são facilmente diagnosticadas porque os sintomas ocorrem imediatamente depois do encontro com o alergênio. Os sintomas alérgicos imediatos incluem a respiração ruidosa e ofegante, comichão, olhos lacrimejantes, congestão nasal e urticária. Algumas reações alérgicas são demoradas; podem ocorrer horas ou dias após a exposição ao alergênio. Os sintomas retardados incluem a ansiedade, depressão, fadiga, vertigem, enxaqueca, dores musculares e nas articulares, e eczema. As alergias alimentares também podem afetar a função digestiva, causando inflamação da mucosa intestinal e dores na região abdominal. Os danos causados na mucosa intestinal tornam-na mais porosa e permeável. Quando grandes partículas de alimento maldigerido, ao qual a pessoa é alérgica, são absorvidas, o sistema de defesas do corpo é ativado e precipita a ocorrência de lesões em muitos órgãos e tecidos por auto-anticorpos. (Estes são os complexos imunológicos que atacam os próprios tecidos da pessoa como se estes fossem substâncias estranhas.) A pessoa afetada pode não se aperceber de que uma alergia está causando seus sintomas emocionais e físicos. Isso ocorre com freqüência nas alergias alimentares, assim como numa variedade de deflagadores químicos.

É comum as alergias alimentares deflagrarem episódios de ansiedade em mulheres suscetíveis. É freqüente sentir o desejo irrefreável de comer aquilo a que se é alérgica. Assim, a dependência de certos alimentos pode ser, na realidade, um sinal de alergia alimentar. As mulheres, de um modo geral, têm preferência por alimentos como chocolate, batata frita, massas, pão e laticínios. Descobrem freqüentemente que, tendo começado a comer esse tipo de alimento, sentem dificuldade em parar. Uma mulher ávida por comer um bombom pode acabar por devorar uma caixa inteira. A decisão de comer um biscoito pode converter-se numa farra de dez ou quinze biscoitos de uma assentada, ou uma sobremesa de sorvete "virar um banquete". Embora as tendências para a voracidade possam ser observadas ao longo de um mês em mulheres com alergias alimentares, a situação tende a piorar durante o período pré-menstrual (o qual pode ter início até duas semanas antes do começo da menstruação). As alterações do humor, assim como os sintomas físicos típicos da ansiedade, como o aumento dos batimentos cardíacos e do ritmo respiratório, coexistem freqüentemente com o sintoma do desejo irresistível de certo alimento.

Alguns médicos holísticos, com o objetivo de identificar as causas de alergias alimentares, realizam testes provocativos sublinguais. Nesse teste, o extrato de um dado alimento é colocado sob a língua para ver se suscita uma reação. Antídotos neutralizadores são administrados então à paciente para reduzir ou eliminar os sintomas. Esse teste não é usado pelos alergistas tradicionais, que o consideram ineficaz. Uma outra forma de testar as sensibilidades alimentares consiste, simplesmente, em eliminar alergênios alimentares suspeitos. Primeiro, a paciente jejua, bebendo apenas água destilada durante vários dias. Depois, são reintroduzidos alimentos, um de cada vez. Se a paciente é alérgica a um alimento específico, uma reação ocorrerá depois que ela adicionar esse alimento à sua dieta. Um outro método é manter uma dieta de baixo *stress* e eliminar somente aquele alimento ao qual se suspeita que a paciente possa ser alérgica, reintroduzindo de novo esses alimentos em seqüência, para ver como o seu corpo reage a eles. A paciente pode, na realidade, sentir-se pior no início, após a eliminação dos alimentos associados ao elevado *stress*, por causa dos sintomas de retirada que ocorrem depois se suprimir qualquer alimento de que a paciente estivesse dependente. (Isso pode também acontecer quando se suprime o uso de drogas e cigarros.) Durante o período em que estiver determinando suas alergias alimentares, a paciente deve manter um diário em que registre seus sintomas emocionais e físicos, com e sem os alimentos nocivos. Isso irá ajudá-la a avaliar a severidade de suas reações. Finalmente, dispõe-se hoje de um teste de sangue chamado RAST (Teste Radioalergoabsorvente); embora muito caro, fornece ao médico um perfil completo de alergênios, incluindo alimentos, pólens, flores, gorduras, etc.

O tratamento para alergias alimentares e outras inclui usualmente a supressão da substância nociva, se possível, ou o uso por conta própria ou por prescrição médica de aplicações dessensibilizantes. Administrar o *stress* e seguir uma dieta de eliminação do baixo *stress* também pode ajudar a tratar e impedir alergias. É importante alternar os alimentos e escolher de uma ampla variedade de alimentos dotados de elevado teor nutritivo. Certos suplementos nutricionais também podem ajudar a sustentar e fortalecer o sistema imunológico. Estes tópicos são discutidos na seção de auto-ajuda deste livro.

Ansiedade Devida a Distúrbios do Sistema Cardiovascular

Embora os problemas cardiovasculares causem, primordialmente, sintomas físicos, o prolapso da válvula mitral também pode ocasionar sintomas psicológicos.

Prolapso da Válvula Mitral

O prolapso da válvula mitral é uma enfermidade cardíaca que pode causar episódios de palpitações, dores no peito, respiração ofegante e fadiga, semelhantes ao estado de ansiedade. Parece estar presente com maior freqüência em pessoas com episódios de ansiedade e pânico do que na população geral. É causado por um defeito moderado na válvula mitral localizada entre a cavidade superior e a inferior do lado esquerdo do coração. Normalmente, o sangue flui livremente entre as duas cavidades. Entretanto, com o prolapso da válvula mitral, a válvula não fecha por completo. Por conseqüência, o coração é colocado sob tensão e pode pulsar depressa demais ou irregularmente.

Em casos mais graves, os batimentos cardíacos podem ser moderados pelo uso de beta-bloqueadores, drogas que diminuem as pulsações e a contratilidade do coração pela redução do consumo de oxigênio. (Isso é examinado em detalhe no Capítulo 11). Além disso, o *stress* excessivo e estimulantes tais como as bebidas que contêm cafeína (café, chá e refrigerantes derivados da cola) devem ser eliminados a fim de evitar o surto de episódios de taquicardia. Deficiências de cálcio, magnésio e potássio devem ser evitadas, uma vez que esses minerais essenciais ajudam a regular e reduzir a irritabilidade cardíaca. Para assegurar uma adequada ingestão diária, é importante manter uma dieta com suficientes quantidades desses nutrientes ou usar suplementos.

Causas Comuns de Ansiedade

Tipos de distúrbios da ansiedade
Distúrbio da ansiedade generalizada
Distúrbio do pânico
Fobias

Estados físicos associados à ansiedade

Tensão pré-menstrual (TPM)	Hipoglicemia
Menopausa	Alergias alimentares
Hipertireoidismo	Prolapso da válvula mitral

PARTE II : Como Avaliar os Seus Sintomas

CAPÍTULO 2
Manual de Ansiedade e Stress

Durante os muitos anos em que trabalhei com programas de auto-ajuda para alívio da ansiedade, verifiquei que a avaliação dos sintomas pela própria mulher é tão importante quanto o tratamento propriamente dito. Com freqüência, essa avaliação dos problemas ajuda a esclarecer os tipos de sintomas, bem como a sua maior ou menor seriedade. A auto-avaliação também ajuda uma mulher a adquirir consciência dos possíveis fatores de risco baseados nos hábitos de seu estilo de vida, assim como a existência de problemas de saúde que podem desencadear sintomas de ansiedade e que talvez não tenham sido diagnosticados. A mulher pode também compartilhar essa informação com seu médico, fornecendo assim dados mais completos quando é realizado um exame clínico. Pessoalmente, considerei muito útil quando as minhas pacientes partilharam comigo os dados fornecidos pelos mapas que se seguem.

O manual constante desta seção pode ajudar você a avaliar muitos dos fatores que contribuem para a ansiedade e o *stress*. Em primeiro lugar, comece a preencher, a partir de hoje, o calendário mensal dos sintomas de ansiedade e *stress*. Caso se lembre dos sintomas do mês passado, registre-os também. O calendário permitirá que você veja quais os tipos de sintomas que tem, e avalie o seu grau de seriedade. Isso tornará mais fácil selecionar tratamentos específicos para alívio dos sintomas. Depois, à medida que avança no programa, pode continuar usando os calendários mensais (foram incluídos para um ano) a fim de verificar o seu progresso.

Calendário Mensal de Sintomas de Ansiedade

Classifique os seus sintomas à medida que os sente em cada mês:

❍ Nenhum

✔ Leve

◗ Moderado

▲ Grave

Sintomas	DIA DO MÊS 1	2	3	4	5	6	7
Tensão excessiva ou nervosismo							
Sensação de estar tensa							
Facilmente alarmada, assustadiça							
Dificuldade em adormecer ou em manter o sono							
Facilmente enfurecida, irritadiça							
Agitada, facilmente excitada							
Vertigens, vacilação, tremores							
Dificuldade em concentrar-se ou focalizar							
Melancolia alternando com ansiedade							
Cansaço excessivo ou fadiga							
Medo de certos lugares ou situações							
Medo de outras pessoas							
Pesadelos freqüentes							
Rigidez ou tensão muscular							
Taquicardia ou batimentos cardíacos irregulares							
Dor no peito							
Respiração ofegante							
Sudorese (transpiração excessiva)							
Boca seca							
Cãibras intestinais, náuseas, diarréia							
Micção freqüente							
Ondas de calor ou sensação de calafrio							
Mãos e pés frios							
Garganta apertada ou nó na garganta							

DIA DO MÊS **Mês 1 ___________**

8	9	10	11	12	13	14	15	16	17	18	19	20	21	22	23	24	25	26	27	28	29	30	31

Calendário Mensal de Sintomas de Ansiedade

Classifique os seus sintomas à medida que os sente em cada mês:

❍ Nenhum

✔ Leve

◗ Moderado

▲ Grave

DIA DO MÊS

Sintomas	1	2	3	4	5	6	7
Tensão excessiva ou nervosismo							
Sensação de estar tensa							
Facilmente alarmada, assustadiça							
Dificuldade em adormecer ou em manter o sono							
Facilmente enfurecida, irritadiça							
Agitada, facilmente excitada							
Vertigens, vacilação, tremores							
Dificuldade em concentrar-se ou focalizar							
Melancolia alternando com ansiedade							
Cansaço excessivo ou fadiga							
Medo de certos lugares ou situações							
Medo de outras pessoas							
Pesadelos freqüentes							
Rigidez ou tensão muscular							
Taquicardia ou batimentos cardíacos irregulares							
Dor no peito							
Respiração ofegante							
Sudorese (transpiração excessiva)							
Boca seca							
Cãibras intestinais, náuseas, diarréia							
Micção freqüente							
Ondas de calor ou sensação de calafrio							
Mãos e pés frios							
Garganta apertada ou nó na garganta							

DIA DO MÊS **Mês 2** ____________

8	9	10	11	12	13	14	15	16	17	18	19	20	21	22	23	24	25	26	27	28	29	30	31

Calendário Mensal de Sintomas de Ansiedade

DIA DO MÊS

Classifique os seus sintomas à medida que os sente em cada mês:

❍ Nenhum

✔ Leve

◗ Moderado

▲ Grave

Sintomas	1	2	3	4	5	6	7
Tensão excessiva ou nervosismo							
Sensação de estar tensa							
Facilmente alarmada, assustadiça							
Dificuldade em adormecer ou em manter o sono							
Facilmente enfurecida, irritadiça							
Agitada, facilmente excitada							
Vertigens, vacilação, tremores							
Dificuldade em concentrar-se ou focalizar							
Melancolia alternando com ansiedade							
Cansaço excessivo ou fadiga							
Medo de certos lugares ou situações							
Medo de outras pessoas							
Pesadelos freqüentes							
Rigidez ou tensão muscular							
Taquicardia ou batimentos cardíacos irregulares							
Dor no peito							
Respiração ofegante							
Sudorese (transpiração excessiva)							
Boca seca							
Cãibras intestinais, náuseas, diarréia							
Micção freqüente							
Ondas de calor ou sensação de calafrio							
Mãos e pés frios							
Garganta apertada ou nó na garganta							

DIA DO MÊS **Mês 3** ____________

8	9	10	11	12	13	14	15	16	17	18	19	20	21	22	23	24	25	26	27	28	29	30	31

Calendário Mensal de Sintomas de Ansiedade

DIA DO MÊS

Classifique os seus sintomas à medida que os sente em cada mês:

❍ Nenhum

✔ Leve

◗ Moderado

▲ Grave

Sintomas	1	2	3	4	5	6	7
Tensão excessiva ou nervosismo							
Sensação de estar tensa							
Facilmente alarmada, assustadiça							
Dificuldade em adormecer ou em manter o sono							
Facilmente enfurecida, irritadiça							
Agitada, facilmente excitada							
Vertigens, vacilação, tremores							
Dificuldade em concentrar-se ou focalizar							
Melancolia alternando com ansiedade							
Cansaço excessivo ou fadiga							
Medo de certos lugares ou situações							
Medo de outras pessoas							
Pesadelos freqüentes							
Rigidez ou tensão muscular							
Taquicardia ou batimentos cardíacos irregulares							
Dor no peito							
Respiração ofegante							
Sudorese (transpiração excessiva)							
Boca seca							
Cãibras intestinais, náuseas, diarréia							
Micção freqüente							
Ondas de calor ou sensação de calafrio							
Mãos e pés frios							
Garganta apertada ou nó na garganta							

DIA DO MÊS **Mês 4 ___________**

8	9	10	11	12	13	14	15	16	17	18	19	20	21	22	23	24	25	26	27	28	29	30	31

Calendário Mensal de Sintomas de Ansiedade

DIA DO MÊS

Classifique os seus sintomas à medida que os sente em cada mês:

❍ Nenhum

✔ Leve

◗ Moderado

▲ Grave

Sintomas	1	2	3	4	5	6	7
Tensão excessiva ou nervosismo							
Sensação de estar tensa							
Facilmente alarmada, assustadiça							
Dificuldade em adormecer ou em manter o sono							
Facilmente enfurecida, irritadiça							
Agitada, facilmente excitada							
Vertigens, vacilação, tremores							
Dificuldade em concentrar-se ou focalizar							
Melancolia alternando com ansiedade							
Cansaço excessivo ou fadiga							
Medo de certos lugares ou situações							
Medo de outras pessoas							
Pesadelos freqüentes							
Rigidez ou tensão muscular							
Taquicardia ou batimentos cardíacos irregulares							
Dor no peito							
Respiração ofegante							
Sudorese (transpiração excessiva)							
Boca seca							
Cãibras intestinais, náuseas, diarréia							
Micção freqüente							
Ondas de calor ou sensação de calafrio							
Mãos e pés frios							
Garganta apertada ou nó na garganta							

DIA DO MÊS **Mês 5 ____________**

8	9	10	11	12	13	14	15	16	17	18	19	20	21	22	23	24	25	26	27	28	29	30	31

Calendário Mensal de Sintomas de Ansiedade

Classifique os seus sintomas à medida que os sente em cada mês:

❍ Nenhum

✔ Leve

◗ Moderado

▲ Grave

DIA DO MÊS

Sintomas	1	2	3	4	5	6	7
Tensão excessiva ou nervosismo							
Sensação de estar tensa							
Facilmente alarmada, assustadiça							
Dificuldade em adormecer ou em manter o sono							
Facilmente enfurecida, irritadiça							
Agitada, facilmente excitada							
Vertigens, vacilação, tremores							
Dificuldade em concentrar-se ou focalizar							
Melancolia alternando com ansiedade							
Cansaço excessivo ou fadiga							
Medo de certos lugares ou situações							
Medo de outras pessoas							
Pesadelos freqüentes							
Rigidez ou tensão muscular							
Taquicardia ou batimentos cardíacos irregulares							
Dor no peito							
Respiração ofegante							
Sudorese (transpiração excessiva)							
Boca seca							
Cãibras intestinais, náuseas, diarréia							
Micção freqüente							
Ondas de calor ou sensação de calafrio							
Mãos e pés frios							
Garganta apertada ou nó na garganta							

DIA DO MÊS **Mês 6** ____________

8	9	10	11	12	13	14	15	16	17	18	19	20	21	22	23	24	25	26	27	28	29	30	31

Calendário Mensal de Sintomas de Ansiedade

DIA DO MÊS

Classifique os seus sintomas à medida que os sente em cada mês:

❍ Nenhum

✔ Leve

◗ Moderado

▲ Grave

Sintomas	1	2	3	4	5	6	7
Tensão excessiva ou nervosismo							
Sensação de estar tensa							
Facilmente alarmada, assustadiça							
Dificuldade em adormecer ou em manter o sono							
Facilmente enfurecida, irritadiça							
Agitada, facilmente excitada							
Vertigens, vacilação, tremores							
Dificuldade em concentrar-se ou focalizar							
Melancolia alternando com ansiedade							
Cansaço excessivo ou fadiga							
Medo de certos lugares ou situações							
Medo de outras pessoas							
Pesadelos freqüentes							
Rigidez ou tensão muscular							
Taquicardia ou batimentos cardíacos irregulares							
Dor no peito							
Respiração ofegante							
Sudorese (transpiração excessiva)							
Boca seca							
Cãibras intestinais, náuseas, diarréia							
Micção freqüente							
Ondas de calor ou sensação de calafrio							
Mãos e pés frios							
Garganta apertada ou nó na garganta							

DIA DO MÊS **Mês 7 ___________**

8	9	10	11	12	13	14	15	16	17	18	19	20	21	22	23	24	25	26	27	28	29	30	31

Calendário Mensal de Sintomas de Ansiedade

DIA DO MÊS

Classifique os seus sintomas à medida que os sente em cada mês:

❍ Nenhum

✔ Leve

◗ Moderado

▲ Grave

Sintomas	1	2	3	4	5	6	7
Tensão excessiva ou nervosismo							
Sensação de estar tensa							
Facilmente alarmada, assustadiça							
Dificuldade em adormecer ou em manter o sono							
Facilmente enfurecida, irritadiça							
Agitada, facilmente excitada							
Vertigens, vacilação, tremores							
Dificuldade em concentrar-se ou focalizar							
Melancolia alternando com ansiedade							
Cansaço excessivo ou fadiga							
Medo de certos lugares ou situações							
Medo de outras pessoas							
Pesadelos freqüentes							
Rigidez ou tensão muscular							
Taquicardia ou batimentos cardíacos irregulares							
Dor no peito							
Respiração ofegante							
Sudorese (transpiração excessiva)							
Boca seca							
Cãibras intestinais, náuseas, diarréia							
Micção freqüente							
Ondas de calor ou sensação de calafrio							
Mãos e pés frios							
Garganta apertada ou nó na garganta							

DIA DO MÊS **Mês 8** ____________

8	9	10	11	12	13	14	15	16	17	18	19	20	21	22	23	24	25	26	27	28	29	30	31

Calendário Mensal de Sintomas de Ansiedade

DIA DO MÊS

Classifique os seus sintomas à medida que os sente em cada mês:

❍ Nenhum

✔ Leve

◗ Moderado

▲ Grave

Sintomas	1	2	3	4	5	6	7
Tensão excessiva ou nervosismo							
Sensação de estar tensa							
Facilmente alarmada, assustadiça							
Dificuldade em adormecer ou em manter o sono							
Facilmente enfurecida, irritadiça							
Agitada, facilmente excitada							
Vertigens, vacilação, tremores							
Dificuldade em concentrar-se ou focalizar							
Melancolia alternando com ansiedade							
Cansaço excessivo ou fadiga							
Medo de certos lugares ou situações							
Medo de outras pessoas							
Pesadelos freqüentes							
Rigidez ou tensão muscular							
Taquicardia ou batimentos cardíacos irregulares							
Dor no peito							
Respiração ofegante							
Sudorese (transpiração excessiva)							
Boca seca							
Cãibras intestinais, náuseas, diarréia							
Micção freqüente							
Ondas de calor ou sensação de calafrio							
Mãos e pés frios							
Garganta apertada ou nó na garganta							

DIA DO MÊS **Mês 9** ____________

8	9	10	11	12	13	14	15	16	17	18	19	20	21	22	23	24	25	26	27	28	29	30	31

Calendário Mensal de Sintomas de Ansiedade

DIA DO MÊS

Classifique os seus sintomas à medida que os sente em cada mês:

❍ Nenhum

✔ Leve

◗ Moderado

▲ Grave

Sintomas	1	2	3	4	5	6	7
Tensão excessiva ou nervosismo							
Sensação de estar tensa							
Facilmente alarmada, assustadiça							
Dificuldade em adormecer ou em manter o sono							
Facilmente enfurecida, irritadiça							
Agitada, facilmente excitada							
Vertigens, vacilação, tremores							
Dificuldade em concentrar-se ou focalizar							
Melancolia alternando com ansiedade							
Cansaço excessivo ou fadiga							
Medo de certos lugares ou situações							
Medo de outras pessoas							
Pesadelos freqüentes							
Rigidez ou tensão muscular							
Taquicardia ou batimentos cardíacos irregulares							
Dor no peito							
Respiração ofegante							
Sudorese (transpiração excessiva)							
Boca seca							
Cãibras intestinais, náuseas, diarréia							
Micção freqüente							
Ondas de calor ou sensação de calafrio							
Mãos e pés frios							
Garganta apertada ou nó na garganta							

DIA DO MÊS **Mês 10 ___________**

8	9	10	11	12	13	14	15	16	17	18	19	20	21	22	23	24	25	26	27	28	29	30	31

Calendário Mensal de Sintomas de Ansiedade

DIA DO MÊS

Classifique os seus sintomas à medida que os sente em cada mês:

❍ Nenhum

✔ Leve

◗ Moderado

▲ Grave

Sintomas	1	2	3	4	5	6	7
Tensão excessiva ou nervosismo							
Sensação de estar tensa							
Facilmente alarmada, assustadiça							
Dificuldade em adormecer ou em manter o sono							
Facilmente enfurecida, irritadiça							
Agitada, facilmente excitada							
Vertigens, vacilação, tremores							
Dificuldade em concentrar-se ou focalizar							
Melancolia alternando com ansiedade							
Cansaço excessivo ou fadiga							
Medo de certos lugares ou situações							
Medo de outras pessoas							
Pesadelos freqüentes							
Rigidez ou tensão muscular							
Taquicardia ou batimentos cardíacos irregulares							
Dor no peito							
Respiração ofegante							
Sudorese (transpiração excessiva)							
Boca seca							
Cãibras intestinais, náuseas, diarréia							
Micção freqüente							
Ondas de calor ou sensação de calafrio							
Mãos e pés frios							
Garganta apertada ou nó na garganta							

DIA DO MÊS **Mês 11** ___________

8	9	10	11	12	13	14	15	16	17	18	19	20	21	22	23	24	25	26	27	28	29	30	31

Calendário Mensal de Sintomas de Ansiedade

DIA DO MÊS

Classifique os seus sintomas à medida que os sente em cada mês:

❍ Nenhum

✔ Leve

◗ Moderado

▲ Grave

Sintomas	1	2	3	4	5	6	7
Tensão excessiva ou nervosismo							
Sensação de estar tensa							
Facilmente alarmada, assustadiça							
Dificuldade em adormecer ou em manter o sono							
Facilmente enfurecida, irritadiça							
Agitada, facilmente excitada							
Vertigens, vacilação, tremores							
Dificuldade em concentrar-se ou focalizar							
Melancolia alternando com ansiedade							
Cansaço excessivo ou fadiga							
Medo de certos lugares ou situações							
Medo de outras pessoas							
Pesadelos freqüentes							
Rigidez ou tensão muscular							
Taquicardia ou batimentos cardíacos irregulares							
Dor no peito							
Respiração ofegante							
Sudorese (transpiração excessiva)							
Boca seca							
Cãibras intestinais, náuseas, diarréia							
Micção freqüente							
Ondas de calor ou sensação de calafrio							
Mãos e pés frios							
Garganta apertada ou nó na garganta							

DIA DO MÊS **Mês 12** ____________

8	9	10	11	12	13	14	15	16	17	18	19	20	21	22	23	24	25	26	27	28	29	30	31

Depois de ter preenchido todo o calendário, passe às avaliações de fatores de risco e estilos de vida que se seguem. Elas a ajudarão a avaliar áreas específicas de sua vida para ver quais dos seus padrões de hábitos podem estar contribuindo para os seus problemas de saúde. Os hábitos do estilo de vida têm um impacto significativo sobre os sintomas de ansiedade e *stress*. Com o preenchimento das folhas do manual, você pode reconhecer facilmente quais são as suas áreas vulneráveis. Quando tiver completado as avaliações, estará preparada para passar aos capítulos de auto-ajuda e iniciar seu programa de tratamento.

Fatores de Risco para a Ansiedade

Você está correndo um risco maior de desenvolver sintomas de ansiedade e *stress* se tiver qualquer dos fatores de risco abaixo indicados. Assegure-se de que está obedecendo às diretrizes nutricionais, de exercícios e de administração do *stress* fornecidas na seção de auto-ajuda deste livro, caso tenha qualquer um dos fatores de risco relacionados com a ansiedade que indicamos aqui. Tique ao lado de cada fator de risco que se aplique ao seu caso.

Fatores de Risco

Parentes com uma história de distúrbios da ansiedade, fobias ou agorafobia ______
História de pais excessivamente críticos, falta de nutrimento emocional ______
História de pais que suprimiram e puniram a comunicação e verbalização dos sentimentos ______
História de pais timoratos e excessivamente cautelosos ______
História de temer a separação dos pais na infância (ir à escola, atividades lúdicas, ou até de adormecer sem os pais) ______
Períodos significativos de *stress* na vida, como um falecimento, doença ou divórcio, precedendo o início de excessiva ansiedade ______
Tensão pré-menstrual (TPM) ______
Menopausa ______
Hipertireoidismo (Funcionamento excessivo da tireóide) ______
Hipoglicemia ______
Alergias alimentares ou alergia a suplementos alimentares (como o aspartame) ______
Vícios alimentares ______
Prolapso da válvula mitral ______
Uso de medicação contendo estrógeno ______
Retirada de álcool, tranqüilizantes ou sedativos ______
Uso de drogas como diversão (tais como cocaína, anfetaminas) que aumentam os níveis de ansiedade ______

Uso excessivo de café, chá preto, refrigerantes à base de cola, chocolates e outros alimentos que contêm cafeína ______

Uso excessivo de açúcar ______

Deficiência de cálcio, magnésio ou potássio ______

Falta de vitaminas B ______

Avaliação dos Hábitos Alimentares

Ticar o número de vezes que você come os seguintes alimentos.

Alimentos que Aumentam os Sintomas

ALIMENTO	NUNCA	UMA VEZ POR MÊS	UMA VEZ POR SEMANA	DUAS VEZES POR SEMANA OU MAIS
Leite de vaca				
Queijo de leite de vaca				
Manteiga				
Iogurte				
Ovos				
Chocolate				
Açúcar				
Álcool				
Pão de trigo				
Massas de trigo				
Farinha de trigo				
Pastelaria				
Sal adicionado				
Caldo de Carne				
Molho de Salada Industrializado				
Ketchup				
Café				
Chá preto				
Refrigerantes				
Cachorro-quente				

ALIMENTO	NUNCA	UMA VEZ POR MÊS	UMA VEZ POR SEMANA	DUAS VEZES POR SEMANA OU MAIS
Presunto				
Bacon				
Carne de vaca				
Cordeiro				
Porco				

Alimentos que diminuem os sintomas

ALIMENTO	NUNCA	UMA VEZ POR MÊS	UMA VEZ POR SEMANA	DUAS VEZES POR SEMANA OU MAIS
Abacate				
Feijão				
Beterraba				
Brócolis				
Couve-de-Bruxelas				
Repolho				
Cenoura				
Aipo				
Couve-portuguesa				
Pepino				
Berinjela				
Alho				
Raiz-Forte				
Couve-manteiga				
Alface				
Folhas de Mostarda				
Quiabo				
Cebola				
Pastinaca				

ALIMENTO	NUNCA	UMA VEZ POR MÊS	UMA VEZ POR SEMANA	DUAS VEZES POR SEMANA OU MAIS
Ervilha				
Batata				
Rabanete				
Rutabaga				
Espinafre				
Abóbora				
Batata-doce				
Tomate				
Nabo				
Folhas de nabo				
Inhame				
Arroz integral				
Painço				
Centeio				
Aveia em flocos				
Trigo-Sarraceno				
Cevada				
Milho				
Semente crua de linhaça				
Semente crua de abóbora				
Semente crua de gergelim				
Semente crua de girassol				
Amêndoa crua				
Avelã crua				
Noz-pecã crua				
Castanha crua				
Maçã				
Banana				

ALIMENTO	NUNCA	UMA VEZ POR MÊS	UMA VEZ POR SEMANA	DUAS VEZES POR SEMANA OU MAIS
Morango				
Pêra				
Frutas da estação				
Óleo de milho				
Linhaça				
Azeite de oliva				
Óleo de gergelim				
Óleo de canola				
Frango				
Pescado				

Chave para Hábitos Alimentares

Todos os alimentos na área sombreada são alimentos nocivos que podem aumentar os sintomas de ansiedade e *stress*. Além disso, muitos deles tendem a piorar a sua saúde em geral e devem ser evitados. Se comer muito desses alimentos, ou qualquer deles freqüentemente, os seus hábitos alimentares podem estar contribuindo de modo significativo para os seus sintomas. Para informação adicional sobre a seleção dos alimentos, consulte os Capítulos 3 e 4.

Os alimentos na lista não-sombreada, de abacate a pescado, são ricos em nutrientes e de baixo *stress*, pelo que podem ajudar a aliviar ou prevenir sintomas de ansiedade e *stress*. Inclua esses alimentos com freqüência em sua dieta. Se já está comendo muitos desses e poucos dos alimentos propícios ao *stress*, as probabilidades são de que seus hábitos nutricionais sejam bons e a seleção dos alimentos não seja um fator ponderável no agravamento de seus sintomas. Você pode querer ler atentamente os capítulos sobre administração do *stress* e exercícios. As atividades contidas nesses exercícios podem ser muito úteis para aliviar os seus sintomas.

Hábitos de Exercícios

Checar a freqüência com que pratica qualquer dos exercícios seguintes:

ATIVIDADES	NUNCA	UMA VEZ POR MÊS	UMA OU DUAS VEZES POR SEMANA	TRÊS VEZES POR SEMANA OU MAIS
Cooper				
Caminhar				
Andar de bicicleta				
Esquiar				
Nadar				
Danças aeróbicas				
Pular corda				
Patinar no gelo				
Patinar sobre rodas				
Handebol				
Frescobol				
Tênis				
Futebol				
Basquete				
Beisebol				
Tênis de mesa				
Golfe				
Críquete				
Boliche				
Yoga				
Exercícios de alongamento				
Halterofilia				
Jardinagem				

Chave para os Hábitos de Exercícios

O exercício ajuda a aliviar os sintomas de ansiedade e *stress*. Também ajuda a reduzir os sintomas de tensão muscular que freqüentemente acompanham o distúrbio emocional. Se o seu número total de períodos de exercício por semana é inferior a três, você provavelmente precisa elevar o seu nível de atividade física. Ver o Capítulo 8 para recomendações sobre o tipo de exercício que seria o mais adequado no seu caso e a ajudaria a reduzir os seus sintomas de ansiedade.

Algumas mulheres com ansiedade tendem para o excesso de exercício. Treinam com tamanha intensidade que estão, na realidade, dando origem aos sintomas de pânico. Se suspeitar de que é isso que está acontecendo com você, talvez queira mudar o seu regime atual. Encontrará muitas opções disponíveis nos Capítulos 8, 9 e 10, sobre exercício físico, yoga e acupressura.

Sintomas de Falta de Forma e Vigor Físicos

Ticar aqueles sintomas que lhe são atinentes:	Sim	Não
Fadiga, exaustão, letargia	____	____
Cansaço ou exaustão quando caminha menos de 1500 metros	____	____
Falta de fôlego quando caminha menos de 1500 metros	____	____
Cansaço ou exaustão quando sobe um lanço de escada	____	____
Falta de fôlego quando sobe um lanço de escada	____	____
Peso excessivo ou obesidade	____	____
Sofrível tono muscular	____	____
Excessiva tensão muscular e/ou cãibras quando exerce	____	____
uma atividade física	____	____
Fadiga ocular	____	____
Tensão crônica no pescoço e tensão muscular	____	____
Tensão crônica no ombro e região dorsal superior	____	____
Ranger os dentes (bruxismo)	____	____
Dor crônica na região lombar	____	____
Tensão abdominal crônica	____	____
Tensão crônica nos braços	____	____

Chave para a Falta de Forma e Vigor Físicos

Se você acha que os sintomas indicados nessa avaliação lhe dizem respeito, deve iniciar lenta e cuidadosamente um programa de preparação física. O seu nível de atividade física deve aumentar gradualmente até que o seu corpo esteja mais condicionado, a tal ponto que os exercícios possam ser praticados sem dificuldade. Você pode querer informar o seu médico a respeito desses sintomas. Ele poderá então ajudá-la a planejar o melhor regime de exercícios para as suas necessidades. Além disso, alguns desses sintomas podem indicar um problema subjacente de saúde que precise ser avaliado.

Chave para um Diário de Exercícios Cotidianos

Esse diário deve ajudá-la a determinar se o seu programa de exercícios em curso é o correto para ajudar a reduzir os seus sintomas de ansiedade e *stress*, assim como para promover um ótimo condicionamento físico. Um bom programa de exercícios deve permitir-lhe sentir-se simultaneamente energizada e relaxada. Você deve também exercer atividades que lhe dão satisfação, de modo a aguardar com expectativa favorável a sua sessão de exercícios.

Ao monitorar suas reações físicas a um vigoroso exercício aeróbico, certifique-se de que a sessão aumentou sua pulsação até o limite de variação mais favorável para a sua idade, como segue:

Idade	Pulsação (também indica batimentos cardíacos)
20-29	145-164
30-39	138-156
40-49	130-148
50-59	122-140
60 +	116-132

Se, quando estiver escrevendo o seu diário, concluir que o seu programa de exercícios não é satisfatório, mude para outras atividades físicas. Leia os capítulos sobre exercício físico, yoga e massagem de acupressura para outras opções.

Diário de Exercícios Cotidianos **Mês**________________

	Data	Hora	Tipo de Exercício	Duração da Sessão	Pulsação
1					
2					
3					
4					
5					
6					
7					
8					
9					
10					
11					
12					
13					
14					
15					
16					
17					
18					
19					
20					
21					
22					
23					
24					
25					
26					
27					
28					
29					
30					
31					

	Reação Emocional	**Reação** Física
1		
2		
3		
4		
5		
6		
7		
8		
9		
10		
11		
12		
13		
14		
15		
16		
17		
18		
19		
20		
21		
22		
23		
24		
25		
26		
27		
28		
29		
30		
31		

Avaliação dos Principais Motivos de Stress na Vida

Ticar os acontecimentos relativos à sua vida. Isso ajudará a avaliar o nível do principal motivo de *stress* na sua vida.

___ Morte do cônjuge ou de parente próximo
___ Divórcio do cônjuge
___ Separação legal do cônjuge
___ Perda do emprego
___ Perda radical de segurança financeira
___ Grave lesão ou doença pessoal (causa ginecológica ou outra)
___ Futura cirurgia por doença ginecológica ou outra
___ Iniciar um novo matrimônio
___ Cobrança executiva de hipoteca ou empréstimo
___ Ação judicial movida contra você
___ Reconciliação conjugal
___ Mudança no estado de saúde de um membro da família
___ Atritos sérios com patrão ou colegas
___ Aumento da responsabilidade – trabalho ou lar
___ Tomar conhecimento de que está grávida
___ Dificuldades com sua performance sexual
___ Chegada de um novo membro da família
___ Mudança para um emprego diferente
___ Recrudescimento no número de discussões conjugais
___ Novo empréstimo ou hipoteca
___ Saída de casa de filho ou filha
___ Séria divergência com parentes por afinidade ou amigos
___ Cônjuge começar ou parar de trabalhar
___ Reconhecimento por realizações notáveis
___ Começo ou término de sua educação
___ Passar por uma transformação nas condições de vida
___ Rever ou alterar seus hábitos pessoais
___ Mudança em horário ou condições de trabalho
___ Mudança de residência
___ Mudança de escola ou de curso
___ Alterações em suas atividades recreativas
___ Mudança das atividades na igreja ou no clube
___ Mudança nas atividades sociais
___ Mudança nos hábitos de dormir
___ Mudança no número de reuniões familiares
___ Mudança de dieta ou de hábitos alimentares
___ Sair de férias
___ Ocorrência de feriados e festividades de fim de ano
___ Cometimento de pequena violação da lei

Chave para os Principais Motivos da Ansiedade e do Stress

Os principais motivos de *stress* podem ter um impacto significativo sobre os sintomas emocionais da ansiedade e tensão nervosa, assim como sobre outros problemas de saúde ligados a esses sintomas. É proveitoso avaliar o seu próprio nível de *stress* a fim de apurar até que ponto pode estar interferindo em sua saúde. Uma ferramenta popular é a *Holmes and Rahe Social Readjustment Rating Scale*, publicada pela primeira vez em 1967. Essa escala de avaliação está adaptada para mulheres e identifica os acontecimentos que causam o *stress*.

A comprovação de muitos itens no primeiro terço dessa escala indica uma importante causa de *stress* e possível vulnerabilidade a uma enfermidade séria. À medida que vai descendo na lista, o *stress* diminui no grau em que causa importante desorganização emocional. Por exemplo, um falecimento ou divórcio é muito mais traumático para a maioria das pessoas do que mudar de escola ou de curso. Assim, quanto mais itens forem ticados nos primeiros dois terços da escala, mais elevado é o seu quociente de *stress*. Faça todo o possível para administrar o seu *stress* de um modo saudável. Coma os alimentos que fornecem uma dieta de alto teor nutritivo/baixo *stress*, pratique exercícios regularmente e aprenda os métodos de controle do *stress* indicados nos Capítulos 6 e 7 sobre redução do *stress* e respiração profunda.

Se você ticar menos itens, tem provavelmente um menor risco de doença. Como os níveis baixos demais de *stress* inclusos nessa avaliação também podem desempenhar um papel no recrudescimento do seu nível de ansiedade e tensão nervosa, você ainda se beneficiará da prática dos métodos descritos no capítulo sobre redução do *stress*. A administração do *stress* é muito importante para ajudar você a adquirir o controle sobre o seu nível de tensão muscular.

Avaliação do Stress Diário

Ticar cada item que lhe pareça ser aplicável ao seu caso.

No Trabalho

___ Responsabilidade excessiva. Sente que tem de se esforçar demais para realizar o seu trabalho. São-lhe exigidas coisas demais. Sente-se pressionada por toda essa responsabilidade. Preocupa-se a respeito de conseguir fazer todo o seu trabalho – e de o fazer bem-feito.

___ Urgência de tempo: Você preocupa-se em realizar o seu trabalho no tempo devido. Sente-se sempre açodada e como se o dia não tivesse horas suficientes para completar o seu trabalho.

___ Instabilidade no emprego. Preocupa-se com a possibilidade de perder o emprego. Estão ocorrendo demissões na empresa onde trabalha. Há muita insegurança e apreensão entre os seus colegas a respeito da estabilidade do emprego.

___ Desempenho no trabalho. Você não acha que esteja dando o máximo de sua capacidade por causa de pressões externas ou *stress*. Está descontente com o seu desempenho e, por conseguinte, preocupada com a permanência no emprego.

___ Dificuldade de convívio com os colegas e o patrão. O seu patrão é muito grave e crítico. O seu patrão exige demais. Você tem que trabalhar com colegas que são difíceis de se lidar.

___ Instalações físicas incômodas. As luzes são brilhantes demais ou tênues demais; os ruídos são insuportáveis. Você está exposta a fumaças ou substâncias químicas nocivas. Há muita atividade à sua volta, tornando difícil a sua concentração no que está fazendo.

No Lar

___ Organização doméstica. O lar está mediocremente organizado. Parece estar sempre desarrumado; as tarefas ficam todas por terminar. Você sente-se tensa e estressada enquanto está em sua própria casa por causa da desordem física.

___ Tempo. Há muita coisa a fazer no lar e nunca há tempo bastante para fazer tudo.

___ Excessiva responsabilidade. Você precisa de mais ajuda. Há exigências demais em relação ao seu tempo e energia. O resultado é você sentir-se tensa e ansiosa.

Cônjuge ou Outro Significante

___ Comunicação hostil. Excesso de emoção negativa e drama. Você está sempre transtornada e irascível. Não existe paz e serenidade suficientes.

___ Não há comunicação suficiente. Não há suficiente discussão de sentimentos e problemas. Você tende a conter seus sentimentos, o que cria uma forte impressão de tensão e *stress* reprimidos.

___ Discrepância na comunicação. Uma pessoa fala demais sobre sentimentos, a outra pessoa fala de menos.

___ Afeição. Questões de intimidade fazem-na sentir-se ansiosa e perturbada. Há uma discrepância entre as suas necessidades numa relação e o que recebe do seu parceiro. Ou você sente que não recebe suficiente afeição, ou sente-se constrangida pelas exigências do seu parceiro.

___ Sexualidade. As questões sexuais fazem-na sentir-se ansiosa e perturbada. Seu parceiro solicita relações sexuais com excessiva freqüência. Você sente-se pressionada, ou sente-se irritada, furiosa e estressada por causa da ausência de intimidade sexual. Sente-se excluída pelo seu parceiro.

___ Filhos. Fazem barulho demais. Absorvem grande parte do seu tempo. São difíceis de disciplinar. Acha que lidar com os seus filhos aumenta-lhe o nível de ansiedade.

___ Família numerosa (pais, irmãos, outros parentes). As relações com a família criam ansiedade e *stress*. Os membros da família são negativos, críticos ou prepotentes; entregam-se a uma conduta social imprópria ou viciada. As comunicações provenientes da família ou a interação com a família deflagram uma reação emocional negativa.

Seu Estado Emocional

___ Excessiva cogitação íntima negativa. Você preocupa-se demais a respeito de muitas coisas de pouca importância. Preocupa-se constantemente a respeito do que possa vir a acontecer de errado em sua vida.

___ Medo excessivo de situações. Receia encontrar-se em certas situações ou lugares, como entrar num elevador, visitar um centro comercial, comer em restaurantes ou ir consultar um dentista ou médico.

___ Medo excessivo de atividades públicas. Receia falar em público, sentar-se num grupo social ou de trabalho, ir a reuniões ou recepções.

___ Sentir-se vítima. Acha que todos estão tirando proveito de você ou querem magoá-la.

___ Ter uma imagem sofrível de si mesma. Não se gostar o bastante. Encontrar sempre defeitos em si mesma.

___ Excessivamente crítica. Está sempre encontrando defeitos nos outros. Procura sempre o que está errado em outras pessoas, em lugar de ver as virtudes.

___ Incapacidade de relaxar. Está sempre contraída. Tem dificuldade em relaxar. Está tensa e inquieta.

___ Renovação pessoal insuficiente. Os aspectos lúdicos não a atraem o bastante nem se dá um tempo para relaxar e divertir-se. Por conseguinte, a vida não é divertida nem aprazível.

___ Sentimentos de depressão. Os sentimentos de depressão se alternam com a ansiedade. Durante os períodos de abatimento, você sente-se melancólica, isolada e deplorável. É dominada por um sentimento de auto-acusação e de desespero. A fadiga e a falta de energia são problemas.

___ Irascível demais. Pequenas questões da vida corrente parecem perturbá-la de forma exagerada. Enfurece-se e irrita-se com o marido, os filhos ou os clientes.

Chave para a Avaliação do Stress Diário

Essa avaliação é muito importante para mulheres com ansiedade. Nem todo o *stress* emocional resulta de um impacto tão brutal em nossa vida quanto a morte, o divórcio ou um acidente que envolve graves danos pessoais. A maioria das mulheres está exposta a um grande número de pequenos motivos que causam o *stress* no dia-a-dia. Em algumas, com ansiedade excessiva e tensão nervosa, esse *stress* pode desencadear sérios episódios de perturbação emocional. Além disso, os efeitos causados pelo *stress* podem ser cumulativos. Estes podem constituir um fator importante na criação de um desgaste crônico no seu sistema imunológico e deterioração dos sistemas endócrino e circulatório. E o *stress* diário deflagra, com freqüência, tensão muscular crônica e dor.

Releia as áreas de *stress* cotidiano que você acha difícil administrar. Tomar consciência delas é o primeiro passo para atenuar os seus efeitos sobre a sua vida. Métodos para reduzi-los e ajudar o seu corpo a enfrentá-los são dados nos Capítulos 6, 7, 9 e 10 sobre redução do *stress*, exercícios respiratórios, yoga e acupressura.

PARTE III : A Busca da Solução

CAPÍTULO 3
Princípios Dietéticos para Alívio da Ansiedade e do Stress

Muitas mulheres não se apercebem do importante papel que a seleção de alimentos pode desempenhar na intensificação ou redução de sintomas de ansiedade, pânico e *stress* excessivo. Pesquisas médicas nas áreas de dieta e nutrição nos últimos vinte anos demonstraram que muitos alimentos, bebidas e suplementos alimentares podem agravar ou desencadear sentimentos de ansiedade nas mulheres. Isso é verdadeiro tanto nos casos de ansiedade e pânico de base emocional quanto nos de base química ou hormonal. Em contrapartida, outros estudos concluíram que certos alimentos são benéficos por suas propriedades calmantes e estabilizadoras do estado de ânimo ou humor.

Na minha prática médica, fiquei impressionada com a importância de uma dieta contra a ansiedade. Tenho visto milhares de mulheres que, sofrendo de sintomas de ansiedade devidos a muitas e diferentes causas emocionais e físicas, melhoram quando mudam a dieta. A dieta pode ser o tratamento primário para a ansiedade causada por tensão pré-menstrual, hipoglicemia e alergias alimentares; o uso de uma dieta antiansiedade pode desempenhar um importante papel de apoio na redução dos desagradáveis sintomas de *stress*. De fato, comprovei que hábitos alimentares continuamente estressantes agem contra outras medidas terapêuticas que uma paciente pode instituir, tais como o aconselhamento ou o uso de medicação ansiolítica. Assim, não deve ser subestimada a importância de salutares práticas dietéticas no tratamento da ansiedade.

Neste capítulo, enumero e examino em detalhe os alimentos que pioram a ansiedade e devem ser evitados. A lista pode surpreender você porque contém não só alimentos processados e sem qualquer valor nutritivo, os chamados *junk foods*, mas também alimentos que são considerados produtos básicos da dieta norte-americana. Muitas mulheres que sofrem de ansiedade adotam, involuntariamente, um regime alimentar que agrava os seus sintomas. Também me ocupo de alimentos que podem melhorar e aumentar o seu bem-estar emocional, assim como o estado geral de sua saúde. Essa informação baseia-se num extenso trabalho com mulheres que sofreram de fadiga e registraram um alívio significativo de seus sintomas quando seguiram esse programa. Também está baseada nas pesquisas médicas existentes.

Alimentos a Evitar

É importante eliminar todos os alimentos que intensificam os seus sintomas de ansiedade. Incluem-se neles os alimentos que são tóxicos e estressantes para o corpo quando usados em excesso, e que podem agravar sintomas de ansiedade em mulheres suscetíveis quando usados em pequenas quantidades. Em minha experiência com pacientes que sofrem de ansiedade, desde moderada até grave, todos esses alimentos deveriam ser inteiramente eliminados ou, pelo menos, radicalmente reduzidos a pequenas quantidades, usados em base ocasional como, por exemplo, numa festa. Algumas mulheres podem achar que precisam eliminar gradualmente os alimentos que causam a ansiedade, por causa de seu apego emocional ou físico à comida. Quando existem fortes vínculos emocionais, o próprio processo de eliminação pode causar *stress*; assim, deve ser conduzido com moderação. Muitas outras mulheres consideram que a retirada abrupta e total funciona melhor, e apreciam o rápido alívio dos sintomas de ansiedade que resulta da simples eliminação de um alimento estressante. Mencionarei quaisquer perigos que tal abordagem possa esconder, quando tratarmos de alimentos específicos nesta seção.

Cafeína. Café, chá preto, refrigerantes e chocolate, todos contêm cafeína. Muitas mulheres com ansiedade e elevados níveis de *stress* usam erradamente a cafeína como um estimulante para ajudá-las a desincumbirem-se de suas tarefas diárias. Infelizmente, a cafeína pode desencadear e agravar episódios de ansiedade e pânico. Usada em excesso (mais de quatro ou cinco xícaras por dia), a cafeína pode aumentar dramaticamente a ansiedade, a irritabilidade e as oscilações de humor. Mesmo quantidades pequenas podem fazer com que mulheres suscetíveis fiquem muito agitadas. Depois da sensação inicial de melhora, mulheres em quem a ansiedade coexiste com o *stress* excessivo descobrem que a ingestão de cafeína deixa-as mais cansadas do que antes.

A cafeína deflagra a ansiedade e os sintomas de pânico porque excita diretamente vários mecanismos de estimulação do corpo. Eleva o nível de norepinefrina do cérebro, um neurotransmissor que aumenta a vivacidade. Entretanto, deflagra também a atividade do sistema nervoso simpático, o que causa as reações fisiológicas de luta-ou-fuga no corpo, tais como o aumento da pulsação, do ritmo respiratório e da tensão muscular. Assim, a ingestão de cafeína desencadeia as reações fisiológicas típicas dos estados de ansiedade. Além disso, a cafeína estimula a descarga de hormônios do *stress* das cápsulas supra-renais, intensificando ainda mais os sintomas de nervosismo e agitação.

A cafeína exaure as reservas de vitaminas do complexo-B e de minerais essenciais do corpo, como o potássio, que são importantes nas reações químicas para converter o alimento em energia utilizável. A deficiência desses nutrientes aumenta a ansiedade, as oscilações de humor e a fadiga. A exaustão do estoque de vitaminas do complexo-B no organismo também interfere com o metabolismo dos carboidratos e o funcionamento saudável do fígado, o qual ajuda a regular os níveis de açúcar no sangue, assim como de estrógeno. Um desequilíbrio em estrógeno e progesterona pode aumentar a ansiedade e as oscilações de humor em mulheres com sintomas de TPM ou menopausa. Muitas mulheres na menopausa também se queixam de que a cafeína aumenta a freqüência de ondas de calor. Café, chá preto, chocolate e refrigerantes atuam todos para inibir a absorção de ferro, piorando assim a anemia.

Se você sofre de sintomas de ansiedade de moderados a intensos, devidos a qualquer causa, recomendo que reduza o seu consumo de cafeína a uma xícara diária e tente eliminar os refrigerantes à base de cola, chá que contenha cafeína e chocolate. Algumas mulheres podem achar que a eliminação abrupta de café causa sintomas desagradáveis de abstinência, como dores de cabeça, depressão e fadiga. Nesses casos, é preferível reduzir gradualmente a ingestão de café, diminuindo as quantidades aos poucos durante o período de alguns meses e substituindo-o primeiro por café descafeinado e, finalmente, por chás de ervas. Muitos chás de ervas, como camomila, cidreira, erva-doce e hortelã-pimenta podem exercer um efeito relaxante sobre o corpo, ajudando assim a reduzir a ansiedade.

Controle da Cafeína de Bebidas e Alimentos

(por ordem decrescente de conteúdo de cafeína)

Produto	*Cafeína por porção*
Café (por xícara)	
pingado (média)	146 mg
filtrado (média)	110 mg
Café solúvel (por xícara)	
Folgers®	97,5 mg
Maxwell House®	94 mg
Nescafé	81 mg
Café descafeinado (por xícara)	
Sanka®	4 mg
Brim®	3,5 mg
Taster's Choice®	3,5 mg
Chá (por xícara)	
Tetley®	63,5 mg
Lipton®	52 mg

Constant Comment®	29 mg
Refrigerantes (por lata de 350 ml)	
Tab®	56,6 mg
Mountain Dew®	55 mg
Diet Dr. Pepper®	54 mg
Coca-cola	46 mg
Coca-cola Diet	46 mg
Pepsi	38,4 mg
Pepsi Diet	36 mg
Bebidas com chocolate quente (por xícara)	
Cacau	13 mg
Doces (por grama)	
Chocolate amargo Ghirardelli®	24 mg
Chocolate com leite Hershey's®	4 mg

Nota: Todos os nomes comerciais dos produtos da lista acima são marcas registradas.

Açúcar. A glicose, uma forma simples de açúcar, é o alimento que proporciona ao corpo a sua principal fonte de energia. Sem um constante fornecimento de glicose, não poderíamos produzir as centenas de milhares de reações químicas de que o nosso corpo necessita para desempenhar suas funções diárias. O cérebro é um dos principais usuários de glicose, requerendo 20% do total de glicose disponível para um ótimo funcionamento. Entretanto, a forma como introduzimos esse importante alimento em nosso organismo pode afetar de maneira profunda o nosso estado de ânimo. A abordagem ideal é ingerir grandes quantidades de carboidratos complexos, como cereais integrais, batatas, frutas e legumes. O açúcar nesses alimentos digere-se lentamente e é liberado na circulação sangüínea de forma muito gradual. Assim, a quantidade de açúcar obtida desses alimentos não sobrecarrega a capacidade do corpo para absorvê-lo.

Infelizmente, muitos americanos obtêm sua ingestão de açúcar por meio do uso excessivo de açúcar simples – o açúcar refinado branco ou o açúcar mascavo que constituem o ingrediente primário da maioria dos biscoitos, caramelos, bolos, tortas, refrigerantes, sorvetes e outros doces. Além disso, as massas e o pão feitos de farinha branca, da qual foram retirados todo o farelo, ácidos graxos essenciais e nutrientes, agem como açúcares simples; lamentavelmente, esses produtos constituem uma parcela significativa da dieta de muitas mulheres em sociedades ocidentais. Muitos alimentos industrialmente elaborados, incluindo molhos para saladas, *ketchup* e aperitivos, também contêm níveis elevados de açúcar e sal. Com o açúcar tão predominante em muitos alimentos, o vício em açúcar é comum em nossa sociedade entre pessoas de todas as idades.

Muita gente usa alimentos doces como um modo de lidar com suas frustrações e outras contrariedades. Por conseqüência, a maioria dos americanos consome açúcar em excesso – o americano médio come 55 quilos de açúcar por ano.

Esse nível excessivo de ingestão de açúcar pode ser um importante fator no surgimento de sintomas de ansiedade. Eis o que acontece: em vez dos carboidratos complexos, os alimentos baseados em açúcar e farinha branca decompõem-se facilmente no tubo digestivo. A glicose é liberada rapidamente na circulação sangüínea e daí absorvida pelas células do corpo a fim de satisfazer suas necessidades energéticas. Para enfrentar essa sobrecarga, o pâncreas deve liberar grandes quantidades de insulina, uma substância química que ajuda a transportar a glicose da circulação sangüínea para dentro das células.

Com freqüência, o pâncreas tende a exagerar a quantidade de insulina necessária. Por conseguinte, o nível de açúcar no sangue vai do alto demais para o baixo demais, resultando no efeito de montanha-russa tipicamente visto na hipoglicemia ou na tensão pré-menstrual. A mulher pode sentir-se inicialmente "eufórica" após comer açúcar e depois sentir um rápido choque e um mergulho em seu nível de energia. (Quantidades excessivas de *stress* também consomem rapidamente a glicose e podem causar sintomas semelhantes.) Quando o nível de açúcar no sangue fica demasiado baixo, a mulher começa a sentir-se ansiosa, agitada e confusa, porque o cérebro está privado do seu combustível necessário. Para remediar essa situação, as glândulas supra-renais liberam cortisona e outros hormônios que estimulam o fígado a, por sua vez, liberar o açúcar armazenado, de modo que o açúcar no sangue possa voltar a níveis normais. Embora os hormônios supra-renais estimulem a elevação do nível de açúcar no sangue, eles também aumentam, infelizmente, os sintomas de excitação e ansiedade. Assim, tanto a privação inicial de glicose no cérebro quanto a reação supra-renal para restabelecer os níveis de glicose podem intensificar sintomas de ansiedade e pânico em mulheres sensíveis.

O uso excessivo de açúcar tem ainda outros efeitos nocivos. Tal como a cafeína, o açúcar exaure as vitaminas e minerais do complexo-B no organismo, aumentando assim a tensão nervosa, a ansiedade e a irritabilidade. O excesso de açúcar também intensifica a fadiga ao estreitar o diâmetro dos vasos sangüíneos e estressar o sistema nervoso. O cândida nutre-se de açúcar, de modo que abusar desse elemento sumamente estressante agrava as infecções crônicas do cândida. Muitas mulheres com cândida crônico queixam-se de sintomas emocionais como depressão e tensão nervosa. Além disso, o açúcar (tal como a cafeína, o álcool, as substâncias para realçar sabores e a farinha branca) parece ser um importante gatilho para deflagrar o comportamento voraz que freqüentemente acompanha a ansiedade e a tensão pré-menstrual. De fato, pesquisas mostraram que quando as mulheres mudam de uma dieta com predomínio de açúcar para uma sem açúcar e de alta capacidade nutritiva, o comportamento voraz tende a cessar. Após saírem de uma dieta com elevada ingestão de açúcar, as mulheres tendem a perder ou a conservar o peso mais facilmente e a manter com êxito o alívio do padrão de ânsia e voracidade alimentar (num estudo, até dois anos).

Em suma, o açúcar estressa muitos sistemas do corpo, piora a sua saúde e intensifica a ansiedade, a tensão nervosa e a fadiga. Tente satisfazer seu desejo de doce mudando para alimentos mais saudáveis. Considere as sobremesas baseadas em fruta ou cereais, como os biscoitos de farinha de aveia adoçados com suco de fruta ou mel. Você verificará que pequenas quantidades desses alimentos podem satisfazer seus desejos. Em vez de perturbarem seu humor e nível de energia, têm realmente um efeito salutar de equilíbrio.

Álcool. As mulheres com ansiedade e oscilações de humor de moderadas a graves devem evitar inteiramente o álcool ou limitar o seu uso a pequenas doses ocasionais. O álcool é um açúcar simples, rapidamente absorvido pelo organismo. Tal como outros açúcares, o álcool aumenta os sintomas de hipoglicemia; o uso excessivo pode aumentar a ansiedade e as oscilações de humor. (Ver a seção precedente sobre o açúcar para um exame detalhado desse processo.) Isso pode ser particularmente acentuado em mulheres com hipoglicemia relacionada à tensão pré-menstrual.

Uma vez absorvido e assimilado, o álcool é primeiramente metabolizado pelo fígado. Trata-se de um processo complexo que requer muito trabalho por parte do corpo. A ingestão excessiva de álcool pode derrotar a capacidade do fígado para processá-lo, gerando subprodutos tóxicos que podem eles próprios afetar o estado de ânimo. Álcool em excesso pode também estorvar a capacidade do organismo para desintoxicar-se de outras substâncias químicas – inclusive drogas, hormônios como o estrógeno e pesticidas – que introduzimos em nosso corpo por livre escolha ou por meio do contato ambiental. Em conseqüência, os níveis tóxicos dessas substâncias químicas podem acumular-se no corpo, agravando a ansiedade. Níveis excessivos de estrógeno registrados em mulheres com TPM, mulheres jovens que usam a pílula anticoncepcional e mulheres que na menopausa recorrem à terapia de reposição de estrógeno, têm sido vinculados a alterações do estado de ânimo e à ansiedade. Isso pode ocorrer quando a dose terapêutica de estrógeno prescrita pelo médico excede as necessidades do corpo.

O álcool, um irritante para o fígado, assim como para outras partes do aparelho digestivo, pode ser usado pelo corpo para energia imediata ou armazenado no fígado ou no resto do corpo como gordura. Ocorre que, infelizmente, o fígado não pode converter o álcool numa forma de armazenagem de glicose. O resultado é que a quantidade de gordura armazenada no fígado aumenta com o uso excessivo de álcool. Este eleva o nível de enzima no fígado, causando a sua inflamação (ou hepatite). Finalmente, os subprodutos do álcool e a gordura derivada do álcool podem causar o aparecimento de cicatrizes e o enrugamento do fígado, culminando na deterioração do fígado e na cirrose. Além disso, o álcool irrita a membrana mucosa do tubo digestivo superior, incluindo o esôfago, estômago e duodeno. Também causa irritação e inflamação do pâncreas. Com o tempo, isso pode resultar em agravamento da hipoglicemia e diabetes, assim como na absorção e assimilação deficiente pelo intestino delgado de nutrientes essenciais. Alguns desses nutrientes, como as vitaminas B, são necessários para estabilizar essas condições.

O sistema nervoso é particularmente suscetível aos efeitos deletérios do álcool, o qual atravessa facilmente a barreira de irrigação sangüínea do cérebro e destrói as células cerebrais. O álcool pode causar profundas mudanças comportamentais e psicológicas em mulheres que o usam em excesso. Os sintomas incluem transtornos e crises emocionais, acessos irracionais de cólera, sofrível capacidade de julgamento, perda da memória, deterioração mental, vertigens, coordenação deficiente e dificuldade em caminhar.

Os sintomas de transtorno emocional desencadeados pelo álcool também podem ser causados pela excessiva expansão do cândida, porquanto o cândida encontra no açúcar do álcool condições propícias ao seu desenvolvimento. Assim, o álcool pode promover uma tendência para a candidíase crônica. As mulheres com distúrbios emocionais e fadiga relacionados com o cândida têm que evitar completamente o álcool. Além disso, muitas mulheres com alergias são sensíveis ao fermento no álcool, o que lhes agrava ainda mais os sintomas alérgicos.

Dada a informação precedente sobre os efeitos adversos do álcool, recomendo que as mulheres com sintomas de ansiedade só muito raramente usem o álcool. Quando usado cuidadosamente – não excedendo 120 ml de vinho por dia, 350 ml de cerveja ou 30 ml de aguardente – o álcool pode ter um efeito agradavelmente relaxante em mulheres dotadas de níveis normais de energia. Pode tornar-nos mais sociáveis e realçar o gosto do alimento. Entretanto, mulheres que são particularmente suscetíveis aos efeitos negativos do álcool não deveriam beber nunca. Se você recebe convidados em casa com muita freqüência e gosta de beber socialmente, tente bebidas não-alcoólicas. Um coquetel não-alcoólico, por exemplo, água mineral com umas gotas de lima ou limão, ou de *bitters*, é um bom substituto. A cerveja sem álcool é um outro substituto que tem um gosto muito agradável. O vinho palhete e a cerveja têm menor teor alcoólico do que as aguardentes, os licores e os vinhos de teor alcoólico regular.

Suplementos Alimentares. Muitos milhares de suplementos químicos são usados correntemente na fabricação comercial de alimentos. Alguns dos mais populares, incluindo os adoçantes sintéticos, como o aspartame e o glutamato monossódico (MSG), e os conservantes, como os nitratos e nitritos, produzem sintomas alérgicos e de ansiedade em muitas pessoas. Tive pacientes que se queixaram de que o uso do adoçante artificial aspartame precipitara nelas sintomas de pânico, tais como taquicardia, respiração superficial, dores de cabeça, ansiedade, atordoamento e vertigem. Como o aspartame é usado em tantos alimentos dietéticos industrializados, mulheres suscetíveis podem ter que evitar bebidas, geléias, sobremesas e outros alimentos de baixas calorias e sem açúcar. Se você é suscetível ao aspartame, leia com cuidado os rótulos de quaisquer alimentos dietéticos industrializados antes de os comprar.

Muitas mulheres também são altamente suscetíveis ao glutamato monossódico (MSG), um produto químico usado para realçar o sabor e que é freqüentemente usado na preparação de alimentos em restaurantes chineses. O MSG causa dores de cabeça e episódios de ansiedade em algumas pessoas, e pacientes minhas também relataram que esse produto químico aumentou suas ânsias de comer e o vício em certas comidas. Se você é suscetível ao MSG, verifique os rótulos de molhos engarrafados para certificar-se de que não há esse ingrediente. Procure também comer naqueles restaurantes chineses que anunciam "SEM MSG". Muitos restaurantes têm conhecimento da sensibilidade comum ao MSG e abstêm-se de usá-lo na preparação de seus pratos.

Os nitratos e nitritos também podem dar alergias. Esses produtos químicos são usados como conservantes em muitos alimentos, especialmente em carnes curadas, como cachorros-quentes, *bacon* e presunto. Se você for sensível a esses produtos químicos, não deixe de checar os rótulos dos alimentos caso suspeite que contenham nitratos ou nitritos.

Laticínios. Mulheres com sintomas de ansiedade e *stress* devem evitar os laticínios. Essa recomendação surpreende sempre as mulheres, porque os produtos derivados do leite têm sido tradicionalmente colocados como um dos quatro grupos alimentares básicos; para muitas mulheres, eles constituem a base de sua dieta, formada por grandes quantidades de queijo, iogurte, leite e queijo *cottage*. Entretanto, os laticínios são de digestão extremamente difícil para o organismo humano; podem agravar a depressão e a fadiga que coexiste em muitas mulheres com sintomas de ansiedade. Isso ocorre porque o corpo se vê forçado a usar muita energia para os decompor, antes que possam ser absorvidos, assimilados e finalmente utilizados. Todas as partes componentes de produtos de laticínio são difíceis de digerir – a gordura, a proteína e o açúcar do leite. A digestão de produtos derivados do leite exige a mobilização de ácidos hidroclorídricos, enzimas e emulsionadores da gordura, o que uma mulher estressada e cansada pode não produzir em quantidades suficientes.

Muitas mulheres são especificamente alérgicas a laticínios, os quais, de um modo geral, intensificam os sintomas de alergias. Além dos sintomas físicos, as alergias alimentares podem gerar ansiedade, oscilações de humor e até fadiga em mulheres suscetíveis. Tenho observado isso com freqüência nas pacientes cujos sintomas de ansiedade de base emocional ou ansiedade relacionada à TPM coexistem com alergias alimentares. As usuárias de laticínios queixam-se com freqüência de congestão nasal de base alérgica, sinusite e gotejamento pós-nasal. Também podem sofrer de problemas digestivos, como inchação, gases e desarranjos intestinais, os quais se intensificam com a menstruação. A intolerância aos laticínios pode impedir a absorção e assimilação do cálcio, um importante mineral para aliviar a ansiedade.

Os laticínios têm muitos outros efeitos perniciosos para a saúde da mulher. As gorduras saturadas em laticínios colocam as mulheres em maior risco de cardiopatias e câncer de mama, útero ou ovários. Mulheres numa dieta rica em gordura também tendem a acumular mais facilmente excesso de peso. Muitos produtos derivados do leite, como os queijos, têm um elevado teor não só de gordura mas também de sal. O uso excessivo desses alimentos pode aumentar o risco de hipertensão, de inchação e retenção de líquidos. A inchação pode causar inconfortável sensibilidade dos seios e tumefação abdominal, sobretudo no período pré-menstrual.

Mulheres que dependeram de laticínios para a sua ingestão de cálcio perguntam-se, naturalmente, que fontes alternativas devem usar. As mulheres preocupadas com a ingestão de cálcio podem recorrer a muitas outras boas fontes dietéticas para esse nutriente essencial, incluindo feijões, ervilhas, grãos de soja, sementes de gergelim, caldo de carne aproveitando ossos de galinha ou caldo de peixe, e verduras de folha verde. Para a preparação dos alimentos, o leite de soja, o leite de batata e o leite de nozes são excelentes substitutos. Esses leites não derivados dos laticínios são de fácil acesso em lojas de alimentos alternativos para uma vida saudável. Você pode também usar um suplemento que contenha cálcio, magnésio e vitamina D para assegurar-se de uma ingestão suficiente.

Carnes Vermelhas e Aves Domésticas. Tal como os laticínios, a carne também tende a aumentar a depressão e a fadiga porque é de difícil digestão para o organismo. Por causa da qualidade extremamente resistente da proteína na carne, bem como do elevado conteúdo de gorduras saturadas, o organismo tem que realizar um trabalho árduo para reduzir a proteína a aminoácidos e as gorduras saturadas a ácidos graxos. Entretanto, se você precisar incluir carne em sua dieta, a galinha, desde que se lhe remova a pele, pode ser uma escolha melhor do que a carne vermelha, porque o conteúdo de gordura saturada é menor. Muitas mulheres, em quem a ansiedade coexiste com a depressão e a fadiga crônica sentem-se exaustas após uma pesada refeição à base de carne vermelha. A ingestão de carne pode piorar em outros aspectos os sintomas de alteração do humor e fadiga. O corpo usa as gorduras saturadas na carne (e nos laticínios) para produzir um grupo de hormônios chamados prostaglandinas da série 2. Esses hormônios, encontrados em tecidos do corpo todo, têm efeitos negativos sobre a saúde. Causam contrações dos músculos e dos vasos sangüíneos, e aumentam assim as cãibras, a TPM, a pressão arterial e a irritável síndrome intestinal. Esses hormônios também geram tensão na função imunológica e desencadeiam inflamações. Por conseguinte, podem agravar as infecções de todos os tipos, diminuir as resistências e deflagrar sintomas alérgicos. Comer carne com elevado teor de gordura saturada como uma parte importante da dieta, à semelhança dos laticínios, coloca a mulher em risco de enfermidade cardíaca, câncer de mama, câncer do trato reprodutivo e obesidade.

Se você sofre de ansiedade ou *stress* excessivo, deve reduzir de forma radical o consumo de carne. Obtenha as suas proteínas de fontes vegetais, como verduras, féculas, sementes e grãos. Também pode comer peixe ocasionalmente. O peixe tem a vantagem adicional de conter elevados níveis dos benéficos ácidos graxos essenciais que aumentam a vitalidade.

Trigo e Outros Cereais que Contêm Glúten. Mulheres que têm alergias alimentares ou problemas de humor relacionados com a TPM ou a menopausa podem ter dificuldades para digerir o trigo. A proteína no trigo, chamada glúten, é altamente alergênica e difícil de ser decomposta, absorvida e assimilada pelo organismo. As mulheres com intolerância ao trigo são propensas à fadiga, à depressão, à inchação, aos gases e alterações intestinais.

Em minha experiência clínica, o consumo de trigo por mulheres ansiosas e deprimidas que são nutricionalmente sensíveis pode agravar os sintomas emocionais e a fadiga. Vi isso acontecer com pacientes durante uma semana ou duas anteriores ao início da menstruação. Muitas mulheres na menopausa toleram mal o trigo porque o seu tubo digestivo está começando a mostrar o desgaste do envelhecimento e não produz enzimas suficientes para lidar facilmente com o trigo.

Mulheres com alergias dão-se freqüentemente conta de que o trigo intensifica a congestão nasal e a sinusite, assim como a fadiga. Também constatei que mulheres com pouca resistência e uma tendência para infecções podem ter que eliminar o trigo a fim de incrementar sua função imunológica. Como o trigo é fermentado com lêvedo, também deve ser evitado por mulheres com candidíase.

Seja qual for a causa da sua ansiedade, se os sintomas forem graves, é provável que tenha de eliminar o trigo de sua dieta, pelo menos de um a três meses durante as primeiras fases da recuperação. Aveia e centeio, que também contêm glúten, devem ser eliminados inicialmente juntamente com o trigo. Muitas mulheres alérgicas e seriamente perturbadas e fatigadas tampouco se dão bem com o milho e o arroz. Embora estes não contenham glúten, a maioria das mulheres usam esses alimentos com tanta freqüência que acabam desenvolvendo uma intolerância durante períodos de fadiga.

Apurei ao longo dos anos que o cereal menos estressante para mulheres profundamente tensas é o trigo-sarraceno, talvez por não ser usado correntemente como alimento em nossa sociedade. Além disso, não pertence à mesma família de plantas de que fazem parte o trigo e outros cereais. Outros cereais não usados com freqüência, como a quinoa e o amaranto, também podem ser experimentados. Estes constituem a base cereal de muitas massas disponíveis nas lojas de alimentos alternativos. As mulheres com ansiedade que começam a recuperar o seu equilíbrio emocional, podem adicionar de novo o arroz e o milho à sua dieta, eliminando ainda o trigo, a aveia e o centeio até a completa recuperação. As mulheres com sintomas, de brandos a moderados, de ansiedade, podem querer manter o arroz e o milho em sua dieta mas ficar ainda na expectativa dos benefícios de uma experiência de eliminação do trigo.

Sal. Embora o sal não aumente especificamente a ansiedade, as mulheres devem vigiar cuidadosamente sua ingestão de sal e evitar o excesso para uma saúde e um bem-estar ótimos. Sal demais na dieta pode causar muitos problemas físicos. Pode agravar a inchação e a retenção de líquidos, assim como elevar a pressão arterial, e é um fator de risco no desenvolvimento da osteoporose em mulheres na menopausa. Além disso, o sal pode privar o corpo de potássio, um minério necessário ao funcionamento saudável do sistema nervoso.

Lamentavelmente, a maioria dos alimentos industrializados contém grandes quantidades de sal. Os alimentos congelados e enlatados estão, com freqüência, sobrecarregados de sal. De fato, um prato principal preparado com alimentos congelados pode contribuir com até meia colher de chá de sal para a sua ingestão diária. Grandes quantidades de sal também são comumente encontradas na dieta americana como sal de mesa (cloreto de sódio), MSG (glutamato monossódico) e grande variedade de suplementos alimentares. *Fast foods* como hambúrgueres, cachorros-quentes, batata frita, *pizzas* e *tacos*, estão carregados de sal e gorduras saturadas. Alimentos comuns industrializados, como sopas, batatas fritas, queijos, azeitonas, molhos para saladas e *ketchup* (para mencionar apenas alguns), também contêm um elevado teor de sal. Para piorar ainda mais as coisas, muitas pessoas abusam do sal enquanto cozinham e temperam suas refeições.

Às mulheres de todas as idades recomendo que eliminem o sal adicionado em suas refeições. Para dar gosto, usem temperos como alho, ervas, especiarias e suco de limão. Evitem alimentos industrializados que têm um elevado teor de sal, incluindo os alimentos enlatados, azeitonas, picles, batatas fritas, *ketchup* e molhos para saladas. Habituem-se a ler os rótulos e a procurar a palavra *sódio* (sal). Se ela indica uma quantidade elevada na lista de ingredientes, não compre o produto. Muitos artigos em lojas de produtos dietéticos apresentam nos rótulos a indicação "sem sal". Alguns supermercados oferecem alimentos "sem sal" em suas seções de alimentos dietéticos.

Lista Resumida: Alimentos a Evitar

Café
Chá (que contenha cafeína)
Chocolate
Refrigerantes à base de cola
Outros refrigerantes que contêm cafeína
Açúcar
Álcool
Alimentos e bebidas adoçados com aspartame ou *glutamato monossódico (MSG)*
Laticínios
Carne vermelha, aves domésticas
Trigo, aveia, centeio
Sal

Alimentos Que Ajudam a Aliviar a Ansiedade

Os alimentos que você deve comer quando se sente ansiosa, deprimida ou fatigada devem fazer com que se sinta tão bem ou melhor do que estava antes da refeição. Esses alimentos também devem apoiar e acelerar o processo de cura da enfermidade subjacente nos sintomas emocionais. Alcançar esses objetivos significa limitar inicialmente a sua dieta a alimentos de reduzido poder estressante. Quando os sintomas de ansiedade diminuirem, você poderá ampliar a sua gama de alimentos. Comece por desenvolver uma consciência de como as suas escolhas de alimentos afetam o seu bem-estar emocional. Se determinado alimento a faz sentir-se ansiosa, agitada, deprimida ou fatigada quando o ingere, deve eliminá-lo.

Comprovei que certos grupos de alimentos são tolerados por quase todas as pessoas, até mesmo por mulheres que são ansiosas e preocupadas. Esses alimentos incluem a maioria das verduras, frutas, féculas, alguns cereais, como trigo-sarraceno, quinoa, amaranto, milho e arroz (em mulheres que não têm problemas sérios de TPM ou alergias alimentares) e nozes. No início, eles devem constituir o núcleo de sua seleção alimentar. À medida que se sentir melhor, pode adicionar mais frutas, cereais, óleos, peixe e aves (com moderação).

Nesta seção, descrevo os efeitos antiansiedade e estabilizadores do estado de ânimo desses alimentos benéficos.

Verduras. São alimentos excepcionais para o alívio da tensão e do *stress*. Muitas verduras são ricas em cálcio, magnésio e potássio – minerais importantes para ajudar a melhorar o vigor, a resistência e a vitalidade. Foi comprovado em estudos clínicos em que ambos foram usados em forma de suplemento, que o magnésio e o potássio reduzem a depressão e elevam os níveis de energia de modo espetacular. Para mulheres que sofrem de tensão e ansiedade, os minérios essenciais contidos em verduras têm um efeito relaxante, aliviando a tensão muscular e acalmando as emoções. Cálcio e magnésio agem como tranqüilizantes naturais, um verdadeiro benefício para as mulheres que sofrem de *stress* e transtornos emocionais. O conteúdo de potássio das verduras ajuda a aliviar os sintomas congestivos ao reduzir a retenção de líquidos e a inchação. Algumas das melhores fontes para esses minérios incluem acelga suíça, espinafre, brócolis, folhas da beterraba, folhas de mostarda, couve-manteiga.

Muitas verduras são ricas em vitamina C, que ajuda a fortalecer os capilares, facilitando assim o fluxo de nutrientes essenciais por todo o corpo, assim como o fluxo de produtos imprestáveis a eliminar. A vitamina C é também uma importante vitamina anti-*stress* porque promove a produção do saudável hormônio supra-renal (as glândulas supra-renais ajudam-nos a combater o *stress*). Isso é especialmente importante para mulheres com ansiedade causada por transtornos emocionais, alergias e tensões de outras origens, como as geradas pelo meio ambiente. A vitamina C é também importante para a função imunológica e na cura de ferimentos. Suas propriedades antiinfecciosas podem ajudar a reduzir a tendência para infecções respiratórias e vaginais, e cistites. As verduras ricas em vitamina C incluem couve-de-bruxelas, brócolis, couve-flor, couve-manteiga, pimentão, salsa, ervilha, tomate e batata.

Cenoura, espinafre, abóbora, folhas de nabo, couve-portuguesa, salsa, cebolas verdes e couve-manteiga estão entre as verduras ricas em vitamina A. A vitamina A fortalece as paredes das células e protege as membranas mucosas. Isso ajuda a proteger-nos de doenças respiratórias, assim como de episódios alérgicos. A vitamina A é importante para mulheres com ansiedade cujas resistências estão baixas e que, portanto, são propensas a infecções e alergias. A deficiência de vitamina A foi vinculada à fadiga, assim como à nictalopia, envelhecimento da pele, perda de olfato, perda de apetite e amolecimento dos ossos e dentes. Felizmente, é fácil obter uma abundância de vitamina A das verduras.

As verduras são compostas, primordialmente, de água e carboidratos. Como contêm muito pouca proteína e gordura, tendem a ser de fácil digestão. Entretanto, algumas mulheres acham que têm menos problemas digestivos com verduras cozidas. O cozimento decompõe e amacia as fibras nos legumes, dando menos trabalho ao organismo no processo de digestão. O cozimento no vapor é o melhor método para preparar as verduras, porque lhes preserva os nutrientes essenciais. Algumas mulheres com *stress* e fadiga extremas podem até querer usá-las em forma de purê. Quando começam a recuperar seu equilíbrio emocional e nível de energia, recomendo que adicionem alimentos crus, como saladas, sucos de verduras e verduras cruas às suas refeições, para maior contextura e variedade.

Frutas. As frutas também contêm uma ampla gama de nutrientes que podem aliviar a tensão e o *stress*. Tal como muitas verduras, as frutas são uma excelente fonte de vitamina C, a qual é importante para os vasos sangüíneos e circulação sangüínea saudáveis, assim como por suas propriedades anti-*stress* e imuno-estimulantes. Quase todas as frutas contêm alguma vitamina C, sendo as melhores fontes os morangos, amoras, framboesas e melões. Essas frutas são também boas fontes de bioflavonóides, um outro nutriente essencial que afeta a resistência e a permeabilidade dos vasos sangüíneos. Os bioflavonóides possuem também efeito antiinflamatório, importante para mulheres com alergias, cãibras menstruais ou artrite; fortalecem o aparelho reprodutivo feminino, podem melhorar o humor e elevar os níveis de energia. Embora as frutas cítricas (laranjas, *grapefruits*) sejam excelentes fontes de bioflavonóides e vitamina C, elas são altamente acidíferas e difíceis de digerir para muitas mulheres com alergias alimentares ou aparelho digestivo muito sensível; portanto, essas mulheres devem evitá-las nas fases iniciais do tratamento.

Certas frutas – incluindo uvas, amoras e bananas – são excelentes fontes de cálcio e magnésio, dois minerais essenciais ao funcionamento adequado do sistema nervoso e da função muscular. Uvas e bananas são também fontes excepcionais de potássio, bom para mulheres com fadiga excessiva e inchação. De fato, todas as frutas são excelentes fontes de potássio.

Recomenda-se comer a fruta toda para beneficiar-se do seu conteúdo rico em fibras, as quais ajudam a evitar a prisão de ventre e outras irregularidades digestivas. Para lanches e sobremesas, as frutas frescas são excelentes substitutos para biscoitos, tortas, bolos e outros alimentos com elevado teor de açúcar refinado. Embora as frutas sejam ricas em açúcar, o seu elevado conteúdo de fibras ajuda a retardar a absorção do açúcar pela circulação sangüínea e, por conseguinte, a estabilizar o nível de açúcar no sangue. Recomendo, porém, que as mulheres com ansiedade e *stress* não consumam sucos de frutas. O suco de fruta não contém o volume de fibras da fruta inteira. Portanto, age mais como o açúcar de mesa e pode desestabilizar de forma espetacular o nível de açúcar no sangue quando consumido em excesso. Isso pode exacerbar a ansiedade, a fadiga e as variações do humor.

Féculas. Batatas, batatas-doces e inhames são carboidratos leves, bem tolerados, que fornecem uma fonte adicional de proteínas de fácil digestão para mulheres com ansiedade e tensão nervosa. Tal como os outros carboidratos complexos, as féculas são calmantes na medida em que ajudam a regularizar o nível de açúcar no sangue. Você pode cozinhá-las no vapor, reduzi-las a purê, assá-las no forno e comê-las sozinhas ou incluídas em outros pratos de baixo *stress*. As féculas combinam-se muito bem com uma grande variedade de verduras e podem formar a base de refeições deliciosas, de baixo *stress*. Pode também combiná-las com creme de lentilhas ou de ervilhas secas.

As batatas, sobretudo as batatas-doces, são uma fonte excepcional de vitamina A, de modo que podem ajudar a aumentar a resistência a infecções e alergias. Batatas e inhames também são boas fontes de vitamina C e de muitas das vitaminas B que ajudam as mulheres a controlar melhor a ansiedade e o *stress*, e a reduzir a fadiga.

Legumes. Feijões e ervilhas são excelentes fontes de cálcio, magnésio e potássio, os quais são necessários ao funcionamento saudável do sistema nervoso, assim como por suas propriedades de relaxamento emocional e muscular. Recomendo muito o seu uso numa dieta para combater a depressão e a fadiga. Os legumes também são muito ricos em complexo da vitamina B e em vitamina B_6, nutrientes necessários para alívio e prevenção da ansiedade, fadiga menstrual, sintomas de TPM e cãibras. Também são excelentes fontes de proteína e, quando comidos com cereais, fornecem todos os aminoácidos essenciais. (Bons exemplos de combinações de cereais e legumes para regimes de baixo *stress* incluem refeições de feijão e trigo-sarraceno ou pão de milho e creme de ervilhas secas.) Os legumes fornecem uma excelente fonte, facilmente utilizada, de proteínas e podem substituir a carne em muitas refeições.

Os legumes são uma excelente fonte de fibra que pode ajudar a normalizar a função intestinal. São digeridos lentamente e podem ajudar a regular o nível de açúcar no sangue, uma característica que os legumes têm em comum com os cereais integrais. Por conseguinte, constituem um alimento ideal para mulheres com desequilíbrios de açúcar no sangue causados por diabetes, ansiedade, tensão nervosa e dieta.

Algumas mulheres acham que os gases são um problema quando comem feijão. É possível minimizar os gases tomando enzimas digestivas e comendo o feijão em pequenas quantidades. Dado que os legumes contêm elevados níveis de proteína, mulheres com sérios problemas digestivos ou de fadiga também podem, no início, ter uma digestão difícil. Para tornar mais fácil a digestibilidade, recomendo que se comece com vagem, ervilhas verdes, ervilhas secas, lentilhas, feijão-de-lima, brotos frescos e, possivelmente, tofu (caso se dêem bem com os produtos de soja). À medida que for melhorando o seu nível de energia, adicione alguns legumes deliciosos, tais como feijão-preto, feijão-fradinho, feijão-roxo e grão-de-bico. Esses alimentos são ricos em ferro e tendem a ser boas fontes de cobre e zinco.

Cereais Integrais. Embora você deva eliminar alguns cereais de sua dieta (especialmente o trigo e outros cereais que contêm glúten) quando der início a um programa antiansiedade, muitos cereais integrais trazem enormes benefícios para a saúde de mulheres que padecem de tensão nervosa. Os cereais integrais são excelentes fontes de nutrientes estabilizadores do humor, como o complexo da vitamina B, a vitamina E, muitos minerais essenciais, carboidratos complexos, proteína, ácidos graxos essenciais e fibra. À semelhança dos legumes, os cereais integrais ajudam a estabilizar o nível de açúcar no sangue para prevenir os sintomas de ansiedade desencadeados pela hipoglicemia.

O arroz integral e o milho são boas escolhas para mulheres com sintomas moderados de ansiedade; nessa categoria estão também o trigo-sarraceno e as alternativas mais exóticas, como a quinoa e o amaranto. Massas, flocos, farinha e outros alimentos feitos desses cereais alternativos podem ser comprados em lojas de produtos dietéticos.

As mulheres com sintomas de ansiedade relacionada com a alergia precisam ter cuidado para não exagerar na dose de qualquer cereal. Fazer na dieta um rodízio entre os variados cereais que não contêm glúten é um recurso que pode evitar a ansiedade causada por reações alérgicas ou fadiga. Além de comer milho e arroz como cereais primários, você pode encontrar massas e farinha feitas desses cereais. Use *tortillas* de milho no lugar daquelas feitas de trigo.

Sementes e Nozes. Sementes e nozes são as melhores fontes dos dois ácidos graxos essenciais, o ácido linoléico e o ácido linolênico. Esses ácidos graxos fornecem as matérias-primas de que o nosso corpo necessita para produzir os benéficos hormônios prostaglandinas. Níveis adequados de ácidos graxos essenciais em sua dieta são muito importantes na prevenção dos sintomas emocionais e físicos de TPM, menopausa, distúrbios emocionais e alergias. As melhores fontes para ambos os ácidos graxos são a linhaça (sementes de linho) e as sementes de abóbora. Outras sementes, como as de gergelim e girassol, são excelentes fontes de ácido linoléico. Sementes e nozes também são boas fontes de vitaminas do complexo B e vitamina E, as quais constituem importantes fatores anti-*stress* para mulheres com tensão muscular e sintomas de *stress* emocional. Esses nutrientes também ajudam a regular o equilíbrio hormonal. Tal como as verduras, as sementes e as nozes são ricas em minerais essenciais, como magnésio, cálcio e potássio, necessários às mulheres com excessiva tensão muscular e sintomas de *stress* emocional. Especialmente benéficas são as sementes de gergelim, as sementes de girassol, o pistache, a noz-pecã e as amêndoas.

Nozes e sementes são extremamente ricas em calorias e podem ser difíceis de digerir, sobretudo se forem torradas e salgadas. Portanto, devem ser ingeridas somente em quantidades de pequenas a moderadas. O óleo de linhaça é uma das melhores fontes dos ácidos graxos essenciais para a produção de prostaglandina. Tem uma esplêndida cor dourada e pode ser usado como um substituto da manteiga em verduras, arroz, batatas, massas e pipoca. Ao contrário da manteiga, o óleo de linhaça não pode ser usado para cozinhar. Cozinhe os alimentos primeiro; depois adicione o óleo de linhaça ao alimento para lhe dar sabor, momentos antes de ser servida a refeição.

Os óleos em todas as sementes e nozes são muito perecíveis, pelo que se deve evitar expô-los à luz, ao calor e ao oxigênio. Refrigere todas as sementes com casca e nozes, assim como os seus óleos, para evitar o ranço. Procure ingeri-las cruas, e descasque-as você mesma. Comê-las cruas e sem sal concede-lhe a vantagem de aproveitar seus ácidos graxos essenciais (benéficos para a pele e o cabelo) e também de evitar os efeitos negativos do excesso de sal. Sementes e nozes fazem uma guarnição maravilhosa em saladas, pratos de verduras e guisados. À medida que o seu nível de energia melhora, você também pode comê-las como uma fonte principal de proteína em lanches e refeições rápidas.

Carne, Aves e Peixe. Eu recomendo geralmente que só se coma carne em pequenas quantidades ou que a evite por completo caso sofra de ansiedade – de moderada a grave. As carnes vermelhas, como a de vaca, porco e cordeiro, assim como as aves, contêm gorduras saturadas e proteína de difícil digestão. Se você faz questão de comer carne, sua melhor escolha é o peixe. Ao contrário das demais carnes, o peixe contém ácido linolênico, um dos ácidos graxos benéficos que ajudam a relaxar o estado de ânimo, assim como os músculos tensos. O peixe é também uma excelente fonte de minerais, sobretudo de iodo e potássio. Escolhas particularmente boas para mulheres com ansiedade são o salmão, o atum, a cavala e a truta.

A maioria dos americanos come muito mais proteína do que é recomendável. Digerir uma quantidade excessiva de proteínas é muito difícil e tensiona os rins. Se você incluir carne no seu programa de combate à ansiedade, use-a em quantidades muito pequenas (100 gramas ou menos por dia). Em vez de usar carne como sua única fonte de proteína, acrescente à sua ingestão de cereais, feijões, sementes cruas e nozes, que contêm não só proteína mas também muitos outros e importantes nutrientes antiansiedade. Durante muitos anos, recomendei que as minhas pacientes usassem a carne principalmente como guarnição e condimento para cozidos, guisados e sopas. Também sugiro que comam carne de animais alimentados com rações orgânicas e naturais, porque a sua exposição a pesticidas, antibióticos e hormônios foi reduzida. Se achar que a carne é de difícil digestão, você pode ser deficiente em ácido hidroclorídrico. Procure tomar uma pequena porção de ácido hidroclorídrico em cada refeição que contém carne para verificar se a sua digestão melhora.

FOLHA DE LOURO

CAPÍTULO 4
Cardápios, Planos de Refeições e Receitas

Uma vez ciente do papel benéfico que uma seleção alimentar adequada desempenha na prevenção e no alívio da ansiedade e do *stress*, uma mulher sente-se geralmente muito motivada para mudar seus hábitos alimentares e optar por escolhas mais saudáveis. Entretanto, proceder a essa transição pode apresentar dificuldades. Somos propensas, na grande maioria, a ser criaturas de hábitos, de modo que a perspectiva de mudar a nossa seleção de alimentos pode parecer difícil e intimidante. Além disso, o alimento preenche necessidades tanto emocionais quanto nutricionais para muitas mulheres. Por exemplo, há mulheres que recorrem comumente a comidas sem valor nutritivo, como biscoitos, tortas, chocolates, refrigerantes de cola e outros alimentos que motivam o *stress* quando se sentem ansiosas. Embora esses alimentos proporcionem um estímulo emocional imediato, os ingredientes e aditivos contidos neles apenas fazem piorar os sintomas de ansiedade ao longo do tempo.

No decorrer de todos estes anos, as minhas pacientes obtiveram os melhores resultados quando lhes forneci orientações específicas para ajudá-las a enfrentar o período de transição. Ao mudar de uma dieta de elevado *stress* para um plano alimentar de alívio da ansiedade, as minhas pacientes solicitavam-me cardápios e planos de refeições específicos. Embora a informação sobre que alimentos comer e quais evitar seja imensamente útil, a maioria das mulheres quer saber como dar o passo seguinte e combinar os alimentos certos em refeições saudáveis. Também indagam sobre como fazer a transição de sua antiga dieta para um novo programa sem dificuldades excessivas ou confusão. Muitas de minhas pacientes colheram enormes benefícios dessas diretrizes simples e fáceis de seguir, de modo que incluí essa informação neste capítulo para benefício da leitora também.

Antes de expor os planos concretos, quero sublinhar três princípios que tornarão mais fácil o processo de transição.

Faça Todas as Mudanças de Dieta Gradualmente

Faça a transição para uma dieta saudável de alívio da ansiedade de uma forma fácil e tranqüila. Não tente mudar todos os seus hábitos alimentares de uma só vez, fazendo uma limpeza geral na geladeira e na despensa. Vi pacientes que fizeram isso e vieram ao meu consultório tomadas de um verdadeiro pânico.

Em vez disso, vá substituindo gradualmente por alimentos saudáveis os de elevado *stress* que esteve comendo até agora. Para fazer isso, reveja periodicamente as listas de alimentos a limitar e de alimentos a destacar. Toda vez que fizer uma revisão dessas listas, escolha diversos alimentos que está disposta a eliminar e outros tantos que quer experimentar. Reveja essas listas com a freqüência que quiser, mas faça-o regularmente. Toda a mudança que fizer em sua dieta, por menor que seja, pode ajudar.

Mantenha Suas Refeições Simples e Fáceis de Preparar

Muitas mulheres levam uma vida ativa e atarefada, e não dispõem de muito tempo para preparar refeições complicadas. Por essa razão, mantive meus planos de refeições rápidas e simples de preparar, com a ênfase principal sobre alimentos que são deliciosos e muito nutritivos. Para aquelas mulheres que estão acostumadas a fazer refeições rápidas em restaurantes de *fast food* ou lanchonetes cujos pratos são impregnados de gordura, açúcar e suplementos alimentares, essas refeições simples oferecem uma alternativa muito mais saudável.

Faça Refeições ou Lanches Menores e Mais Freqüentes

As mulheres com sintomas de ansiedade sentem-se melhor se comem mais freqüentemente ao longo do dia. Isso ajuda a estabilizar o nível de açúcar no sangue e a reduzir os altos e baixos emocionais e energéticos que são típicos da TPM e da hipoglicemia. Se não quer, realmente, fazer refeições menores e mais freqüentes, pelo menos faça um lanche leve entre as refeições principais a fim de evitar os sintomas de ansiedade e agitação. Lanches excelentes combinam carboidratos complexos, proteína e ácidos graxos essenciais. Bons exemplos incluem sementes de girassol ou amêndoas, bolos de arroz com manteiga de amêndoa ou pasta de atum, pipoca e frutas frescas, como maçãs, peras e bananas.

Desjejum

O desjejum é, na realidade, a mais importante refeição do dia. Se os alimentos do desjejum que contêm carboidratos complexos, ácidos graxos essenciais e proteínas estão combinados de forma apropriada, eles ajudam a acalmar o seu estado de ânimo. Fazem isso ao estabilizar o nível de açúcar do sangue e ao fornecer ao organismo muitos e importantes nutrientes para um saudável funcionamento do sistema nervoso. Alimentos saudáveis e nutritivos fornecerão o vigor e a vitalidade de que você necessita para ser bem-sucedida no seu trabalho e atividades.

Infelizmente, muitas mulheres omitem completamente o desjejum. Isso pode piorar tanto os sintomas de ansiedade e *stress* devidos à hipoglicemia, menopausa, alergias alimentares, quanto os episódios de ansiedade em mulheres com prolapso da válvula mitral. Muitas mulheres ingerem alimentos como *doughnuts,* pãezinhos doces e café, na esperança de obter energia rápida, mas esses alimentos podem, pelo contrário, aumentar a tensão nervosa e a ansiedade. Outras podem comer opulentos desjejuns de alimentos propícios ao *stress* – onde não faltam ovos, *bacon*, leite, torradas e manteiga. O elevado teor de gordura e sal desses alimentos submete o organismo a um esforço ainda maior e prejudica a sua saúde. Qualquer uma dessas refeições pode causar estragos devastadores nas mulheres.

O plano de desjejum saudável inclui bebidas, frutas e cereais integrais.

Bebidas

As bebidas que você toma ao desjejum podem fornecer importantes nutrientes e fazer com que se sinta calma e descontraída ao longo do dia. Tais bebidas incluem chás de ervas, bebidas de cereais torrados (substitutos do café) e leites alternativos (soja, etc.). Os bons chás de ervas para desjejum incluem camomila e lúpulo, que acalmam os nervos se você tende a estar ansiosa ou tensa pela manhã. O gengibre é uma excelente escolha para mulheres que tendem a estar cansadas pela manhã e precisam de algo que as estimule. Outros chás saudáveis incluem os de amora, framboesa e menta. Os substitutos do café baseados na torrefação de cereais são bebidas vigorosas e satisfatórias.

Recomendo vivamente às bebedoras de café que mudem para essas bebidas a fim de evitar os efeitos estressantes da cafeína. Você pode obter o estímulo que está procurando mas de um modo muito melhor, por meio do uso de ervas apropriadas, vitaminas, minerais e exercício. O café descafeinado em pequenas quantidades pode ser útil como uma bebida de transição até mudar para os chás de ervas e os substitutos do café.

Leites de origem não-láctea, como o leite de soja, de noz ou de cereal, podem ser deliciosos, como bebida ocasional ou como mingau. O leite de soja ou os leites à base de batata são hoje fáceis de encontrar em lojas de produtos dietéticos. Você pode fazer fácil e rapidamente leites de nozes num liquidificador (ver seção de Receitas).

Mulheres com ansiedade e sintomas de *stress* devem usar os sucos de fruta com moderação. O suco de fruta é uma fonte de açúcar simples, o qual pode desestabilizar o nível de açúcar no sangue e agravar a ansiedade, a irritabilidade, a fadiga e a incapacidade para concentrar-se, quando usado regularmente por mulheres suscetíveis.

A bebida mais importante de todas é a água, seis a oito copos diários. Recomendo água de nascentes ou água filtrada de torneira. Com a crescente poluição dos nossos lençóis freáticos, a pureza da água está se tornando uma verdadeira preocupação para a saúde. Até que essa tendência seja revertida por meio da adequada proteção do nosso abastecimento de água, recomendo que não se beba água da torneira, sempre que possível, ou se compre um filtro para uso doméstico.

Frutas

Embora o suco de fruta possa piorar os sintomas de humor por causa de seu açúcar concentrado, as frutas inteiras constituem um maravilhoso alimento para o desjejum. Embora sejam ricas em açúcar, as frutas são também ricas em fibras, o que faz com que você se sinta farta mais depressa e diminua o seu apetite de modo a não comer em excesso. A fibra na fruta também ajuda a regular a função intestinal. As frutas são também grandes fontes de vitaminas e minerais essenciais, como a vitamina C, a vitamina A e o potássio.

Na maioria das áreas, uma grande variedade de frutas está disponível o ano inteiro, especialmente maçãs, bananas, laranjas e pomelos. Esses alimentos de consumo corrente da dieta americana são grandes componentes do desjejum. Para variedade nutricional, deleite-se com as frutas sazonais, como damascos, pêssegos, morangos, cerejas e melões. Sempre que possível, coma as frutas localmente cultivadas da estação, pois tendem a ser mais maduras e mais frescas. Procure frutas organicamente cultivadas sem pulverizações, para evitar a exposição a pesticidas. Muitos supermercados estão começando a oferecer alimentos não pulverizados, porque o consumidor exige produtos limpos.

Alimentos de Cereais Integrais

Os alimentos baseados em cereais integrais estão entre os melhores desjejuns que se pode oferecer para combater a ansiedade e o *stress*. Os cereais integrais são ricos em complexo da vitamina B, magnésio, potássio e vitamina E para

combater o *stress*. Também são ricos em carboidratos complexos, que são os melhores alimentos para estabilizar o açúcar no sangue e fornecer constante energia, lentamente liberada durante o dia todo. Os carboidratos complexos também ajudam a normalizar as variações do humor e da ansiedade de que algumas mulheres sofrem durante a menopausa ou com a TPM. Esses alimentos incluem os seguintes:

Mingaus quentes e flocos. Conforme mencionei no capítulo precedente, arroz, centeio e aveia são preferíveis aos mingaus de trigo para muitas mulheres, por causa da tendência do trigo para agravar a depressão e a fadiga, assim como as alergias, a inchação e os transtornos digestivos. As lojas de alimentos dietéticos têm uma vasta gama de excelentes flocos de cereais à venda. Procure por creme de arroz, creme de trigo sarraceno, farinha de aveia integral e flocos de sete ou de quatro cereais (sem trigo). Escolha marcas isentas de açúcar. Se não existe perto de você uma loja de produtos dietéticos, a maioria dos supermercados têm seções que oferecem produtos adequados. Recomendo os flocos de aveia integrais da Quaker® (não o produto refinado para preparação rápida). Muitos dos "cereais naturais" das grandes empresas são altamente refinados ou altamente açucarados, de modo que é imprescindível ler os rótulos com atenção. Muitos supermercados estão começando a oferecer cereais a granel.

Flocos Frios. As lojas de produtos dietéticos oferecem grande variedade de flocos de cereais integrais, incluindo flocos de arroz, milho ou painço e granola não adoçada. Nos supermercados, procure os produtos que dizem "cereal integral". Evite os que têm açúcar adicionado.

Sugiro que umedeçam os seus flocos com leite de soja, leite de nozes ou os novos e excelentes leites à base de batata. Muitos desses são reforçados com cálcio, contêm gordura não-saturada e são digeridos com relativa facilidade. Algumas mulheres gostam de comer os seus flocos secos ou com uma pequena quantidade de suco de maçã. Para adoçantes, a melhor opção é a frutose ou o xarope de bordo. O sabor deles é muito concentrado, de modo que uma pequena porção é mais do que suficiente.

Muffins, Pães e Crackers. Uma grande variedade de cereais pode ser encontrada em pães integrais, *muffins* e *crackers* atualmente disponíveis em lojas de produtos dietéticos e supermercados. Também existem receitas simples e fáceis de preparar, caso você deseje fazer *muffins* de aveia com farelo de aveia adicionado, *muffins* de centeio ou pão de milho. Os bolos de arroz estão correntemente à venda em lojas de produtos dietéticos e encontram-se cada vez mais nas prateleiras de supermercados de bairro. Também é possível encontrar nas citadas lojas pão sem o trigo como ingrediente. *Muffins*, pão e *crackers* podem ser comidos com molho de maçã, manteiga de nozes, frutas, compotas ou uma pequena dose de margarina. Procure evitar a manteiga de leite de vaca, que é rica em gordura saturada.

Pastas para Passar no Pão. A manteiga de amêndoa, a manteiga de gergelim (que são ricas em cálcio) e a pasta de soja são boas alternativas para a manteiga de leite de vaca. A manteiga de gergelim pode ser adquirida nas seções de produtos importados da maioria dos supermercados e nas lojas de produtos dietéticos. É deliciosa e uma fonte magnífica de nutrientes. Além disso, ela também enche muito, de modo que pequenas quantidades satisfazem plenamente. Eu prefiro comprar a noz crua e a manteiga das sementes em vez das que estão à venda já torradas, porque aquecer as sementes e nozes altera a integridade de seus ácidos graxos. (Os ácidos graxos são usados pelo organismo para produzir os benéficos e relaxantes hormônios prostaglandinas.) Molho de maçã e compotas de frutas sem açúcar também são boas para passar em torradas, panquecas e *muffins*.

Cardápios para Desjejum

Os seguintes cardápios, fáceis de preparar, fornecem uma variedade de saudáveis e deliciosas refeições para o desjejum. Também podem servir de orientação nutricional para você criar os seus próprios planos de refeições. As receitas para os alimentos marcados com um asterisco estão incluídas mais adiante neste capítulo.

Muffin de farelo de aveia
Pêra
Chá relaxante*

Mingau de aveia com xarope de bordo
Maçã
Chá de camomila

Flocos de linhaça com banana*
Leites alternativos (soja, etc.)

Batida de leite alternativo*
Muffin de farelo

Batida de linhaça rica em proteína*
Banana

Flocos de arroz com morangos
Leites alternativos (soja, etc.)

Creme de tofu com muesli*
Chá de hortelã-pimenta

Creme de centeio com mel
Sementes de girassol
Laranja

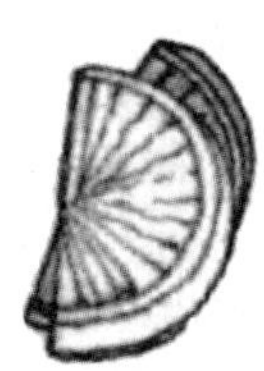

Pão integral com manteiga de amêndoa crua (não torrada)
Compota de fruta fresca
Bebida de cereal torrado
(substituto do café)

Almoço e Jantar

Em suas refeições principais, muitas mulheres ingerem alimentos preparados com ingredientes associados ao elevado *stress*, tais como o açúcar, a cafeína e sabores variados que podem, na realidade, aumentar a ansiedade e a tensão nervosa. Além disso, muitos almoços e jantares são mais ricos em gordura (tipicamente, 30-40% de gordura saturada) do que é aconselhável para a saúde e o bem-estar em geral. Os almoços não têm que ser lautas e pesadas refeições. De fato, refeições mais leves e mais nutritivas são preferíveis para mulheres que procuram recuperar-se de problemas relacionados com a ansiedade e o *stress*. Os alimentos seguintes devem ser salientados quando estiver planejando as suas principais refeições do dia.

Sopas

As sopas são um excelente alimento para mulheres com ansiedade porque combinam grande variedade de ingredientes altamente nutritivos, tais como verduras, cereais, féculas, legumes (feijões e ervilhas) e peixe. Esses ingredientes são boas fontes de vitaminas, minerais, carboidratos complexos e proteínas de fácil digestão que o processo de cozinhar ajuda a decompor. As sopas também são fáceis de preparar porque você pode combinar os ingredientes e depois deixá-los a cozinhar praticamente sem que seja preciso ficar tomando conta, o que lhe permitirá fazer outras coisas nesse meio-tempo.

São recomendadas as sopas caseiras porque você pode evitar o sal, o alto teor de gordura e os aditivos na sua preparação. Incluí muitas receitas de sopas simples e deliciosas. Se comprar sopas enlatadas ou em pó, use as dos tipos "sem sal ou açúcar". Existem algumas marcas de sopas em cujos rótulos figura a indicação "sem sal". Leia atentamente os rótulos desses produtos no seu supermercado.

A combinação da sopa de legumes, como a de lentilhas ou ervilhas secas, com um cereal (flocos, torradas) fornece uma excelente fonte de proteínas; cereais e legumes complementam-se mutuamente em seu conteúdo de aminoácidos e, juntos, produzem uma proteína de alta qualidade.

Você pode aumentar o conteúdo de mineral da sopa combinando várias verduras que são ricas em potássio, cálcio e magnésio, como cenouras, nabos e legumes verdes. Os minerais tendem a fragmentar-se no caldo durante o processo de cozedura. Pode-se enriquecer ainda mais o conteúdo mineral da sopa se adicionarmos galinha, peixe ou ossos à sopa básica, com algumas colheres de vinagre. O vinagre puxará para fora o cálcio dos ossos. Isso pode ajudar as mulheres que são sensíveis ao efeito relaxante que o cálcio exerce sobre o humor e a tensão muscular.

Se você não é capaz de tomar sopa sem o sabor de sal, adicione uma colher de chá de *missô* à sua tigela de sopa. *Missô* é uma pasta de soja fermentada em salmoura, de origem japonesa, fácil de encontrar em lojas de produtos orientais e de produtos dietéticos. O seu teor de sal é muito inferior ao de sal de mesa comum.

Saladas

SALSA DE FOLHA LISA

Mulheres que estão esforçando-se por combater a ansiedade ou os sintomas de *stress* por meio da nutrição preferem com freqüência comer verduras cruas para proteger seu conteúdo vitamínico (as vitaminas podem perder-se no cozimento). As saladas são um grande recurso para fazer isso, porquanto existem inúmeras maneiras de combinar verduras cruas num formato saboroso.

Muitas verduras são ricas em magnésio, cálcio e ferro; os feijões são ricos em cálcio. Quanto mais ousadas e imaginativas forem as misturas de suas saladas, maiores são as probabilidades de que tenha uma refeição altamente nutritiva. Por exemplo, não se limite à alface-crespa como base da sua salada. Verduras verdes escuras, como o espinafre fresco, a alface-romana, a endívia, a salsa e a alface vermelha são mais nutritivas do que a alface-crespa e proporcionam uma bela apresentação.

As saladas podem ser feitas de uma grande variedade de verduras cruas. Use nabo, beterraba, vagem, rabanete, cenoura, couve-flor, abacate, pimentão vermelho, broto-de-bambu, abobrinha italiana, ervilha e *jicama*. Guarneça com couve-de-bruxelas, grãos de soja, sementes, *croutons* e nozes. Feijão cozido, como o feijão-roxo, feijão-fradinho e grão-de-bico são grandes fontes de proteína que podem ser adicionados à salada. Uma pequena quantidade de camarão ou peixe pode ser também adicionada para uma salada de maior sustância.

Evite os molhos industrializados para saladas. Muitos contêm glutamato monossódico (MSG), açúcar e substâncias químicas e óleos indesejáveis. Muitas mulheres acham que esses suplementos agravam os seus sintomas de ansiedade. Você pode preparar os seus próprios molhos com óleos comestíveis tipo canola, suco de limão ou vinagre. Adicione o molho momentos antes de servir a salada, ou sirva-o à parte de modo que os comensais possam fazer sua própria escolha. Evite usar molhos em excesso ou molhos cremosos que são ricos em calorias.

Sanduíches

Especialmente para almoços, muitas mulheres preferem comprar sanduíches prontos numa confeitaria ou *delicatessen,* ou prepará-los elas mesmas para uma refeição rápida e improvisada. Infelizmente, se não forem cuidadosamente planejados, os recheios podem estar carregados de ingredientes ricos em sal e gordura, tais como queijo, queijo cremoso, salsicha, cachorro-quente, salsichão e salame, ou molhos muito temperados. As gorduras são difíceis de digerir e perigosas para o seu sistema cardiovascular, podendo causar um excessivo aumento de peso. Para um sanduíche saudável, o recheio deve conter uma boa variedade de verduras nutritivas, como alface, tomate, cebola, folhas de couve e abacate, usadas como guarnição ou como base do sanduíche. Carnes magras, como peru, frango (sem a pele) e atum, são ricas em proteínas e pobres em calorias. Também são boas as pastas de feijão, como a de soja, o *hummus* (feito de grão-de-bico) e o *tahine* (feito de sementes de gergelim). Se os sanduíches são o seu tipo preferido de refeição rápida, trate de evitar os pães impregnados de manteiga, como os *croissants* e os brioches. O *croissant* comum, por exemplo, é composto por mais de 50% de manteiga.

Verduras

As verduras são acompanhamentos importantes para os pratos principais, como grãos, feijões, carne e peixe, e podem ajudar a equilibrar de modo apropriado as suas refeições. Quando preparadas *per se* (não em sopa ou salada), as verduras devem ser comidas cruas ou ligeiramente cozidas no vapor para uma nutrição mais saudável. Não ferva, não refogue em óleo pesado nem cubra as verduras com molho. O alto valor nutritivo das verduras ou se perde ou fica comprometido com ingredientes associados a um elevado nível de *stress*. Verduras excelentes para mulheres que sofrem de ansiedade e *stress* são indicadas nos parágrafos seguintes.

Folhas verdes. Couve-manteiga, espinafre, couve-portuguesa, folhas de nabo, folhas de mostarda e folhas de beterraba estão repletas de nutrientes tais como cálcio, magnésio e ferro. Dê às folhas uma leve cozedura (mas nunca deixe que fervam) até ficarem tenras mas não impregnadas de água. Depois da cozedura, tempere-as com uma mistura de azeite de oliva, suco de limão e uma pitada de sal marinho. Outras opções incluem temperar as verduras com vinagre ou um molho de soja de baixo teor de sal.

Brócolis, repolho, couve-de-bruxelas e couve-flor. Estas verduras são boas fontes de minerais e também excelentes fontes de nutrientes tais como a vitamina C que ajudam o organismo a enfrentar melhor o *stress*. Possuem ainda substâncias químicas que podem proteger o corpo de doenças graves, como o câncer. São deliciosas cozidas no vapor e levemente temperadas com suco de limão ou uma combinação de óleo de linhaça e molho de soja com pouco sal. Os brócolis também podem ser comidos crus ou usados em saladas.

Tubérculos. Rutabaga, nabo, pastinaca, beterraba e batata-doce estão repletos de importantes vitaminas e minerais. Muitos tubérculos são também usados em outras culturas e em modelos de cura macrobiótica como fontes de nutrientes concentrados e como alimentos estabilizadores e "básicos". Os tubérculos podem ser cozidos no vapor ou assados no forno, e servidos inteiros, reduzidos a purê ou cortados em palitos, como a batata frita. Muitas mulheres comem essas verduras raramente ou só nos dias festivos. Eu recomendaria que as saboreassem com muito maior freqüência.

Abóbora. Este delicioso fruto é de fácil digestão e de baixo teor calórico. Muitos tipos de abóbora tendem a ser boas fontes de vitaminas A e C. São excelentes fontes de potássio. São um alimento ideal de baixo *stress* para mulheres empenhadas em combater a ansiedade, e que pode ser usado em muitos pratos diferentes. Assar a abóbora torna-a muito seca e fibrosa. Eis duas das melhores formas de prepará-la:

> Cozinhar a abóbora no vapor até que fique macia e depois faça com ela um purê no liquidificador. O purê resultante será brando, macio e de uma bela cor dourada. Essa conversão em purê causa a decomposição dos carboidratos complexos, de modo que ele é surpreendentemente doce e delicioso – um sabor semelhante ao da batata-doce. Você pode querer adicionar noz-moscada e canela para realçar o sabor.

Cortar a abóbora em pedaços e salteá-la em azeite de oliva, molho de soja ou caldo.

Cenoura e aipo. São membros da mesma família alimentar. Ambos são deliciosos quando comidos crus, sobretudo se forem mantidos frescos. Também são saborosos quando fatiados e cozidos no vapor. Se adicionar à cenoura uma pequena porção de xarope de bordo, a sua doçura será ainda mais acentuada. O aipo é delicioso com cebolas ou salsa.

Grãos, Féculas e Legumes

Servidos juntos, gramíneas, féculas e leguminosas constituem uma fonte principal de carboidratos complexos e proteínas para o seu almoço e jantar. Grãos e feijões proporcionam uma sensação de plenitude, sua digestão processa-se lentamente e tendem a estabilizar o nível de açúcar no sangue; todos eles são alimentos excelentes para mulheres na menopausa e mulheres com desequilíbrios de açúcar no sangue ou sintomas de ansiedade relacionados à TPM. Como o demorado período de preparação pode desanimar você para cozinhar feijões e grãos, eis um método para acelerar o tempo de cozimento do feijão:

Ferver a água (3 xícaras de água para cada xícara de feijão). Adicionar o feijão à água a ferver e deixá-lo cozinhar por dois minutos. Retirar do fogo, tapar a panela parcialmente, deixar o feijão repousar por uma hora. Você pode ir cuidar de outras tarefas e afazeres durante esse período em que o feijão está cozinhando sozinho. Após uma hora, escoar toda a água e enxaguar o feijão com água fria, levando-o então para o congelador. Quando estiver pronta para usar o feijão numa refeição, descongele-o rapidamente sob água corrente ou no microondas. Numa panela grande, ferva 5 xícaras de água para cada xícara de feijão. Adicione o feijão à água a ferver. Ponha a cozinhar em fogo lento por 30 a 50 minutos. O feijão estará pronto para ser servido.

Existem muitos tipos de feijão enlatado, com pouca ou nenhuma adição de sal. As lojas de dietéticos também vendem numerosas marcas de feijão enlatado que foi cultivado sem pesticidas nem herbicidas, uma real vantagem para mulheres que são sensíveis a produtos químicos.

Arroz integral e outras gramíneas. Estes grãos podem ser preparados em grandes quantidades e depois armazenados por muitos dias no refrigerador num recipiente de louça ou plástico. Reaquecer e usar à medida que for necessário. Para reaquecer o arroz, coloque-o sobre um fervedor duplo ou numa panela de pressão, cozinhando-o de 3 a 5 minutos.

Batatas. A batata é extremamente fácil de digerir, cozida ou assada. O problema com a batata são as guarnições que muitas pessoas usam, como manteiga, creme azedo e *bacon*. Em vez desses complementos, usar cebolinha, sementes de girassol e outros condimentos sem sal. No lugar da manteiga, tente o óleo de linhaça. É delicioso e pode usar quanto desejar para fazer uma fabulosa batata cozida. As batatas também podem ser recheadas com sobras de vegetais, adicionando-se caldo para realçar o sabor.

Carne e Peixe

O peixe é um alimento ideal para mulheres com ansiedade e *stress* por causa do seu elevado conteúdo de ácidos graxos essenciais, os quais ajudam a diminuir a tensão emocional e muscular. Isso é porque os ácidos graxos contidos no peixe (em especial a truta, o salmão, o atum e a cavala) são usados pelo organismo para produzir os relaxantes hormônios prostaglandinas encontrados em tecidos do corpo todo. O peixe também é uma boa fonte de minerais propícios ao alívio do *stress*.

Se você sente a necessidade de comer carne em vez do peixe, as aves domésticas são as preferíveis. Podem ser servidas cozidas ou assadas mas sem a pele. Evite molhos ou temperos pesados. Peixe e aves (frango, pato, peru) devem ser comidos mais freqüentemente do que a carne de vaca, porco ou cordeiro, que contêm muito mais gordura. Os jantares americanos foram tradicionalmente organizados em torno de uma grande peça de carne ou peixe, que formava o seu ponto focal, com pequenas porções de grãos e verduras como pratos complementares. As mulheres que apreciam desfrutar de uma saúde ótima ao longo da vida devem inverter essa proporção. Mantenha baixas as suas porções de carne (100 gramas) e complete a refeição com uma grande variedade de outros pratos nutritivos; use sempre carne magra e limpa de toda a gordura visível. A maioria das pessoas come muito mais proteína de carne do que lhe é necessária. Em grandes quantidades, a carne é de digestão difícil e pode aumentar a fadiga em muitas mulheres.

Pratos Combinados

Refeições de um prato único podem ser uma grande opção para mulheres com ansiedade e *stress*. Nesses pratos, uma grande variedade de alimentos são combinados para facilitar a preparação e o gosto. Verduras e grãos constituem os principais ingredientes, sendo a carne mais usada como um condimento (cortada em pedaços pequenos e adicionada a sopas, saladas, *casseroles* e refogada em óleo bem quente). Exemplos dessas combinações incluiria a canja de galinha com arroz e verduras, *tacos* com feijão, frango ou camarão cortados numa *tortilla* de milho. O *taco* fornece três boas fontes de proteína de alta qualidade: carne, feijão e grão; e é mais nutritivo se for servido com verduras e molho adicionados.

As *casseroles* não devem ser feitas com queijo (exceto os não-lácteos, como o queijo de soja) ou molhos à base de manteiga, mas com molhos mais nutritivos. Por exemplo, fazer purês de vegetais como brócolis, couve-flor ou cenoura, e misturá-los então com caldo de galinha num molho cremoso. Adicionar farinha de araruta, farinha de arroz ou flocos de trigo-sarraceno para dar maior espessura. O tofu também pode ser misturado ao molho para lhe dar uma cremosidade extra.

Temperos

TOMILHO FRANCÊS

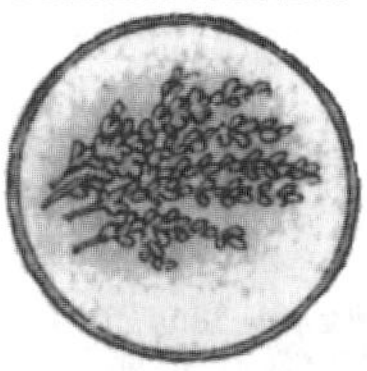

Evitar o uso de pimenta-do-reino, sal de mesa, açúcar e glutamato monossódico (MSG), os quais são altamente estressantes para o organismo e podem aumentar a ansiedade. Usar, em vez desses produtos, as ervas mais suaves e benéficas, como o manjericão, tomilho, *dill* e estragão. Se tiver que usar as espécies mais fortes, empregue apenas um quarto ou a metade da quantidade sugerida na receita.

Cardápios para Almoço e Jantar

Estes cardápios oferecem uma variedade de maneiras para organizar as suas refeições. Use-os como orientações para quando quiser criar os seus próprios cardápios. As receitas dos pratos marcados com um asterisco são fornecidas no final deste capítulo.

Sopas

1. Sopa de legumes*
   Pão de centeio
   Rodelas de tomate

2. Sopa de tomate
   Batatas cozidas
   Feijão verde
   Pêra

3. Sopa de lentilhas*
   Arroz integral
   Brócolis com limão
   Salada romana
   Banana

4. Sopa de *Missô*
   Arroz integral
   Salada de alface

5. Creme de ervilha seca*
   Pão de milho
   Salada verde
   Molho de maçã

6. Sopa de cebola
   Pão de centeio
   Salada romana
   Refresco de limão

Saladas

1. Salada mista de vegetais com feijão-roxo e sementes de girassol
   Pão integral

2. Salada de maçã e nozes
   Aipo em tiras
   Muffins de centeio

3. Creme de abacate com vegetais frescos
   Milho frito (sem sal)
   Combinação de frutas frescas

4. Salada de batata
   Salada mista de feijão
   Melancia

5. Salada de grão-de-bico e *pasta* com molho de *vinaigrette*
   Pão integral

6. Tabouli* de arroz
   Rodelas de pepino

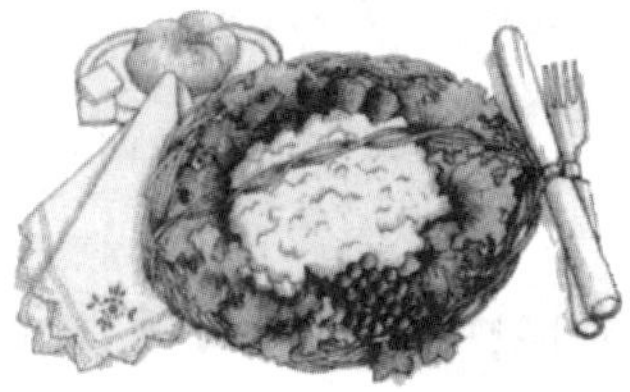

Sanduíches

1. Manteiga de amêndoa e geléia
   Pão integral
   Banana em rodelas

2. Salada de atum
   Pão de centeio
   Couve crua picada

3. Abacate e alface-romana
   Biscoitos de aveia

4. *Hummus* e *tahini**
   Pão de *pita*
   Rodelas de tomate e pepino

5. Queijo de soja, alface e rodelas de tomate
   Pão de arroz
   Palitos de aipo e cenoura

6. *Vegeburger*
   Vagem (inteira)
   Rodelas de alface, cebola e tomate

Peixes

ESTRAGÃO

1. Truta grelhada
   Vagem cozida
   Batata baroa cozida
   Salada verde mista

2. Salmão cozido*
   Brócolis com limão
   Cenouras cozidas
   Rodelas de tomate

3. Camarão grelhado
   Arroz integral
   Ervilhas brancas
   Rodelas de tomate e pepino

4. *Halibut* cozido
   Batata vermelha cozida
   Abóbora-menina
   Ervilhas

5. Atum grelhado*
   Arroz integral
   Salada de alface-romana

6. Linguado grelhado
   Painço
   Abobrinha italiana
   Couve crua picada

Refeições de Um Prato

1. Tofu, pimentão vermelho, cebola e aipo frito com arroz
   Molho de soja com pouco sal

2. *Tacos* vegetarianos com recheio de feijão, pimentão vermelho, abacate, cebola, alface*
   Salsa com pouco sal

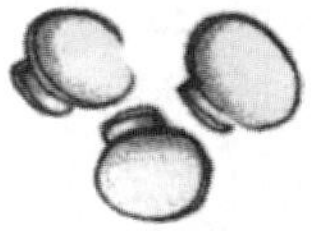

3. Massa com verduras mistas e molho de tomate

4. Trigo-sarraceno com feijão-fradinho, abóbora e cebola
   Molho de tomate com pouco sal

5. Camarão, ervilha branca e amêndoa torrada com arroz
   Molho de soja com pouco sal

6. Massa com azeite de oliva, alho e pinhões
   Vegetais em prato extra (Brócolis, vagem)

* As receitas marcadas com um asterisco (*), estão na próxima seção deste capítulo.

Opções saudáveis para desjejum

- Bebidas
- Frutas
- Cereais – mingaus, flocos, *muffins* e pão
- Pastas para passar no pão
- Nozes e sementes cruas

Opções saudáveis para Almoço e Jantar

- Bebidas – água mineral, chás de ervas, sucos, bebida de grãos torrados, cerveja sem álcool
- Sopa
- Salada e molhos
- Sanduíche
- Grãos e féculas
- Vegetais (verduras)
- Peixe, aves (pequenas quantidades)
- Refeições de um só prato
- Sobremesas de baixo poder de *stress*

Receitas

Chá relaxante *2 porções*
1/2 litro de água
1 colher de chá de folhas de camomila
1 colher de chá de folhas de hortelã-pimenta
1 colher de chá de mel (se desejado)

Modo de preparar:
Ponha a água para ferver. Coloque as ervas na água e mexa. Reduza o fogo e deixe a infusão repousar por 15 minutos. Hortelã-pimenta e camomila ajudam a relaxar e acalmar o ânimo. São ambas ervas relaxantes musculares e antiespasmódicas, pelo que fornecem alívio para a ansiedade relacionada com a tensão muscular.

Creme de semente de linhaça com banana *1 porção*
6 colheres de sopa de sementes de linhaça
1/4 de litro de leite de baunilha (não produto de laticínio)
1/2 banana em rodelas
adoçante (a gosto)
canela ou noz-moscada (a gosto)

Modo de preparar:
Triturar as sementes de linhaça até ficarem reduzidas a pó, usando um moedor de grãos de café. Colocar o pó numa tigela e acrescentar lentamente o leite de baunilha, mexendo sempre. A mistura vai ficando espessa, com a textura de um creme de arroz ou de aveia. Cubra o creme com rodelas de banana. Adicione um adoçante, se desejar. As sementes de linhaça são sensíveis à luz, ar e temperatura, pelo que se deve comer este mingau imediatamente. Trata-se de um creme que deve ser comido frio; não o esquente nem cozinhe.

Batida de leite não-lácteo para desjejum *2 porções*

2 xícaras de leite não-lácteo
60 gramas de *tofu*
3 colheres de sopa de óleo de linhaça
1 banana grande
3/4 de xícara de morangos (amoras ou framboesas)

Modo de preparar:
Combine todos os ingredientes no liquidificador. Misture até ficar homogêneo e sirva. Esta deliciosa batida cremosa é excelente para aliviar a tensão muscular associada à ansiedade e ajuda a acalmar porque é rica em ácidos graxos essenciais, cálcio, vitamina C e potássio.

Batida de sementes de linho rica em proteínas *2 porções*

6 colheres de sopa de sementes cruas de linhaça
2 bananas
180 ml de água
180 ml de suco de maçã
1 colher de sopa de pó de proteína vegetariana (base de soja ou arroz)

Modo de preparar:
Triturar as sementes de linhaça até ficarem reduzidas a pó usando um moedor de grãos de café. Colocar as sementes pulverizadas de linhaça num liquidificador. Adicionar os ingredientes restantes e misturar bem. Por causa das sementes de linhaça integrais, esta receita é rica em ácidos graxos essenciais, cálcio, magnésio e potássio, que ajudam a aliviar a tensão nervosa.

Creme de Tofu com Muesli *2 porções*

120 gramas de *tofu*
60 ml de leite de baunilha (não-lácteo)
2 colheres de sopa de óleo de linhaça
1 banana
1 maçã
15 amêndoas cruas
adoçante (se desejado)

Modo de preparar:
Combinar todos os ingredientes num processador de alimentos. Misturar até ficar cremoso. Despejar numa tigela e servir. Este é um creme salutar para a tensão nervosa, rico em ácidos graxos essenciais, cálcio, magnésio e potássio.

Sopa de Vegetais *6 porções*

4 tomates cortados em cubos
1 cebola picada
1 nabo cortado em pedaços
1/2 alho-poró cortado em pedaços
1 xícara de ervilhas verdes
2 cenouras em rodelas
8 champignons em rodelas
1 folha de louro
1/2 colher de sopa de timo
1/2 colher de sopa de orégano
1 a 1,5 litro de água
1/4 de um maço de salsa picada
1/2 colher de chá de substituto do sal.

Modo de preparar:
Colocar todos os ingredientes numa panela. Cobri-los com água. Levar ao fogo até ferver e depois deixar cozinhando a fogo lento por 2 horas. Servir a sopa em pratos individuais. Guarnecer com salsa picada.

Sopa de lentilhas *4 porções*

1 xícara de lentilhas
1/2 cebola picada
1/2 xícara de cenouras picadas
1 a 1,5 litro de água
1 colher de chá de *missô* de arroz integral

Modo de preparar:
Lavar as lentilhas. Colocar todos os ingredientes numa panela. Tapar, levar ao fogo até ferver, depois deixar cozinhando a fogo lento até que as lentilhas fiquem macias. Variar a quantidade de água dependendo da consistência desejada da sopa.

Sopa de ervilha seca *4 porções*

1 xícara de ervilha seca
1/2 cebola picada
1 cenoura pequena em rodelas
1 litro de água
1/4 a 1/2 colher de chá de sal de mesa ou substituto

Modo de preparar:
Lavar as ervilhas. Colocar as ervilhas, a cebola e a cenoura numa panela. Adicionar a água. Tapar, levar ao fogo até ferver e depois deixar cozinhando em fogo lento durante 45 minutos. Acrescentar o sal marinho e continuar a cozinhar até que as ervilhas estejam macias. Pode-se deixar a sopa esfriar e transformá-la em purê no liquidificador se você prefere uma textura cremosa.

Tabule de arroz *6 porções*

2 xícaras de arroz integral cozido
1 xícara de salsa picada
1/2 xícara de hortelã fresca picada
1/2 cebola roxa média picadinha
1 tomate médio picadinho
suco de um limão
2 colheres de sopa de azeite de oliva
1 colher de chá de cominho
1 colher de chá de orégano
1/4 de colher de chá de sal

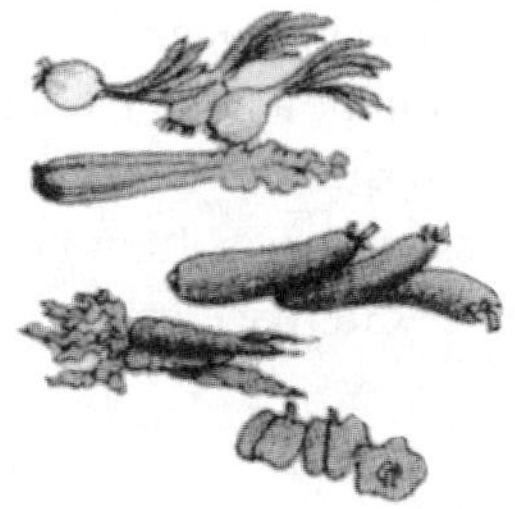

Modo de preparar:
Colocar o arroz numa tigela. Misturar-lhe a salsa, a hortelã, a cebola roxa e o tomate. Misturar muito bem. Adicionar o suco de limão e o azeite de oliva, e misturar. Juntar à salada o cominho, o orégano e o sal, misturando bem. Esta é uma deliciosa e saudável receita de tabule.

Hummus e Tahine *4 porções*

3/4 de xícara de sementes cruas descascadas de gergelim
1 xícara de água ou de caldinho de feijão
1-3/4 de xícara de grão-de-bico cozido
suco de 1 limão
2 colheres de sopa de azeite de oliva
1 dente de alho cru
1/4 de colher de chá de sal

Modo de preparar:

Triturar as sementes de gergelim, reduzindo-as a pó num moedor de grãos de café. (Manteiga de gergelim cru, disponível na maioria das lojas de produtos dietéticos, pode ser um substituto). Combinar a água, o grão-de-bico, as sementes moídas de gergelim, o suco de limão, o azeite de oliva, o alho e o sal num processador de alimentos. Misturar até ter uma consistência viscosa e macia. Usar como recheio para sanduíche com alface e tomate em pão de *pita*. Pode ser servido com pão de *pita*, pão de centeio e vegetais frescos.

Salmão poché *4 porções*

1 xícara de água
1 limão
4 filés de salmão de cerca de 100 gramas cada

Modo de preparar:

Combinar a água e o suco de um limão numa caçarola. Colocar o salmão no líquido quente. Cobrir e deixar cozinhar por 6 a 8 minutos ou até que as lascas de salmão se soltem facilmente com um garfo. Retirar o peixe e mantê-lo quente até que você esteja pronta para servi-lo.

Atum assado *4 porções*

4 filés de atum, de 100 gramas cada
1 colher de sopa de óleo de canola
2 colheres de sopa de suco de limão

Modo de preparar:

Regar os filés de atum com o óleo e depois borrifá-los com o suco de limão. Colocar o atum numa grelha de assar. Deixá-lo assar entre 5 e 6 minutos, ou até o ponto que lhe dê maior satisfação.

COENTRO

Tacos vegetarianos
4 *tortillas* de milho
400 gramas de feijão-fradinho cozido e feito purê
1/2 abacate em fatias muito finas
1/4 de pimentão vermelho em pedacinhos
1 tomate em pedaços
1/4 de cebola roxa bem picadinha
1/2 cabeça de alface vermelha ou romana picada
6 colheres de sopa de salsa

Modo de preparar:
Esquentar as *tortillas* e os feijões em caçarolas separadas. Servir em pratos individuais as *tortillas* barradas com o purê de feijão. Guarnecer com o abacate, o pimentão, o tomate e a cebola, depois cobrir cada taco com alface e 1-1/2 colher de salsa.

Ingredientes Que São Substitutos Saudáveis em Receitas

Aprender como efetuar substituições que eliminem os ingredientes propícios ao *stress* em receitas familiares permite à você preparar seus alimentos favoritos sem comprometer sua saúde emocional ou física. Muitas receitas contêm ingredientes que mulheres com ansiedade e *stress* devem evitar, sobretudo os alimentos estressantes como cafeína, álcool, açúcar, chocolate e laticínios. Ao substituí-los por ingredientes mais saudáveis, você pode continuar a preparar muitas receitas que lhe agradam. Recomendei esta abordagem durante anos a fio às minhas pacientes, que ficaram felizes ao descobrir que podiam ainda desfrutar de seus pratos favoritos mas em versões muito mais saudáveis.

Algumas mulheres optam por eliminar totalmente de uma receita os ingredientes estressantes. Por exemplo, você pode preparar uma massa com molho de tomate mas sem a cobrir de queijo parmesão e sem usar massa feita de trigo. Uma salada grega pode ser feita sem o queijo *feta*. Algumas das minhas pacientes fazem até *pizza* sem queijo, espalhando molho de tomate e muitos vegetais sobre a base de massa. Em muitos casos, os ingredientes que causam o *stress* não são necessários para tornar saborosos os alimentos; lembre-se sempre de que eles podem agravar os seus sintomas de ansiedade e deteriorar a sua saúde.

Se quiser utilizar um determinado ingrediente que causa o *stress*, você pode geralmente reduzir uma quantidade substancial desse ingrediente, embora retendo ainda o seu aroma e sabor. Muitas de nós têm o paladar embotado pelo excesso de gordura, sal, açúcar e outros condimentos. Em muitos pratos, saboreamos somente os aditivos; nunca desfrutamos realmente dos deliciosos sabores dos próprios alimentos. Agora, que utilizo regularmente ingredientes de baixo *stress* em minha cozinha, desfruto muito mais do sutil paladar dos pratos. Além disso, a minha saúde e vitalidade continuam melhorando com a eliminação dos ingredientes propiciadores de elevado *stress*. A informação seguinte indica a você como substituir esses ingredientes por outros mais saudáveis em suas próprias receitas. As substituições são simples de fazer e devem beneficiar imensamente a sua saúde.

Substitutos para Alimentos e Bebidas com Cafeína

Beba substitutos do café e do chá preto. Os melhores substitutos são as bebidas resultantes da torrefação de outros grãos em substituição do café, como a cevada. Algumas mulheres podem achar muito difícil a suspensão abrupta do café por causa dos sintomas de abstinência, como dores de cabeça. Se isso ocorre com você, diminua gradualmente o seu consumo total de café para apenas uma xícara, ou meia xícara, por dia e use os substitutos para as suas outras xícaras. Isso ajudará a evitar os sintomas de abstinência.

Beba café descafeinado ou chá durante a transição. Se não consegue renunciar logo ao café, comece por substituí-lo pelo café solúvel descafeinado. Depois tente abster-se inteiramente de beber café, ou passe para um substituto como o café de cevada.

Use chás de ervas para energia e vitalidade. Muitas mulheres com ansiedade e *stress* excessivo bebem equivocadamente café como um estimulante que lhes permita trabalhar durante o dia. Troque-o por gengibre. É um grande estimulante herbáceo que não prejudicará a sua saúde. Para fazer chá de gengibre, raspe algumas colheres de chá de raiz de gengibre fresco numa panela com água quente; deixe ferver e coe a infusão. Sirva com mel.

Substitua o chocolate pela alfarroba. A alfarroba não adoçada tem gosto de chocolate mas não contém a cafeína agravante da ansiedade encontrada no chocolate. Membro da família das leguminosas, a alfarroba é rica em cálcio. Você pode comprá-la em nacos como substituto para os tabletes de chocolate ou em pó para usar como condimento ou em bebidas. Tenha cuidado, porém, em não exagerar, pois a alfarroba, tal como o chocolate, é rica em calorias e gordura. Considere-a um agradável auxiliar culinário para uso apenas em pequenas quantidades.

Substitutos para o Açúcar

Substitua o açúcar por adoçantes concentrados. Os americanos tendem a ser viciados em açúcar, o que pode agravar os sintomas de ansiedade. A grande maioria cresceu bebendo refrigerantes fortemente açucarados, balas e doces – não admira que a incidência de diabetes esteja aumentando consideravelmente entre a nossa população. Verifiquei que, quando as mulheres diminuem a ingestão de açúcar, a maior parte delas começa realmente a desfrutar dos sutis sabores dos alimentos que consomem. Adoçantes concentrados, como o mel e o xarope de bordo, têm um gosto mais doce por quantidade usada do que o açúcar de mesa. O uso desses substitutos permitirá que você reduza a quantidade de adoçante que usa numa receita. Se usar um adoçante concentrado em lugar do açúcar numa receita comum, reduza de um quarto de xícara o conteúdo líquido na receita. Se não é usado líquido na receita, adicione 3 a 5 colheres de sopa de farinha para cada três quartos de xícara de adoçante concentrado.

Substitua o açúcar por fruta em pastelaria. Ao fazer *muffins* e biscoitos, você pode querer tentar eliminar completamente o açúcar e adicionar frutas e nozes extras.

Substitutos para o Álcool

Use produtos de baixo teor alcoólico ou sem álcool para beber e cozinhar. Há muitos e deliciosos vinhos e cervejas de baixo teor alcoólico e sem álcool à venda em supermercados e lojas de bebidas. Muitos deles têm um sabor muito bom e podem ser usados às refeições ou em ocasiões sociais. Além disso, os vinhos ou cerveja de baixo teor alcoólico ou não-alcoólico podem ser usados como substitutos quando se cozinha ou se prepara molhos e escabeches. Você reterá assim muito do sabor que o álcool proporciona e diminuirá substancialmente o fator de *stress*.

Substitutos para Laticínios

Elimine ou reduza a quantidade de queijo de leite de vaca que usa na cozinha. Se tiver que usar queijo de leite de vaca para cozinhar, reduza a quantidade indicada na receita de três quartos, de modo que passe a ser mais um aromatizante ou uma guarnição do que uma fonte importante de gordura e proteína. Por exemplo, espalhe uma colher de chá de queijo parmesão ralado sobre o ensopado, em vez de meia xícara.

Use queijo de soja no preparo dos alimentos para cozinhar. O queijo de soja é um excelente substituto para o queijo de leite de vaca. É menor o seu teor de gordura e sal, e a gordura que contém não é saturada. As lojas de dietéticos oferecem numerosas marcas que se apresentam em muitos diferentes sabores, como *mozzarella*, *cheddar*, americano e cidra. A qualidade desses produtos continua melhorando o tempo todo. Pode-se usar o queijo de soja como um perfeito substituto em sanduíches, saladas, *pizzas*, *lasagnas* e *casseroles*. Em algumas receitas, o queijo pode ser substituído pelo *tofu* leve. Tenho feito isso freqüentemente com a *lasagna*, recheando a massa com *tofu* e cobrindo-a com queijo de soja derretido para obter um delicioso prato. O *tofu*, de gosto suave, adquire o sabor do molho de tomate.

Substitua o leite e o iogurte nas receitas. Em vez do leite de vaca, use leite de batata, de soja, de nozes ou de cereal. Um dos meus favoritos é o Vance's Dari-free®, um leite à base de batata que é 100% vegetal. É facilmente digerível e especialmente bom para mulheres com ansiedade e outros sintomas, assim como fadiga. É cremoso, doce e tem um sabor muito semelhante ao do melhor leite de vaca, sem nenhuma das características insalubres dos produtos de laticínios. Até mesmo a minha filha de 12 anos gosta dele. O leite à base de batata é rico em cálcio e pode ser comprado em pó ou homogeneizado na seção de laticínios de qualquer supermercado. Mistura-se facilmente com a água e pode ser usado exatamente como se usa o leite de vaca para beber, cozinhar e fazer bolos. O leite de soja é particularmente bom e é oferecido em vários sabores. Muitos leites extraídos de grãos e vegetais são boas fontes de cálcio e podem ser usados em bebidas, comidas ou em bolos. Os leites de batata, de soja e de nozes são encontrados na maioria das lojas de produtos dietéticos. O iogurte de soja substitui o que tem por base o leite de vaca. Numerosas marcas excelentes de iogurte de soja são oferecidas em sabor natural, de baunilha e de frutas. O gosto é excelente e aproxima-se muito do iogurte de leite de vaca. O iogurte de soja é um bom substituto tanto para cozinhar quanto para fazer bolos.

Substitua a manteiga por óleo de sementes de linhaça. O óleo de sementes de linhaça é o melhor substituto que encontrei para a manteiga; é um óleo rico, dourado, com aspecto e sabor muito semelhantes ao da manteiga. É delicioso sobre qualquer coisa sobre as quais se passa normalmente manteiga – torrada, arroz, pipoca, verduras cozidas ou batatas. O óleo de sementes de linhaça é extremamente rico em ácidos graxos essenciais – o tipo de gordura que é muito saudável para o corpo da mulher. Os ácidos graxos essenciais melhoram a vitalidade, estimulam a circulação e ajudam a promover a função hormonal normal. O óleo de sementes de linhaça é, porém, muito perecível, por ser sensível ao calor e à luz. Pode-se cozinhar com ele – cozinhar o alimento primeiro e adicionar o óleo antes de servir. Conserve-o também refrigerado. O óleo de sementes de linhaça têm tantos benefícios para a saúde que recomendo vivamente o seu uso. Pode ser comprado em lojas de produtos dietéticos.

Substitutos para a Carne Vermelha e Aves

Substitua por feijão, tofu ou sementes em receitas. Você poderá modificar com freqüência receitas que pedem hambúrguer de carne bovina ou de peru, substituindo-a por *tofu*. Por exemplo, moa o *tofu* para ficar semelhante à contextura de hambúrguer e adicione-o às receitas de *enchiladas, tacos* e *chili* da culinária mexicana, assim como nos ensopados. O *tofu* adquire o sabor do molho usado no prato e é indistinguível da carne bovina. Faço isso muitas vezes quando cozinho em casa. Além disso, muitos produtos substitutos da carne são oferecidos em lojas de produtos dietéticos. Esses produtos incluem cachorro-quente, hambúrguer, *bacon*, presunto, galinha e peru de *tofu*. A variedade é surpreendente e muitos desses produtos de falsa carne têm um sabor deveras agradável. A qualidade desses produtos melhorou de forma espetacular.

Quando fizer saladas que pedem a participação de carne, como no caso da salada do *chef* ou da salada Cobb, substitua a carne por feijão roxo e grão-de-bico, adicionando-lhe sementes de girassol. Isso fornecerá a proteína necessária e, no entanto, muito mais facilmente digerível. Pode também aspergir sementes de girassol sobre o ensopado para dar-lhe uma quantidade extra de proteína e ácidos graxos essenciais. Quando fizer alimentos fritos à moda chinesa, use o *tofu*, a amêndoa, ou brotos em lugar de carne ou frango. Os vegetais à base de proteínas fritos dessa forma têm um sabor delicioso.

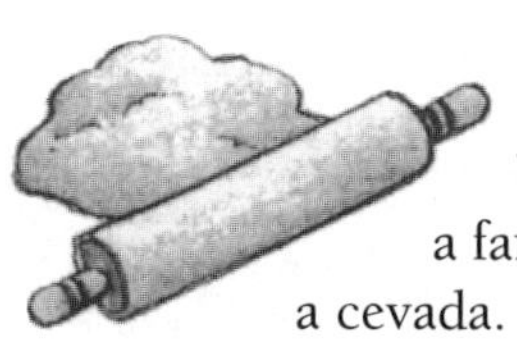

Substitutos para a Farinha de Trigo

Use farinha de cereal integral, com exceção do trigo. Substitua a farinha de trigo por farinha de cereais integrais, como o arroz ou a cevada. As farinhas de cereais integrais são muito mais ricas do que as farinhas refinadas em nutrientes essenciais, como o complexo de vitamina B e muitos sais minerais. Também são mais ricas em fibras. A farinha de arroz faz excelentes biscoitos, bolos e outros produtos de pastelaria. A farinha de centeio é mais usada para crosta de empadas e pastéis.

Substitutos para o Sal

Substitua o sal de mesa (cloreto de sódio) por produtos à base de potássio. Os produtos à base de potássio, são muito mais saudáveis e não agravarão uma enfermidade cardíaca ou a hipertensão.

Use o pó de algas marinhas, como kelp ou nori, para temperar verduras, grãos e saladas. Elas são ricas em iodo essencial e em elementos microconstituintes de substâncias de seres vivos.

Use ervas em vez de sal para dar sabor. Os seus sabores são muito mais sutis e ajudarão até o paladar mais embotado a apreciar o gosto de frutas frescas, verduras e carnes.

Use condimentos líquidos que anunciem baixo teor de sódio. O molho de soja com baixo teor de sal e o *Bragg's Amino Acids*®, um condimento líquido baseado no grão de soja, são deliciosos quando usados na culinária como substitutos do sal. Adicione-os a sopas, ensopados e outros pratos no final do seu processo de elaboração. Precisa-se de apenas uma pequena porção para obter um sabor intenso.

Substitutos para Ingredientes Comuns Associados ao Stress

Ingredientes de Alto Stress	*Substitutos de Baixo Stress*
3/4 de xícara de açúcar	1/2 xícara de mel 1/4 de xícara de melaço 1/2 xícara de xarope de bordo 15 ml de malte de cevada 1 xícara de manteiga de maçã 2 xícaras de suco de maçã
1 xícara de leite	1 xícara de leite de soja, batata, nozes ou cereal
1 xícara de iogurte	1 xícara de iogurte de soja
1 colher de sopa de manteiga	1 colher de sopa de óleo de sementes de linhaça (deve ser usado cru e sem aquecer)
1/2 colher de chá de sal	1 colher de sopa de *missô* 1/2 colher de chá de cloreto de potássio (substituto do sal comum) 1 colher de sopa de Mrs. Dash®, Spike® 1/2 colher de chá de ervas (orégano, manjericão, estragão)
1-1/2 xícara de cacau	1 xícara de alfarroba em pó
1 tablete de chocolate	3/4 colher de sopa de alfarroba em pó
1 colher de sopa de café	1 colher de sopa de café descafeinado 1 colher de sopa de substitutos do café, baseados na torrefação de outros grãos, como a cevada
120 ml de vinho	120 ml de vinho leve tipo palhete
230 ml de cerveja	230 ml de cerveja sem álcool
1 xícara de farinha de trigo	1 xícara de farinha de cevada (crosta de empada ou pastel) 1 xícara de farinha de arroz (biscoitos, bolos, pães)
1 xícara de carne	1 xícara de feijão, *tofu* 1/4 de xícara de sementes

CAPÍTULO 5

Vitaminas, Minerais, Ervas e Ácidos Graxos Essenciais

Os suplementos nutricionais podem desempenhar um papel importante na sua ansiedade e no programa de recuperação do *stress*. Podem ajudar a estabilizar o humor, a relaxar e a promover uma sensação de paz e de calma. Além disso, podem ajudar a promover o ótimo funcionamento do seu sistema imunológico, glândulas e aparelho digestivo. Também podem estimular a boa circulação do sangue e do oxigênio no corpo todo, uma necessidade para a elevada energia e vitalidade. Quando falta um adequado apoio nutricional, comprovei ser muito difícil aliviar completamente os sintomas de ansiedade. Porque a má ou inadequada nutrição pode desempenhar um papel de destaque na causa da ansiedade, os nutrientes essenciais são uma importante faceta de um bom programa para o tratamento da ansiedade e do *stress*. Numerosos estudos de pesquisas realizadas em centros universitários e hospitais corroboram a importância da nutrição no alívio do *stress*; uma bibliografia está incluída no final deste capítulo para os que quiserem mais informação técnica.

A maioria das mulheres tem dificuldade em aumentar sua ingestão de nutrientes até os níveis necessários a um ótimo tratamento usando somente a dieta. Os suplementos podem ajudar a suprir essa deficiência para que você se sinta melhor o mais rápido e completamente possível. Quero enfatizar a importância de uma boa dieta em conjunto com o uso de suplementos. Estes nunca devem ser usados como desculpa para continuar com maus hábitos alimentares. Eu apurei que as minhas pacientes curam-se de um modo mais efetivo quando combinam uma dieta rica em nutrientes com uma correta mistura de suplementos.

Este capítulo está dividido em quatro seções. A primeira examina o papel das vitaminas e dos minerais na redução da ansiedade e dos sintomas de *stress*; a segunda seção informa que ervas ajudam a aliviar a ansiedade. A terceira seção explica os benefícios dos ácidos graxos essenciais. Termino o capítulo com recomendações específicas sobre como fazer os seus próprios suplementos, a par de uma série de quadros que indicam as principais fontes de alimento para cada nutriente essencial.

Vitaminas e Minerais para Aliviar a Ansiedade

Muitas vitaminas e minerais são úteis no tratamento e prevenção da ansiedade. Esta seção contém informação completa sobre aqueles suplementos que proporcionam o maior alívio dos sintomas.

Complexo de Vitamina B. Este complexo consiste em onze vitaminas B distintas que são freqüentemente encontradas nos alimentos. Em muitos casos, elas participam das mesmas reações químicas no corpo; portanto, precisam ser administradas juntas para se obter os melhores resultados. As vitaminas B desempenham um papel importante no funcionamento saudável do sistema nervoso. Quando uma ou mais dessas vitaminas são deficientes, podem resultar em sintomas de deterioração desse sistema, assim como ansiedade, *stress* e fadiga. Inversamente, a ingestão adequada desses nutrientes pode ajudar a acalmar a disposição de ânimo e fornece componentes importantes de uma estável e constante fonte de energia.

As vitaminas do complexo-B também ajudam a regular o humor e o bem-estar emocional, na medida em que facilitam o metabolismo dos carboidratos e a conversão celular da glicose em energia usável (ATP = Trifosfato de Adenosina). Certas vitaminas B ajudam a promover a respiração celular, de modo que as células possam usar o oxigênio com eficiência. Além disso, as vitaminas B são necessárias a um saudável funcionamento do fígado. Quando são deficitárias, o fígado é incapaz de desempenhar eficazmente o seu papel de principal órgão desintoxicante do corpo. Esse papel inclui a inativação do estrógeno. Quando níveis excessivos de estrógeno se acumulam no corpo, ele age como um estimulante cerebral, agravando os sintomas de ansiedade e tensão nervosa. As vitaminas B também são necessárias para habilitar o fígado a proceder à desintoxicação alcoólica. O consumo excessivo de álcool pode reduzir a vitamina B_{12} e o ácido fólico, bem como outras vitaminas da família B.

As deficiências das vitaminas B, individualmente consideradas, também podem aumentar a ansiedade e o *stress*. O ácido pantotênico (vitamina B_5) é necessário ao funcionamento supra-renal saudável. O elevado *stress* emocional desencadeia a reação de alarme lutar-ou-fugir no corpo, a qual inclui a produção excessiva de hormônios supra-renais. A piridoxina (vitamina B_6) também afeta os humores por meio do seu importante papel na conversão do ácido linoléico em ácido gama-linolênico (GLA) para a produção das benéficas prostaglandinas da série um. As prostaglandinas têm um efeito relaxante sobre o humor e sobre os tecidos musculares lisos. A falta desses hormônios relaxantes foi vinculada à ansiedade decorrente da TPM, às cãibras menstruais e a problemas associados à tensão nervosa, como a síndrome do intestino irritável e as enxaquecas.

O uso da pílula anticoncepcional, um tratamento comum para a TPM, as cãibras menstruais e a irregularidade na menstruação reduzem os níveis de vitamina B_6. As mulheres na menopausa em tratamento de reposição de estrógeno também correm o risco de uma deficiência de vitamina B_6. Sintomas de ansiedade podem ocorrer como efeito colateral do uso de hormônios em ambos os grupos de mulheres, em parte por causa da deficiência de B_6. A suplementação de B_6 pode ajudar a reduzir esses sintomas. Ela pode ser usada com segurança em doses de até 300 mg. As doses acima desse nível podem ser neurotóxicas e devem ser evitadas.

A falta de B_6 também pode aumentar diretamente os sintomas de ansiedade por intermédio de seus efeitos sobre o sistema nervoso. A B_6 é necessária à conversão do aminoácido triptofânio em serotonina, um importante neurotransmissor. A serotonina regula o sono e, quando é deficiente, ocorre a insônia. A falta de sono é uma condição observada com freqüência em mulheres ansiosas. Os níveis de serotonina também afetam fortemente o humor e o comportamento social. A B_6 e as fontes alimentares de triptofânio – amêndoas, sementes de abóbora, sementes de gergelim e alguns outros alimentos que contêm proteína – são necessárias para uma adequada produção de serotonina.

Para aquelas mulheres que adormecem com facilidade mas não conseguem reconciliar o sono quando acordam no meio da noite, a niacina (vitamina B_3) pode ser benéfica. Pesquisas provaram que a niacinamida, que é uma das formas da niacina, tem efeitos similares aos de tranqüilizantes mais fracos. Além disso, foi demonstrado que o inositol, uma outra vitamina B, tem efeitos calmantes. O seu efeito sobre as ondas cerebrais estudadas pelo eletroencefalógrafo (EEG) também se assemelhou às mudanças induzidas por tranqüilizantes menores.

Em resumo, toda a gama de vitaminas B é necessária para fornecer suporte nutricional contra a ansiedade e os sintomas de *stress*. Como as vitaminas B são solúveis na água, o corpo dificilmente pode armazená-las. Assim, as vitaminas B devem ser tomadas diariamente na dieta. Mulheres que são ansiosas e sofrem de *stress* de um modo significativo devem comer alimentos ricos em vitaminas B e usar suplementos vitamínicos. As boas fontes de vitaminas B incluem fermento de cerveja (que muitas mulheres não podem digerir com facilidade), fígado, germe e farelo de grão integral, feijão, ervilhas e nozes. A vitamina B_{12} encontra-se principalmente em alimentos de origem animal. As mulheres que seguem uma dieta vegetariana, a qual não utilize ovos nem produtos de laticínios, devem cuidar de adicionar a vitamina B_{12} como suplemento de suas dietas.

Vitamina C. Este é um nutriente anti-*stress* extremamente importante, que pode ajudar a diminuir os sintomas de fadiga que acompanham, com freqüência, os níveis excessivos de ansiedade e tensão nervosa. É indispensável para a produção de hormônios das glândulas supra-renais. Quando o padrão de luta-ou-fuga é ativado em resposta à tensão nervosa e ao *stress*, esses hormônios ficam consideravelmente reduzidos. Maiores quantidades de vitamina C são necessárias na dieta quando os níveis de *stress* são elevados. Numa pesquisa realizada com 411 dentistas e suas mulheres, os cientistas apuraram a existência de uma relação clara entre a falta de vitamina C e a presença de fadiga.

Ao sustentar a função imunológica, a vitamina C ajuda a prevenir a fadiga causada por infecções. Estimula a produção de interferon, uma substância química que impede a propagação de vírus no corpo. Necessária à produção de glóbulos brancos saudáveis (leucócitos) e de seus anticorpos, a vitamina C também ajuda o organismo a combater infecções causadas por bactérias e fungos. Mulheres com baixa ingestão de vitamina C tendem a apresentar níveis elevados de histamina, uma substância química que deflagra sintomas alérgicos. Acessos de alergia podem ser a causa de sintomas emocionais como a ansiedade.

A vitamina C também foi testada, a par dos bioflavonóides, como tratamento para a anemia causada por hemorragia menstrual excessiva – uma causa comum de fadiga e depressão em adolescentes e mulheres pré-menopáusicas na casa dos 40 anos. A vitamina C reduz a menorragia ao ajudar a fortalecer os capilares e ao prevenir a fragilidade capilar. Um estudo clínico da vitamina C mostrou uma redução da menorragia em 87% das mulheres que tomavam doses suplementares desse nutriente essencial. Ao fortalecer os capilares, a vitamina C melhora o metabolismo de todos os sistemas do corpo. Vasos sangüíneos saudáveis permitem um melhor fluxo de nutrientes para as células, assim como facilitam a eliminação de refugos expelidos pelas células. Isso é necessário para se ter saúde e bem-estar mais favoráveis.

As melhores fontes de vitamina C na natureza são as frutas e as verduras. Sendo uma vitamina solúvel na água, não é armazenada no corpo. Assim, mulheres com ansiedade e *stress* excessivo devem repor diariamente seu suprimento de vitamina C por meio de uma dieta saudável e do uso de suplementos.

Bioflavonóides. Na natureza, os bioflavonóides ocorrem freqüentemente em conjunto com a vitamina C em frutas e verduras. Por exemplo, são encontrados na casca das uvas, em morangos, cerejas, amoras, acerolas e framboesas. São abundantes em frutas cítricas, especialmente na polpa e na pele branca que reveste internamente a casca. Também se encontram em outros alimentos, tais como o trigo-sarraceno e os grãos de soja. A par da vitamina C, os bioflavonóides fortalecem as células dos vasos sangüíneos pequenos e previnem a anemia causada pela menorragia excessiva, uma causa comum de fadiga e depressão. Os bioflavonóides têm a propriedade adicional de ser fracamente estrogênicos e antiestrogênicos, propriedades importantes para controle da ansiedade e do *stress* causadas pela deficiência hormonal (menopausa) ou desequilíbrio hormonal (TPM). Os bioflavonóides pertencem a uma classificação de plantas que contêm estrógeno chamadas "fitoestrógenos". Outras plantas desse grupo incluem o funcho, a erva-doce, o anis e o alcaçuz. Embora essas plantas sejam estrogênicas, as doses encontradas nelas são muito mais fracas do que os níveis adotados em produtos farmacêuticos. Embora os bioflavonóides contenham 1/50.000 a potência de uma dose farmacológica de estrógeno, essas fontes vegetais de estrógeno podem competir com os precursores estrogênicos produzidos pelo próprio organismo pela ocupação de espaço nos lugares onde se aglutinam as enzimas necessárias à produção de estrógeno. Assim, por um lado, os bioflavonóides podem reduzir os níveis excessivos de estrógeno que geram a TPM e outros problemas de saúde como os fibróides e a endometriose. Por outro lado, o efeito fracamente estrogênico dos bioflavonóides pode realmente ajudar a aliviar sintomas tais como as ondas de calor, os suores noturnos, a ansiedade, as oscilações de humor e a insônia em mulheres na menopausa fortemente deficientes em estrógeno. Um estudo que investigou os efeitos benéficos dos bioflavonóides sobre mulheres na menopausa foi levado a efeito em Chicago, durante a década de 1960, na Escola Médica da Universidade Loyola. O estudo mostrou que os bioflavonóides eram muito eficazes para diminuir as ondas de calor. Em resumo, os bioflavonóides ajudam realmente a normalizar os níveis de estrógeno numa diversidade de condições ginecológicas. Isso pode ajudar a reduzir os sintomas de ansiedade e *stress* que estão associados aos desequilíbrios hormonais.

Vitamina E. Tal como os bioflavonóides, a vitamina E alivia sintomas de ansiedade e as oscilações de humor ocasionados por um desequilíbrio de estrógeno-progesterona. Isso pode ocorrer em mulheres que sofrem de TPM ou estão na menopausa. Em estudos da vitamina E como tratamento alternativo para a menopausa, foi comprovado que ela alivia as ondas de calor, os suores noturnos, as oscilações de humor e até mesmo a secura vaginal. As mulheres que acham que a terapia convencional do estrógeno agrava, na realidade, seus sintomas de ansiedade (porque as doses farmacológicas existentes não correspondem às suas necessidades orgânicas), também são candidatas potencialmente boas para a terapia com vitamina E. Em mulheres que sofrem com a TPM, a vitamina E ajudou a aliviar a ansiedade, as oscilações de humor e o desejo irresistível de determinados alimentos. Em numerosos estudos controlados, verificou-se também que a vitamina E ajuda a reduzir os "caroços" fibrocísticos e a hipersensibilidade dos seios.

A vitamina E é um nutriente muito importante para a saúde das mulheres. As melhores fontes naturais de vitamina E são o óleo de germe de trigo, o óleo de noz, o óleo de soja e outros óleos de grãos e sementes. Recomendo geralmente que as mulheres com ansiedade relacionada com a menopausa e a TPM usem entre 400 e 2000 UI por dia. Mulheres com hipertensão, diabetes ou problemas hemorrágicos devem começar com uma dose muito menor de vitamina E (100 UI por dia). Se você é portadora de qualquer um desses sintomas, consulte o seu médico sobre a conveniência de usar esses suplementos. Qualquer aumento na dosagem deve ser feito lentamente e monitorado cuidadosamente nessas mulheres. Quanto ao mais, a vitamina E tende a ser extremamente segura e é de uso corrente para milhões de pessoas.

Magnésio. O corpo requer níveis adequados de magnésio a fim de manter a energia e a vitalidade. As mulheres que sofrem de níveis excessivos de ansiedade experimentam o *stress* e desgaste físico crescentes e acentuado declínio de energia. O corpo precisa de magnésio a fim de produzir ATP (Trifosfato de Adenosina), o produto final da conversão do alimento em energia utilizável pelas células do corpo. O ATP é a moeda energética universal que o corpo usa para realizar centenas de milhares de reações químicas. O aparelho digestivo só pode extrair eficientemente essa energia dos alimentos na presença do magnésio, oxigênio e outros nutrientes. Quando o magnésio é deficitário, a produção de ATP cai e, no seu lugar, o corpo produz ácido láctico. Pesquisadores associaram a acumulação excessiva de ácido láctico aos sintomas de ansiedade e irritabilidade.

O magnésio também é necessário para facilitar a conversão de um ácido graxo essencial, o ácido linoléico, em ácido gama-linolênico, e a conversão do ácido gama-linolênico nos benéficos e relaxantes hormônios prostaglandinas. Estimular a produção desses hormônios ajuda a reduzir a ansiedade e os sintomas de oscilação do humor da TPM, distúrbios alimentares e agorafobia (medo de lugares públicos). Pesquisas encontraram deficiências de magnésio nos glóbulos vermelhos de mulheres que sofriam de TPM. Num estudo com 192 mulheres, o nitrato de magnésio foi administrado durante a última semana pré-menstrual e nos primeiros dois dias de menstruação. A tensão nervosa foi aliviada em 89% das mulheres estudadas. Essas mulheres também assinalaram alívio nas dores de cabeça e hipersensibilidade dos seios, e não registraram novos aumentos de peso. Fato interessante, verificou-se que a deficiência de magnésio produz sinais de *stress* nas glândulas supra-renais. Isso é digno de nota se levarmos em conta o fato de as glândulas supra-renais intervirem, por sua vez, no processo de *stress* fisiológico no corpo.

Pesquisas médicas que estudam o tratamento da fadiga crônica usam uma forma especial de magnésio denominada aspartato de magnésio, o qual é formado pela combinação de magnésio com ácido aspártico. Este último também desempenha um papel importante na produção de energia no corpo e ajuda a transportar magnésio e potássio para dentro das células. O aspartato de magnésio, a par do aspartato de potássio, foi testado num certo número de estudos clínicos e ficou provado que reduz a fadiga depois de cinco ou seis semanas de uso constante. Muitas voluntárias começaram a sentir-se melhor logo a partir dos primeiros dez dias. Esse efeito benéfico foi observado em 90% das pessoas testadas, uma taxa muito alta de êxito.

O magnésio é um importante nutriente para mulheres com problemas intestinais associados ao *stress*, principalmente diarréia e vômitos. Uma deficiência de magnésio pode desenvolver-se se esses sintomas forem crônicos. Quando essa deficiência ocorre, ela pode agravar a ansiedade, a fadiga, a fraqueza, a confusão mental e os tremores musculares em mulheres suscetíveis. As mulheres portadoras desses sintomas devem repor o magnésio por meio de um suplemento alimentar apropriado. A deficiência de magnésio também tem sido registrada em mulheres que sofrem de TPM: estudos médicos verificaram uma redução de magnésio nos glóbulos vermelhos durante a segunda metade do ciclo menstrual em mulheres afetadas. O magnésio, tal como a vitamina B_6, é necessário à produção dos benéficos hormônios prostaglandinas, assim como ao metabolismo da glicose. Suplementos de magnésio também podem beneficiar mulheres com muita ansiedade e insônia de fundo emocional. Quando tomado antes de ir para a cama, o magnésio ajuda a acalmar a disposição de ânimo e a induzir um sono repousante.

Boas fontes alimentares de magnésio incluem os vegetais de folhas verdes, feijão e ervilha, nozes e sementes cruas, *tofu*, abacate, uva, figos secos, painço e outros grãos. Para as mulheres que preferem usar suplementos de magnésio, a dose ideal é de 400 a 500 mg diários.

Potássio. À semelhança do magnésio, o potássio também tem um poderoso efeito estimulante sobre a energia e a vitalidade. A deficiência de potássio foi associada à fadiga e à fraqueza muscular. Um estudo mostrou que as pessoas mais idosas com deficiência de potássio tinham menos força de preensão. O aspartato de potássio tem sido usado com o aspartato de magnésio em numerosos estudos sobre fadiga crônica; essa combinação restaurou de forma significativa os níveis de energia.

O potássio tem muitas e importantes funções no nosso organismo. Constitui 5% do conteúdo mineral total do corpo. Regula a transferência de nutrientes para as células e trabalha em conjunto com o sódio para manter o equilíbrio de água no organismo. O seu papel no equilíbrio hídrico é importante na prevenção dos sintomas de inchação da TPM. O potássio ajuda na contração muscular adequada e na transmissão de impulsos eletroquímicos, na manutenção das funções do sistema nervoso e num saudável ritmo cardíaco. O potássio é comumente perdido por meio da diarréia crônica ou do uso excessivo de diuréticos (que muitas mulheres com TPM usam para combater a inchação na época da menstruação). Além disso, o uso excessivo de café e álcool (os quais podem agravar a ansiedade e os sintomas de *stress* emocional) aumenta a perda de potássio por meio das vias urinárias.

Para as mulheres que sofrem de perda de potássio, o uso de um suplemento potássico pode ser muito proveitoso. A dose disponível mais comum é uma pastilha ou cápsula de 99 mg. Recomendo geralmente de uma a três por dia, para serem usadas durante uma semana pré-menstrualmente. Entretanto, o potássio deve ser usado com cautela. Deve ser evitado por mulheres com doença renal ou cardiovascular, porque um nível elevado de potássio pode causar um batimento cardíaco irregular em mulheres com esses problemas. Além disso, o potássio pode ser irritante para o trato intestinal, pelo que deve ser tomado juntamente com as refeições. Se tiver algumas perguntas sobre o uso apropriado desse mineral, consulte seu médico. O potássio figura com abundância em frutas, verduras, feijão e ervilha, sementes e nozes, féculas e cereais integrais.

Cálcio. O cálcio é o mineral mais abundante no nosso organismo. Esse importante mineral ajuda a combater o *stress*, a tensão nervosa e a ansiedade. Uma deficiência de cálcio aumenta não só a irritabilidade emocional mas também a irritabilidade muscular e as cãibras. O cálcio pode ser tomado à noite juntamente com o magnésio para acalmar o humor e induzir um sono repousante. Isso é particularmente benéfico para mulheres com ansiedade, oscilações de humor e insônia relacionadas com a menopausa. Dado que o cálcio é um dos principais componentes estruturais dos ossos, ele tem a vantagem adicional de ajudar a prevenir a perda óssea, ou osteoporose.

Tal como o magnésio e o potássio, o cálcio é essencial na manutenção de um batimento cardíaco regular e da saudável transmissão de impulsos por meio dos nervos. Também pode ajudar a reduzir a pressão sangüínea e a regular os níveis de colesterol; é essencial à coagulação sangüínea.

Muitas mulheres não tomam a dose diária recomendada de cálcio em sua dieta (800 mg para mulheres durante os anos de reprodutividade, 1200 mg após a menopausa). De fato, muitas mulheres tomam apenas metade da quantidade recomendada. Boas fontes de cálcio incluem vegetais de folha verde, salmão (com espinhas), nozes e sementes, *tofu* e mel de cana. Além disso, um suplemento de cálcio pode ser útil.

Zinco. Este mineral ajuda a diminuir a ansiedade e o *stress* ao facilitar a ação das vitaminas B, ao criar um equilíbrio apropriado do açúcar no sangue, assim como a saudável função imunológica, a digestão e o metabolismo. O zinco é um mineral cuja presença diminuta, mas essencial no organismo, é necessária à absorção e ação das vitaminas, em especial as vitaminas B de combate à ansiedade e ao *stress*. É um constituinte de muitas enzimas envolvidas no metabolismo e na digestão. O zinco ajuda a reduzir a ansiedade causada por desequilíbrios de açúcar no sangue, porquanto desempenha um papel na digestão normal dos carboidratos. É um componente da insulina, a proteína que ajuda a transferir a glicose da circulação sangüínea para dentro das células. Uma vez no interior das células, a glicose fornece-lhes a principal fonte de energia. Além disso, o zinco faz parte da enzima necessária à decomposição do álcool. Também é necessário ao crescimento e desenvolvimento do aparelho reprodutivo feminino e à efetiva recuperação de ferimentos. O zinco fortalece a função imunológica, atuando como um estimulante da imunização (foi provado que deflagra a reprodução de linfócitos quando incubado nessas células em tubos de ensaio). Finalmente, o zinco é necessário à síntese de ácidos nucléicos, os quais controlam a produção das diferentes proteínas no corpo. Boas fontes alimentares do zinco incluem o germe de trigo, as sementes de abóbora, os cereais integrais, o farelo de trigo e os alimentos com elevado teor proteínico.

Cromo e Manganês. Estes dois minerais são importantes na produção de carboidratos e no metabolismo. O cromo ajuda a manter em equilíbrio o nível de açúcar no sangue ao estimular a função da insulina de modo que a glicose seja utilizada de forma adequada pelo organismo. Isso impede os extremos de falta de glicose no sangue (hipoglicemia) ou de excesso de glicose (diabetes melito). Ao melhorar o ingresso de glicose nas células, o cromo ajuda-as a produzir energia. O cromo realiza essas funções por meio de sua participação numa importante molécula denominada fator de tolerância de glicose (GTF). O GTF é composto de cromo, niacina (vitamina B_3) e três aminoácidos – glicerina, cisteína e ácido glutâmico. Essa combinação permite a presença do cromo no corpo numa forma biologicamente ativa. Boas fontes de cromo incluem a levedura de cerveja, o trigo integral, o centeio, a ostra, a batata, a maçã, a banana, o espinafre, o melaço e o frango.

O manganês ajuda no metabolismo da glicose ao agir como co-fator no processo de conversão da glicose (alimento) em energia. Também é importante na digestão alimentar, sobretudo de proteínas, e na produção de colesterol e ácidos graxos no corpo. O manganês é ainda necessário ao saudável crescimento e desenvolvimento ósseo, assim como à produção do hormônio da tireóide, a tiroxina. Fontes alimentares do manganês incluem nozes e cereais integrais. Sementes, feijão, ervilha e vegetais de folhas verdes também são boas fontes quando cultivados em solos que contêm manganês. Alimentos de origem animal tendem a ser pobres desse nutriente essencial.

Ervas para Alívio de Condições Coexistentes com a Ansiedade

Muitas ervas podem ajudar a aliviar os sintomas e tratar as causas de ansiedade e *stress*. Tenho usado ervas para aliviar a ansiedade e o *stress* em minha prática clínica há muitos anos, e numerosas pacientes consideraram-nas remédios eficazes. Emprego-as para ampliar a nutrição de uma dieta saudável. As ervas podem balancear e expandir a dieta ao mesmo tempo que otimizam a ingestão nutricional. Algumas ervas fornecem uma fonte adicional de nutrientes que podem relaxar a tensão e minorar a ansiedade. Outras possuem moderadas propriedades de estimulação imunológica e hormonal; apoiam os sistemas endócrino e imunológico com um mínimo de efeitos colaterais. Nesta seção, descrevo muitas ervas específicas que são úteis para aliviar a ansiedade e os sintomas relacionados com o *stress*.

Ervas para a Ansiedade

Ervas sedativas e relaxantes. Ervas como a raiz de valeriana, as folhas e raízes de maracujá (passiflorina), lúpulo, camomila e escutelária têm um efeito calmante significativo sobre o sistema nervoso central. Outras ervas calmantes incluem a folha de louro, o bálsamo, a gatária, o aipo, a alfazema, a cerejeira brava e a mil-folhas; todas elas promovem a calma e o bem-estar emocionais. Com seu moderado efeito sedativo, promovem um sono tranqüilo, um estado difícil de induzir quando a mulher está sofrendo de ansiedade excessiva e *stress*. Verificou-se que a flor-de-maracujá eleva os níveis do neurotransmissor serotonina. A serotonina é sintetizada do triptofânio, um aminoácido essencial que, conforme comprovado por numerosos estudos médicos, induz um sono repousante. A camomila, uma erva que faz um delicado e saboroso chá, é uma boa fonte de triptofânio. A raiz de valeriana tem sido extensamente usada na medicina herbanária tradicional como indutora do sono e é amplamente utilizada nos Estados Unidos e na Europa como um remédio suave que ajuda a combater a insônia. Infelizmente, a valeriana tem um sabor desagradável, que é mais tolerável quando ingerida na forma de cápsula.

Têm-me dado muita satisfação os benefícios que essas ervas trouxeram a pacientes minhas que sofriam de ansiedade e insônia relacionadas com a menopausa. Muitas mulheres com sintomas de moderados a graves de deficiência hormonal acordam de duas a três vezes numa noite. Se você sofre de insônia relacionada com a menopausa, pode precisar de um chá sedativo razoavelmente forte de lúpulo ou de camomila, usando dois ou três saquinhos de chá em vez de um. Comece com um chá mais fraco e aumente lentamente a dosagem até descobrir a que melhor funcione no seu caso.

Muitas mulheres com ansiedade sofrem também de desagradáveis sintomas físicos de músculos tensos em áreas vulneráveis do corpo (pescoço, ombros, mandíbulas e as regiões superior e inferior do dorso são áreas comuns para armazenar tensão). Muitas dessas ervas relaxantes ajudam a aliviar a tensão e o espasmo musculares que, com freqüência, acompanham o *stress*. Certas ervas, como a raiz de valeriana, a hortelã-pimenta e a camomila, também são eficazes para aliviar a indigestão e os gases intestinais relacionados com o *stress*.

Estimuladores da circulação sangüínea. Certas ervas, como o gengibre e o ginkgo biloba, melhoram a circulação para os músculos tensos, ajudando assim a aliviar uma resposta fisiológica comum à ansiedade. O gengibre causa uma dilatação dos vasos sangüíneos. A melhor circulação do sangue ajuda a acarretar nutrientes para os músculos tensos e contraídos e a remover refugos tais como o ácido láctico e o dióxido de carbono. O metabolismo muscular melhora, os sintomas de tensão diminuem. O gengibre também exerce um efeito antiespasmódico sobre a musculatura lisa do trato intestinal e pode ajudar a aliviar os sintomas digestivos de níveis excessivos de ansiedade e *stress*.

Além de tomar o gengibre em forma de tintura ou cápsula, pode-se bebê-lo também como um delicioso chá. Para fazer o chá de gengibre, compre uma raiz fresca de gengibre no supermercado. Raspe algumas colheres de chá da raiz em um litro de água. Ferva e deixe em infusão por trinta minutos. É um chá muito calmante, delicioso com uma pequena porção de mel.

O ginkgo biloba melhora a circulação sangüínea e a oxigenação dos músculos tensos. Tem efeito vasodilatador e diminui os processos metabólicos durante um período de reduzido suprimento sangüíneo. É um poderoso remédio herbáceo e pode ser eficazmente combinado com o gengibre.

Ervas para Fadiga Crônica e Depressão

Muitas mulheres com ansiedade sofrem também de depressão e fadiga. A ansiedade e os episódios de pânico podem ser exaustivos para o corpo, estressando os sistemas endócrino e imunológico, assim como outros sistemas não menos importantes. Muitas mulheres sentiram-se exaustas e vazias após episódios de ansiedade, porquanto esses episódios consomem a energia e os nutrientes disponíveis no organismo. Além disso, mulheres que padecem de TPM, menopausa, hipoglicemia e alergias alimentares, vivem numa "montanha-russa" de altos e baixos ao longo de um único dia.

Um certo número de ervas podem ajudar uma mulher que enfrenta a fadiga excessiva causada por episódios de ansiedade, TPM e hipoglicemia. Ervas como a casca de aveia, gengibre, ginkgo biloba, raiz de dente-de-leão e ginseng siberiano (eleutherococcus), podem ter um efeito estimulante, aumentando a energia e a vitalidade. Mulheres que usam essas ervas podem notar uma capacidade crescente para controlar o *stress*, bem como um progresso em suas aptidões físicas e mentais.

Alguns dos efeitos salutares podem ser devidos aos elevados níveis de nutrientes essenciais contidos nas ervas. Por exemplo, a raiz de dente-de-leão contém magnésio, potássio e vitamina E, enquanto que o ginkgo contém elevados níveis de bioflavonóides. Esses nutrientes essenciais ajudam a aliviar a fadiga, a depressão, a TPM e as ondas de calor, e aumentam a resistência a infecções. A casca de aveia tem sido usada para aliviar a fadiga e a fraqueza, sobretudo quando existe um componente emocional.

O ginseng siberiano e o gengibre têm sido importantes remédios tradicionais na China e em outros países há milhares de anos. Têm a reputação de aumentar a longevidade e diminuir a fadiga e a fraqueza. Na China moderna, no Japão e em outros países, existe considerável interesse nos efeitos farmacológicos dessas ervas tradicionais. Estudos científicos estão corroborando os efeitos medicinais dessas plantas. Essas ervas estimulam a imunidade e fortalecem o sistema cardiovascular. Os bioflavonóides contidos no ginkgo são antioxidantes muito poderosos e ajudam a combater a fadiga ao melhorar a circulação para o cérebro. Parece terem também uma forte afinidade com as glândulas supra-renais e tireóides, e podem estimular o funcionamento dessas glândulas essenciais.

Ervas para a Menopausa e a TPM

Muitas plantas podem ser úteis no tratamento da TPM e da menopausa porque contêm, de fato, pequenas quantidades dos hormônios femininos estrógeno e progesterona. Essas plantas, chamadas fitoestrógenos, incluem as seguintes:

Plantas que contêm bioflavonóides. Ocupamo-nos dos bioflavonóides na seção sobre vitaminas; em sua forma purificada, eles ajudam a aliviar os sintomas de desequilíbrio e deficiência de estrógeno, assim como o abundante fluxo menstrual. Entretanto, algumas mulheres podem querer usar as próprias fontes vegetais dos bioflavonóides como parte de seu programa nutricional. Essa abordagem tem alguns benefícios porque os extratos das plantas inteiras contêm, com freqüência, uma vasta gama de nutrientes úteis que apoiam os efeitos terapêuticos dos próprios bioflavonóides. Como foi mencionado antes, os bioflavonóides ocorrem numa grande variedade de frutas e flores. Excelentes fontes incluem as frutas cítricas, cerejas, uvas e pilritos. De acordo com pesquisas, também foram encontrados em variedades australianas do trevo vermelho. Todas essas plantas estão disponíveis em forma de cápsula ou tintura para as mulheres que queiram usá-las como suplementos herbáceos.

Numerosos estudos médicos de bioflavonóides cítricos demonstraram sua utilidade no tratamento de ondas de calor e insônia relacionados com a menopausa. Também são úteis no controle da ansiedade e oscilações de humor associados à menopausa porque têm fraca atividade estrogênica (1/50.000 da potência de uma dose farmacológica de estrógeno). As plantas que contêm bioflavonóides podem ser especialmente úteis para mulheres que não podem usar, ou preferem não usar, a terapia corrente de reposição de estrógeno. É esse o caso freqüente de mulheres com problemas preexistentes de saúde, como câncer de mama ou de útero, hipotensão ou coágulos sangüíneos. Além disso, mulheres que experimentaram efeitos colaterais do estrógeno, como inchação, hipersensibilidade dos seios ou mesmo um agravamento dos sintomas de ansiedade e irritabilidade, podem não desejar prosseguir com a prescrição de estrógeno. A potência muito baixa de bioflavonóides faz deles nutrientes ideais para a menopausa porque o risco de efeitos colaterais é mínimo.

Como os bioflavonóides também são antiestrogênicos, as ervas que contêm elevados níveis desse nutriente são úteis na estabilização do humor e redução da ansiedade em minhas pacientes com TPM. Os sintomas de mudanças de temperamento relacionados à TPM podem estar vinculados em algumas mulheres a um desequilíbrio de estrógeno-progesterona. A progesterona tem um efeito sedativo, ao passo que o estrógeno em excesso pode piorar os sintomas de ansiedade. Assim, o equilíbrio adequado entre os dois hormônios femininos é muito importante.

Outros Fitoestrógenos. Outras fontes vegetais de estrógeno e progesterona usadas na herbologia tradicional para os sintomas de menopausa incluem a *dong quai*, a erva-de-São-Cristóvão, o funcho, o anis, a salsaparrilha e o inhame bravo. As atividades hormonais dessas plantas foram observadas num certo número de pesquisas interessantes. As plantas também podem formar a base para a produção de hormônios em uso médico. Muitas plantas comuns, como os grãos de soja e os inhames contêm um núcleo esteróide pré-formado. O estrógeno e a progesterona podem ser sintetizados de plantas em relativamente poucas etapas e permitiram que a prescrição de hormônios sexuais femininos se tornasse comercialmente acessível em grande escala.

Ervas para Alergias Alimentares e Hipoglicemia

Muitas ervas podem ser usadas para ajudar no processo digestivo e na estabilização do nível de açúcar no sangue. Elas incluem as seguintes:

Ervas que Ajudam na Digestão. Muitas ervas reduzem os sintomas de intolerância alimentar, como inchação, cãibras abdominais, diarréia, prisão de ventre, fadiga, enxaqueca e humor instável, ao serem melhoradas as condições do processo digestivo. Elas fazem isso na medida em que ajudam na decomposição mais eficiente do alimento em seus constituintes básicos (aminoácidos, ácidos graxos, açúcares simples etc.) e na melhor absorção e assimilação de alimentos. As folhas da papaia contêm poderosas enzimas – papaína e quimopapaína – que ajudam a digerir a proteína. Essas enzimas facilitam a digestão alimentar em mulheres com problemas de saúde relacionados com o fígado ou o pâncreas. As enzimas na folha da papaia (ou no próprio fruto inteiro) fazem delas um importante ingrediente em dezenas de auxiliares digestivos comerciais. Embora a folha da papaia não tenha efeito direto sobre a hipoglicemia, ela ajuda indiretamente a estabilizar o nível de açúcar no sangue e a decompor alimentos que contêm proteínas e carboidratos complexos, tornando assim mais fácil o acesso aos seus nutrientes.

O gengibre também ajuda a melhorar a digestão e assimilação de alimentos transferidos do aparelho digestivo para a circulação geral. Isso ocorre graças à promoção de melhor circulação sangüínea no trato digestivo, ao relaxamento da musculatura lisa nos intestinos e à estimulação do metabolismo. O gengibre também reduz os sintomas de náusea. Tal como a folha de papaia, exerce um efeito indireto sobre a estabilização do nível de açúcar no sangue, na medida em que ajuda a aumentar a disponibilidade de nutrientes essenciais por meio de processos digestivos mais eficientes.

A hortelã-pimenta e a erva-doce também ajudam a acalmar uma indisposição de estômago, a normalizar a função intestinal, a eliminar a azia e o espasmo intestinal. A hortelã-pimenta tem ainda propriedades antiinflamatórias e antiinfecciosas que podem ajudar a promover uma absorção e assimilação intestinal mais saudável. A hortelã-pimenta (e outros membros da família das mentas), conforme foi apurado em numerosas pesquisas, tem poderosos efeitos antivírus, antibacterianos e antifungos. O alho é uma outra erva eficaz que ajuda a normalizar o processo digestivo ao inibir a ação de microrganismos patológicos como os fungos, vírus e bactérias, e a estimular o crescimento da flora benéfica. É especialmente útil na supressão do cândida intestinal. A proliferação de um fungo patogênico, o *candida albicans,* pode causar uma variedade de desagradáveis sintomas digestivos.

Estabilizadores do Açúcar no Sangue. Descobriu-se que numerosas ervas estabilizam o nível de açúcar no sangue, reduzindo ou eliminando assim as oscilações de humor e os sintomas de hipoglicemia.Entre essas ervas merece especial destaque o ginseng siberiano. Esta erva é um adaptogênio, que ajuda a proteger o corpo contra os efeitos do *stress* físico e mental. Tem um efeito normalizador sobre o nível de açúcar do sangue, elevando-o quando cai demais e reduzindo-o quando fica anormalmente alto. O ginseng siberiano também ajuda a reduzir a ansiedade e as oscilações de humor, graças à sua capacidade de melhorar a função supra-renal, protegendo assim o organismo dos efeitos perniciosos do *stress.* O uso do ginseng siberiano permite às pessoas suportarem um aumento da carga de trabalho, dos níveis de exercício e de ruído, entre outros fatores que causam o *stress.* Melhora também a vivacidade mental e os níveis de energia, e ajuda a diminuir a fadiga em mulheres com sintomas de ansiedade. Os efeitos do ginseng siberiano vão se acumulando com o tempo; portanto, você pode precisar usá-lo durante muitas semanas a meses antes de sentir sintomas de alívio.

A *gotu kola* ajuda a estabilizar o nível de açúcar no sangue ao melhorar a função supra-renal. Comporta-se de um modo semelhante ao ginseng siberiano, agindo como um poderoso nutriente antifadiga. As mulheres que estão sofrendo com excessivos níveis de ansiedade podem encontrar nas qualidades energéticas dessas ervas uma ajuda eficaz durante os períodos de profundo *stress.*

Plantas sedativas e relaxantes	Plantas fitoestrógenas e semelhantes à progesterona
Aipo	Actéia azul
Bálsamo	Actéia preta
Cauda-de-leão	Anis
Gatária	Cereja
Louro	*Dong quai*
Lúpulo	Frutos cítricos

Estimuladores da circulação sangüínea	Plantas digestivas
Gengibre	Alho
	Erva-doce
	Gengibre

Fadiga crônica e depressão	Estabilizadores de açúcar no sangue
Gengibre	Ginseng siberiano
Ginkgo biloba	Gotu kola
Raiz de dente-de-leão	

Ácidos Graxos Essenciais para Alívio da Ansiedade

Os ácidos graxos essenciais constituem uma parte extremamente importante do programa nutricional para qualquer mulher com sintomas de ansiedade e *stress*. Os ácidos graxos essenciais são as matérias-primas de que se fazem as benéficas substâncias químicas, semelhantes a hormônios, denominadas prostaglandinas. As prostaglandinas têm propriedades de relaxantes musculares e relaxantes dos vasos sangüíneos que podem reduzir, de forma significativa, as cãibras e as tensões musculares. Também possuem um efeito calmante e relaxante sobre as emoções. Por causa de seus efeitos benéficos, têm sido usadas no tratamento da TPM, ansiedade, distúrbios alimentares e menopausa.

O ácido linoléico (série Ômega-6) e o ácido linolênico (série Ômega-3), os dois ácidos graxos essenciais, são derivados de fontes alimentares específicas em nossa dieta, primordialmente nozes e sementes cruas, e certos peixes, incluindo o salmão, a cavala e a truta. Os ácidos linoléico e linolênico não são produzidos pelo organismo e devem ser fornecidos diariamente nas nossas dietas, por meio dos alimentos ou de suplementos. Mesmo que a dieta contenha importantes ácidos graxos, pode faltar em algumas mulheres a capacidade para convertê-los com eficiência nos relaxantes musculares prostaglandinas. Isso ocorre sobretudo no caso do ácido linoléico, o qual deve ser convertido primeiro em ácido gama-linoléico (GLA), antes de transformar-se em prostaglandina da série um.

A conversão de ácido linoléico em GLA, seguida das etapas químicas que culminam na criação das benéficas prostaglandinas, requer a presença de magnésio, vitamina B_6, zinco, vitamina C e niacina. Mulheres que têm deficiência nesses nutrientes não podem fazer com eficiência essas conversões químicas. Além disso, mulheres cujo regime alimentar é rico em colesterol, ingerem óleos processados como as maioneses, usam muito álcool ou são diabéticas podem ter dificuldade em realizar a conversão do ácido graxo em prostaglandina da série-um. Outros fatores que impedem a produção de prostaglandina incluem a tensão emocional, as alergias e o eczema. Em mulheres com esses fatores de risco, menos de 1% do ácido linoléico pode ser convertido em GLA. O resto dos ácidos graxos podem ser usados como fonte de energia, mas serão incapazes de desempenhar um papel que lhes permita aliviar a ansiedade e os sintomas de *stress*.

As melhores fontes de ácidos graxos essenciais são o óleo de semente de linhaça e o óleo de semente de abóbora, os quais contêm elevados níveis de ambos os ácidos graxos, o linoléico e o linolênico. Ambas as sementes e os óleos delas extraídos podem e devem ser usados absolutamente frescos e intactos. Como se mencionou antes, esses óleos ficam rançosos com muita facilidade quando expostos à luz e ao ar (oxigênio), precisam ser acondicionados em recipientes opacos especiais e guardados em geladeira.

O meu favorito é o óleo fresco de linhaça: dourado, rico e saboroso. Seu teor de ácidos linoléico e linolênico é extremamente elevado, compreendendo aproximadamente 80% do seu conteúdo total. O óleo de linhaça tem sabor magnífico e pode ser usado como substituto da manteiga em alimentos tais como purê de batata, pipoca, brócolis cozidos no vapor, couve-flor, cenouras e passado no pão. Como todos os outros óleos essenciais, o óleo de linhaça nunca deve ser aquecido ou usado para cozinhar, pois o calor afeta as propriedades químicas especiais desses óleos. Em vez disso, adiciona-se esses óleos para dar sabor aos alimentos que já foram cozidos. O óleo de semente de abóbora tem um tom verde carregado e sabor picante, e é provavelmente mais difícil de encontrar do que o óleo de linhaça. Sementes frescas de abóbora (pevides) são uma boa fonte para esse óleo. Geralmente disponível em lojas de produtos dietéticos, os óleos de linhaça e de sementes de abóbora também podem ser tomados em cápsulas.

O ácido linolênico (série Ômega-3) é abundante nos óleos de peixe. As melhores fontes são os peixes de águas frias e de alto teor de gordura como o salmão, o atum, a truta arco-íris, a cavala e a enguia. O ácido linoléico (série Ômega-6) é encontrado em muitas sementes e óleos de sementes. Boas fontes incluem o óleo de canola, o óleo de girassol, o óleo de milho, o óleo de sementes de gergelim e o óleo de germe de trigo. Muitas mulheres preferem adquirir as sementes frescas de gergelim, as sementes de girassol e o germe de trigo para obter os óleos.

O adulto saudável comum requer apenas quatro colheres de chá por dia de óleos essenciais. Entretanto, mulheres com ansiedade e sintomas de *stress* que podem ter uma real deficiência desses óleos necessitam de até duas ou três colheres de sopa diárias até que seus sintomas melhorem. Ocasionalmente, esses óleos podem causar diarréia; se isso ocorrer, usar apenas uma colher de chá por dia. As mulheres com acne e pele muito oleosa devem usá-los com cautela. Para resultados mais favoráveis, não deixar de usar esses óleos conjuntamente com a vitamina E.

Como Usar Vitaminas, Minerais e Suplementos de Ervas

Bons hábitos dietéticos são cruciais para aliviar a ansiedade e os sintomas relacionados com o *stress*, mas muitas mulheres devem usar também suplementos nutricionais a fim de obter altos níveis de certos nutrientes essenciais. Esta seção contém fórmulas que você pode usar para tratar a ansiedade relacionada com diferentes causas. Incluí vitaminas, fórmulas minerais e fórmulas com ervas, para que você disponha de uma ampla gama de suplementos entre os quais escolher. Recomendo que mulheres com ansiedade tomem suplementos cautelosamente. Comecem com um quarto da dose diária indicada nas fórmulas seguintes. Não passem para uma dose mais elevada a menos que estejam certas de que podem tolerar aquela que já estão usando. Recomendo que todos os suplementos sejam tomados com refeições ou, pelo menos, com um lanche rápido. É rara a ocorrência de uma reação digestiva aos suplementos, como náusea ou indigestão. Se isso acontecer com você, suspenda todos os suplementos e recomece a tomá-los um de cada vez, até descobrir o nutriente que lhe está causando problemas. Qualquer nutriente ao qual tenha uma reação adversa deve ser eliminado do seu programa. Se tiver quaisquer dúvidas específicas acerca da suplementação nutricional, não hesite em levá-las ao conhecimento do seu médico.

Sistema Nutricional para Ansiedade, Pânico, Dependências Alimentares e Ansiedade Coexistente com Depressão ou Prolapso da Válvula Mitral

Vitaminas e Minerais	*Dose Máxima Diária*
Beta Caroteno (provitamina A)	25.000 UI
Complexo da vitamina B	
B_1 (tiamina)	50-100 mg
B_2 (riboflavina)	50-100 mg
B_3 (niacinamida)	50-100 mg
B_5 (ácido pantotênico)	50-200 mg
B_6 (piridoxina)	50-200 mg
B_{12} (cianocobalamina)	100 mcg
Ácido fólico	400 mcg
Biotina	400 mcg
Colina	250-500 mg
Inositol	250-500 mg
PABA (ácido para-aminobenzóico)	50-100 mg
Vitamina C	2000-5000 mg
Vitamina D	400 UI
Vitamina E (acetato de d-alfa-tocoferol	400-800 UI
Aspartato de cálcio	500-1000 mg
Aspartato de magnésio	250-500 mg
Aspartato de potássio	100-200 mg
Ferro	18 mg
Cromo	150 mcg
Manganês	20 mg
Selênio	50 mcg
Zinco	15 mg
Cobre	2 mg
Iodo	150 mcg

Dosagem: Tomar a partir de um quarto até a quantidade total dos nutrientes acima indicados diariamente. Iniciar esta fórmula com a mais baixa dose de cada nutriente e aumentar a dose lenta e gradualmente para o máximo recomendado, dependendo de como estiver se sentindo.

Sistema Nutricional Baseado em Ervas para Ansiedade, Pânico, Dependência Alimentar e Ansiedade Coexistente com Depressão ou Prolapso da Válvula Mitral

(Nota: A fórmula contém também vitaminas e minerais em pequenas quantidades).

Nutriente	*Potência*
Complexo da vitamina B	
B_1 (tiamina)	1.5 mg
B_2 (riboflavina)	1.7 mg
B_3 (niacinamida)	20 mg
B_5 (ácido pantotênico)	50 mg
B_6 (piridoxina)	5 mg
B_{12} (cianocobalamina)	10 mcg
Ácido fólico	400 mcg
Biotina	300 mcg
Colina	50 mg
Inositol	150 mg
PABA (ácido para-aminobenzóico)	5 mg
Cálcio	150 mg
Magnésio	75 mg
Flor de Maracujá	50 mg
Raiz de valeriana	50 mg
Camomila	50 mg
Gatária	30 mg
Escutelária	25 mg
Aipo	25 mg

Dosagem: Tomar de metade à quantidade total dos nutrientes acima antes de ir para a cama à noite ou conforme necessitar (não exceder o dobro da dose total num período de quatro a seis horas) durante tempos de stress.

Suplementação Nutricional Ótima para a Ansiedade Relacionada com TPM, Hipoglicemia e Hipertireoidismo

Vitaminas e Minerais	*Dose Máxima Diária*
Beta Caroteno (provitamina A)	15.000 UI
Complexo da vitamina B	
B_1 (tiamina)	50 mg
B_2 (riboflavina)	50 mg
B_3 (niacinamida)	50 mg
B_5 (ácido pantotênico)	50 mg
B_6 (piridoxina)	300 mcg
B_{12} (cianocobalamina)	50 mcg
Ácido fólico	200 mcg
Biotina	30 mcg
Bitartrato de colina	500 mg
Inositol	500 mg
PABA (ácido para-aminobenzóico)	50 mg
Vitamina C	1000 mg
Vitamina D	100 UI
Vitamina E	600 UI
Cálcio	150 mg
Magnésio	300 mg
Iodo	150 mcg
Ferro	15 mg
Cobre	0,5 mg
Zinco	25 mg
Manganês	10 mg
Potássio	100 mg
Selênio	25 mcg
Cromo	100 mcg

Dosagem: Tomar a partir de um quarto até a quantidade total dos nutrientes acima diariamente. Iniciar esta fórmula com a mais baixa dose de cada nutriente e aumentar a dose lenta e gradualmente para o máximo recomendado, dependendo de como estiver se sentindo.

Ervas (em cápsulas)	*Dose Máxima Diária*
Bardana	210 mg
Salsaparrilha	210 mg
Gengibre	70 mg

Dosagem: Uma ou duas cápsulas por dia.

Suplementação Nutricional Ótima para a Ansiedade Relacionada com a Menopausa

Vitaminas e Minerais	*Dose Máxima Diária*
Beta Caroteno	5000 UI
Vitamina A	5000 UI
Vitamina D	400 UI
Vitamina E (acetato de d-alfa tocoferol)	800 UI
Vitamina C	1000 mg
Bioflavonóides	800 mg
Rutina	200 mg
Vitamina B_1	50 mg
Vitamina B_2	50 mg
Vitamina B_3 (Niacina – como niacinamida)	50 mg
Vitamina B_5 (Ácido pantotênico)	50 mg
Vitamina B_6	30 mg
Vitamina B_{12}	50 mcg
Ácido fólico	400 mcg
Biotina	200 mcg
Colina	50 mg
Inositol	50 mg
PABA (ácido para-aminobenzóico)	50 mg
Cálcio (citrato de cálcio)	1200 mg
Magnésio	320 mg
Iodina	150 mcg
Ferro (fumarato ferroso)	27 mg
Cobre	2 mg
Zinco	15 mg
Manganês	10 mg
Potássio (aspartato de potássio)	100 mg
Selênio	25 mcg
Cromo	100 mcg
Bromelina	100 mg
Papaína	65 mg
Boro	3 mg

Dosagem: Mulheres com sintomas de leves a moderados de menopausa podem usar a fórmula com meia potência. Mulheres com sintomas mais graves devem usá-la com potência total.

Ervas (em cápsulas)	*Dose Máxima Diária*
Erva-doce	100 mg
Anis	100 mg
Cardo-Santo	100 mg
(*Chamaelirium Luteum*)	100 mg
Actéia azul	100 mg

Dosagem: Uma ou duas cápsulas por dia

Fontes Alimentares de Vitamina A

Vegetais
Abóbora
Batata-doce
Cebolinha
Cenoura
Couve-manteiga
Couve-portuguesa
Dente-de-leão (folhas)
Espinafre
Folhas de nabo
Salsa
Suco de cenoura

Frutas
Abacate
Caqui
Damasco
Mamão papaia
Manga
Melão cantalupo
Pêssego

Carne, Aves, Frutos do Mar
Caranguejo
Cavala
Fígado – de todos os tipos
Linguado gigante
Peixe-espada
Salmão

Fontes Alimentares do Complexo da Vitamina B

Verduras e Legumes
Alcachofra
Alface-romana
Alfafa
Alho-poró
Aspargos
Beterraba
Brócolis
Cebola
Couve-de-bruxelas
Couve-flor
Couve-manteiga
Ervilha
Feijão-de-lima

Carne, Aves e Frutos do Mar
Gema de ovo*
Fígado*

Cereais
Arroz integral
Cevada
Farelo
Farelo de arroz
Germe de trigo
Milho
Painço
Trigo

Verduras e Legumes
Feijão-de-soja
Feijão-fradinho
Grão-de-bico
Lentilhas
Milho
Repolho
Vagem

Adoçantes
Melaço de cana

**Os ovos e a carne devem ser de animais alimentados com ração orgânica, livre de pesticidas*

Fontes Alimentares de Vitamina B_6

Cereais
Arroz integral
Arroz polido
Farelo de arroz
Farinha de centeio
Farinha de trigo-sarraceno
Farinha de trigo integral
Germe de trigo

Vegetais
Alho-poró
Aspargos
Batata-doce
Beterraba (folhas)
Brócolis
Couve-de-bruxelas
Couve-flor
Ervilha

Carne, Aves, Frutos do Mar
Atum
Camarão
Galinha
Salmão

Nozes e sementes
Sementes de girassol

Fontes Alimentares de Vitamina C

Frutas
Abacaxi
Amora-preta
Baga de sabugueira
Framboesa
Goiaba
Grapefruit
Groselheira-negra
Kiwi
Laranja
Manga
Melão cantalupo
Morango
Suco de *grapefruit*

Vegetais
Aspargos
Batata
Batata-doce
Brócolis
Caupi Repolho
Cebola verde
Couve-de-bruxelas
Couve-flor
Couve-manteiga
Couve-portuguesa
Ervilha verde
Folha-rábano
Nabo

Carne, Aves, Frutos do Mar
Codorna
Faisão
Fígado – todos os tipos
Salmão

Frutas
Suco de laranja
Tangerina

Vegetais
Pimentão
Rutabaga
Salsa
Tomate

Fontes Alimentares de Vitamina E

Vegetais
Aspargos
Couve-manteiga
Ervilha verde
Pepino

Carne, Aves, Frutos do Mar
Arenque
Cavala
Cordeiro
Fígado – de todos os tipos
Hadoque

Óleos
Óleo de amendoim
Óleo de gergelim
Óleo de germe de trigo
Óleo de girassol
Óleo de milho
Óleo de soja

Nozes e sementes
Amêndoas
Amendoim
Avelã
Castanha do Pará

Frutas
Manga

Cereais
Arroz integral
Painço

Fontes Alimentares de Ácidos Graxos Essenciais

Óleo de canola
Óleo de castanha
Óleo de gergelim
Óleo de germe de trigo
Óleo de girassol
Óleo de linhaça
Óleo de milho
Óleo de semente de abóbora
Óleo da semente de uva
Óleo de soja

Fontes Alimentares de Cálcio

Verduras e Legumes
Agrião
Alcachofra
Alho-Poró
Folha de beterraba
Berinjela

Carne, Aves e Frutos do Mar
Arenque
Camarão
Caranguejo
Carne de vaca

Frutas e Sucos
Ameixa seca
Amora
Amora-preta
Groselheira-negra

Verduras e Legumes
Brócolis
Caupi
Cebola verde
Couve-de-bruxelas
Couve-manteiga
Couve-portuguesa
Espinafre
Feijão comum
Feijão de soja
Feijão-fradinho
Feijão preto
Grão-de-bico
Lentilhas
Nabo
Pastinaca
Repolho
Ruibarbo
Rutabaga
Salsa
Vagem

Carne, Aves, Frutos do Mar
Carne de veado
Carpa
Cordeiro
Enchova
Hadoque
Haliote
Lagosta
Ostras
Perca
Salmão

Frutas e Sucos
Laranja
Suco de abacaxi
Suco de tangerina
Uva passa

Cereais
Arroz integral
Farelo
Trigo-búlgaro
Painço

Fontes Alimentares de Magnésio

Verduras e Legumes
Abóbora
Alcachofra
Alho-poró
Batata
Brotos de feijão de soja
Caupi
Ervilha verde
Espinafre
Feijão-de-lima
Inhame
Milho
Pastinaca
Quiabo
Suco de cenoura

Nozes e Sementes
Amêndoas
Amendoim
Avelã
Castanha-do-Pará
Nozes
Pistache
Sementes de abóbora
Sementes de gergelim

Frutas e Sucos
Abacate
Ameixa seca
Banana
Papaia
Suco de abacaxi
Suco de *grapefruit*
Uva passa

Carne, Aves, Frutos do Mar
Arenque
Bacalhau
Camarão
Caranguejo
Carne de vaca
Carpa
Cavala
Cioba
Cordeiro
Galinha
Hadoque
Mexilhão
Ostras
Pato
Peru
Salmão

Cereais
Arroz-do-campo
Arroz integral
Painço

Fontes Alimentares de Zinco

Cereais
Arroz integral
Cevada
Farelo de arroz
Farelo de trigo
Farinha de trigo integral
Farinha de aveia
Fubá
Germe de trigo
Grão de trigo
Milho
Painço
Pão de centeio
Pão de trigo integral
Trigo-sarraceno

Verduras e Legumes
Alface
Caupi
Cebola
Cenoura
Ervilha verde
Farinha de soja
Fécula de soja
Feijão-de-lima
Grão-de-bico
Lentilhas
Proteína de soja
Repolho

Frutas
Maçã
Pêssego

Carne, Aves, Frutos do Mar
Galinha
Ostras

CAPÍTULO 6

Técnicas de Relaxamento para Aliviar a Ansiedade e o Stress

Mulheres com níveis acentuados de ansiedade e tensão nervosa precisam, com freqüência, desenvolver métodos mais eficazes de enfrentar o *stress* do dia-a-dia – as pequenas pressões cotidianas que mulheres com equilíbrio emocional saudável superam facilmente mas que podem ter um efeito arrasador para aquelas cujas reações ansiosas são prontamente deflagradas. As causas desse *stress* podem incluir o uso de elevador, uma aglomeração de gente, ir ao dentista, ou qualquer situação, lugar ou pessoa que deflagre a carga emocional de uma mulher. Com freqüência, essas ocasiões suscitam ansiedade, medo ou sentimentos perturbadores. Além disso, mudanças significativas no estilo ou modo de vida – morte de um ente querido, divórcio, perda do emprego, problemas financeiros, mudanças importantes nas relações pessoais – podem ser quase impossíveis de enfrentar quando uma mulher já se sente ansiosa e tensa. Ser incapaz de lidar eficazmente com o *stress* pode prejudicar também a auto-estima e a autoconfiança de uma mulher. Uma mulher com episódios de ansiedade e *stress* pode nutrir um sentimento de declínio em seu valor pessoal quando diminui a sua capacidade para tratar dos assuntos que constituem a sua gama habitual de atividades. As próprias situações de *stress* na vida não mudam necessariamente, pelo que o modo como uma mulher as enfrenta é que pode realmente fazer toda a diferença.

Como o *Stress* Afeta o Corpo

Suas reações emocionais e físicas ao *stress* são determinadas, em parte, pela sensibilidade do seu sistema nervoso simpático. Esse sistema produz a reação de luta-ou-fuga em resposta ao *stress* e à excitação, acelerando e aumentando os batimentos cardíacos, a respiração, a tensão muscular, o funcionamento glandular e a circulação do sangue. Se você tem freqüentes sintomas de ansiedade, alterações de grande ou pouca monta no seu estilo vida e no seu estado emocional podem ocasionar uma hiper-reação do sistema simpático. Se você tem uma vida particularmente estressante, o seu sistema nervoso simpático pode estar sempre de prontidão para reagir ao menor sinal de crise, colocando a pessoa num estado de tensão constante. Desse modo, você tende a reagir a pequenos motivos de tensão da mesma forma que reagiria a verdadeiras emergências. A energia que se acumula no organismo para enfrentar essa "emergência" deve ser descarregada a fim de devolver ao corpo o seu equilíbrio. Episódios repetidos de reação de luta-ou-fuga esgotam suas reservas de energia e, se continuarem, causam uma espiral descendente que pode culminar em esgotamento emocional e, finalmente, em completa exaustão física e mental. Você só pode romper essa espiral se aprender a administrar o *stress* de um modo que proteja e até fortaleça o seu nível de energia.

Técnicas de Relaxamento

Muitas pacientes me consultam a respeito de técnicas para enfrentar o *stress* com mais eficácia. Embora eu encaminhe algumas mulheres para aconselhamento ou psicoterapia quando os sintomas são sérios, a maioria está procurando maneiras práticas de lidar com o *stress* por conta própria. Elas querem assumir a responsabilidade pela resolução de seus próprios problemas – observando seus métodos inadequados de lidar com o *stress*, aprendendo novas técnicas para melhorar seus hábitos e, depois, praticando essas técnicas regularmente.

Incluí exercícios de relaxamento e redução do *stress* em muitos dos programas de minhas pacientes. O *feedback* foi muito positivo; as minhas pacientes relatam uma sensação maior de bem-estar em resultado dessas técnicas de auto-ajuda. Elas assinalaram também melhoras em sua saúde física. Este capítulo inclui catorze exercícios de redução do *stress* para mulheres com ansiedade. Eles irão conduzi-las por etapas específicas para ajudar a aliviar seus sintomas. Os exercícios vão ensinar as seguintes e úteis técnicas: concentração e meditação, técnicas para aquisição de uma base sólida (como sentir-se mais concentrada), exercícios que ajudam a relaxar e a aliviar a tensão muscular, técnicas de apagar (como eliminar antigos programas), curar a criança interior, visualizações e afirmações. Essas técnicas ajudarão você a enfrentar o *stress* com mais eficiência, a fazer com que seus pensamentos sejam mais serenos e apaziguadores, e a aprender como relaxar, enquanto edifica a sua auto-estima e autoconfiança. Experimente todas elas; depois decida quais as que produzem os maiores benefícios. Pratique-as com regularidade.

Como Acalmar a Mente e o Corpo

As mulheres com sintomas repetidos de ansiedade e tensão nervosa são usualmente represadas por um contínuo caudal de cogitações negativas. Ao longo do dia, sua mente consciente pode ser inundada por pensamentos, sentimentos e fantasias que geram sentimentos conturbados. Muitos desses sentimentos repetem questões por resolver de saúde, finanças ou relações pessoais e de trabalho. Essa implacável repetição mental de questões não-resolvidas pode reforçar os sintomas de ansiedade e ser extenuante. É importante saber como deter o constante diálogo interior e aquietar a mente.

Os primeiros dois exercícios requerem que você se sente calmamente e se entregue a uma simples atividade repetitiva. Ao esvaziar sua mente, você concede-se um repouso. A meditação permite que você crie um estado de profundo relaxamento que é muito salutar para todo o corpo. O metabolismo diminui; o mesmo ocorre com funções fisiológicas tais como os batimentos cardíacos e a pressão sangüínea. A tensão muscular diminui. Os padrões de ondas cerebrais mudam das rápidas ondas beta que ocorrem durante um dia de atividade normal, para as mais lentas ondas alfa, as quais aparecem instantes antes de se adormecer ou em períodos de profundo relaxamento. Se você praticar esses exercícios com regularidade, eles podem ajudar a aliviar a ansiedade na medida em que promovem o repouso de sua mente e apagam pensamentos perturbadores.

Exercício 1: Concentração

Escolha um pequeno objeto pessoal de que goste muito. Pode ser um broche com uma pedra preciosa ou uma simples flor do seu jardim. Concentre toda a sua atenção nesse objeto enquanto inspira e expira lenta e profundamente por um ou dois minutos. Enquanto está realizando este exercício, tente não deixar que quaisquer outros pensamentos ou sentimentos se infiltrem em sua mente. Se isso ocorrer, volte de novo a sua atenção para o objeto. No final deste exercício, você se sentirá mais calma e tranqüila. Qualquer tensão ou nervosismo que estivesse sentindo ao iniciar o exercício deve ter diminuído.

Exercício 2: Meditação

- Sente-se ou deite-se numa posição confortável.
- Feche os olhos e respire fundo. Mantenha uma respiração lenta e descontraída.
- Concentre toda a atenção na sua respiração. Note o movimento de seu peito e abdome ao inspirar e expirar.
- Bloqueie todos os seus outros pensamentos, sentimentos e sensações. Se sentir que sua atenção está vagueando, leve-a de volta para a sua respiração.
- Enquanto inspira, diga a palavra "paz" para si mesma, e enquanto expira diga a palavra "calma". Arraste a pronunciação da palavra de modo que dure todo o tempo da respiração. A palavra "paz" soa como p-a-a-a-a-a-a-z-z-z. A palavra "calma" soa como c-a-a-a-l-m-a-a-a-a. Repetir estas palavras enquanto respira vão ajudá-la a se concentrar.
- Continue este exercício até sentir-se bem relaxada.

Técnicas para a Aquisição de uma Base

Muitas mulheres que sofrem de episódios de ansiedade sentem-se com freqüência sem apoio e desorientadas. Há uma sensação dominante de que "as coisas estão se desintegrando". Quando ocorrem episódios de ansiedade, muitas vezes, é preciso fazer um esforço concentrado para enfrentar o dia e realizar tarefas cotidianas tão básicas quanto cozinhar, arrumar a casa, cuidar dos filhos ou ir para o trabalho ou para a escola. Os dois exercícios seguintes ensinam técnicas para adquirir uma base que a ajudarão a sentir-se mais firme e concentrada. Praticar cada um desses exercícios permite-lhe organizar suas energias e prosseguir mais eficientemente com sua rotina diária.

Exercício 3: Meditação da Árvore

- Sente-se numa posição confortável, os braços repousando ao longo do corpo.
- Feche os olhos e respire fundo. Deixe sua respiração ser lenta e descontraída.
- Veja o seu corpo como um forte carvalho. Seu corpo é sólido como o tronco volumoso e escuro da árvore. Imagine robustas raízes crescendo de suas pernas e penetrando profundamente na terra, ancorando o seu corpo. Você se sente firme, forte e apta a enfrentar qualquer pressão.
- Quando ocorrerem pensamentos ou situações perturbadores, visualize o seu corpo permanecendo solidamente enraizado como o carvalho. Sinta o vigor e a estabilidade em seus braços e pernas.
- Você se sente confiante, descontraída, apta a enfrentar qualquer situação.

Exercício 4: Meditação da Corda

- Sente-se numa posição confortável, os braços repousando comodamente ao longo do corpo.
- Feche os olhos e respire fundo. Deixe a respiração ser lenta e descontraída.
- Imagine um cordão grosso e resistente preso na base da sua coluna vertebral. Esse cordão é a sua âncora. Pode ser um pedaço de corda, um tronco de árvore ou qualquer outro material que lhe dê a sensação de solidez e estabilidade. Assegure-se de que o seu cordão é suficientemente grosso e firme. Depois, imagine um forte gancho metálico preso à ponta do cordão.
- Visualize agora o seu cordão-âncora mergulhando duzentos pés sob a terra e enganchando-se no sólido leito rochoso do fundo da terra.
- Continue a respirar profundamente e note a sensação de paz e estabilidade que o seu cordão-âncora pode proporcionar-lhe.
- Substitua o cordão por um novo todos os dias ou sempre que sentir que suas emoções estão escapando ao controle.

Alivie a Tensão Muscular

Os três exercícios seguintes vão ajudá-la a entrar em contato com as suas áreas de tensão muscular e, depois, a aprender a livrar-se dessa tensão. Essa é uma seqüência importante para mulheres com sintomas emocionais de ansiedade e tensão nervosa, uma vez que os padrões emocionais habituais fazem com que certos grupos musculares fiquem tensos e retesados. Por exemplo, se uma pessoa tem dificuldade em expressar seus sentimentos, os músculos do pescoço podem estar cronicamente tensos. Uma pessoa com muita raiva reprimida pode sentir dores no peito e os músculos torácicos retesados. Os músculos contraídos limitam o movimento e o fluxo de energia no corpo, porquanto tendem a receber uma circulação sangüínea e uma oxigenação muito menores e para acumular um excesso de produtos de refugo, como o dióxido de carbono e ácido láctico. Portanto, a tensão muscular pode ser uma causa significativa da fadiga que acompanha freqüentemente o *stress* crônico. Os exercícios seguintes ajudam a liberar a tensão e as emoções bloqueadas que estão retidas nos músculos tensos.

Exercício 5: Descubra a Tensão Muscular

- Deite-se de costas numa posição confortável. Deixe que seus braços repousem estendidos junto ao corpo, as palmas das mãos voltadas para baixo,
- Erga a mão e o braço direitos e mantenha-os erguidos por quinze segundos.
- Note se sente o seu antebraço retesado e tenso ou se os músculos estão moles e flexíveis.
- Deixe a mão e o braço caírem e relaxe. Os músculos do braço também relaxarão.
- Enquanto permanece deitada e imóvel, note quaisquer outras partes do seu corpo que ache tensas, músculos que sinta retesados e doloridos. É possível que note uma constante e imprecisa dolência em certos músculos.

Exercício 6: Relaxamento Muscular Progressivo

- Deite-se de costas numa posição confortável. Deixe que seus braços repousem estendidos junto ao corpo, as palmas das mãos voltadas para baixo.
- Inspire e expire lenta e profundamente.
- Cerre os punhos e conserve-os apertados por quinze segundos. Enquanto faz isso, relaxe o resto do corpo. Visualize seus punhos contraindo-se, ficando cada vez mais apertados.
- Depois, deixe as mãos descontraírem-se. Ao relaxar, veja uma luz dourada que flui para dentro de todo o seu corpo, tornando seus músculos macios e flexíveis.

- Agora, retese e relaxe as seguintes partes do seu corpo nesta ordem: rosto, ombros, dorso, estômago, pelve, pernas, pés e dedos dos pés. Mantenha cada parte retesada por quinze segundos e depois relaxe o corpo por trinta segundos antes de passar à parte seguinte.
- Termine o exercício com um aperto de mãos e imaginando que a tensão restante está escoando-se pelas pontas de seus dedos.

Exercício 7: Alívio da Tensão Muscular e da Ansiedade

- Deite-se numa posição confortável. Deixe que seus braços repousem estendidos junto ao corpo, as palmas das mãos voltadas para baixo. Inspire e expire lenta e profundamente com os olhos fechados.
- Tome consciência de seus pés, tornozelos e pernas. Observe se essas partes do seu corpo têm alguma tensão ou retesamento muscular. Se for esse o caso, como você sente a parte tensa do seu corpo? Está como que apertada num torno, amarrada, fria, insensível? Nota quaisquer sentimentos fortes, como de aflição, mágoa ou ira, nessa parte do seu corpo? Sopre sobre essa parte do seu corpo até senti-la relaxada. Descarregue quaisquer sentimentos ansiosos com sua respiração cadenciada sobre essa região e mantenha esse sopro até que eles comecem a diminuir de intensidade e se dissipem.
- A seguir, desloque a sua tomada de consciência para os quadris, pelve e região lombar. Note qualquer tensão aí existente. Observe quaisquer sentimentos aflitivos localizados nessa parte do seu corpo. Sopre em seus quadris e pelve até senti-los relaxados. Libere quaisquer emoções negativas enquanto estiver soprando.
- Concentre-se em seu abdome e tórax. Atente para quaisquer sentimentos aflitivos localizados nessa área e faça com que eles se dissipem enquanto você estiver soprando em movimentos respiratórios cadenciados e profundos. Continue descarregando quaisquer sentimentos perturbadores localizados no abdome ou no peito.
- Finalmente, concentre-se em sua cabeça, pescoço, braços e mãos. Atente para qualquer tensão nessa área e descarregue-a. Com a sua respiração, solte quaisquer sentimentos negativos bloqueados nessa área até não sentir mais nenhum deles.
- Quando tiver acabado de descarregar a tensão de todo o seu corpo, continue respirando fundo e relaxando por mais um minuto ou dois. No final deste exercício, você deve sentir-se mais leve e cheia de energia.

Como Reduzir o Stress e a Tensão

Com freqüência, as situações e crenças que nos fazem sentir ansiosas e tensas parecem imensas e insuperáveis. Somos propensas a formar representações em nossa mente que dão força e poder ao *stress*. Nessas representações, parecemos minúsculas e desamparadas, enquanto os motivos causadores do *stress* parecem ser gigantescos e insolúveis. Você pode mudar essas representações mentais e reduzir os motivos de *stress* às suas verdadeiras dimensões. Os dois exercícios seguintes vão ajudá-la a dominar o *stress*, aprendendo a reduzi-lo ou mesmo a apagá-lo de sua mente. Isso coloca o *stress* numa perspectiva muito mais acessível e realista. Esses dois exercícios ajudarão também a criar um sentimento de poder e domínio, reduzindo assim a ansiedade e restabelecendo uma sensação de calma.

Exercício 8: Como Diminuir o Stress

- Sente-se ou deite-se numa posição confortável. Respire lenta e profundamente.
- Visualize uma situação, pessoa ou mesmo uma crença (como, por exemplo, "Tenho medo do escuro" ou "Não quero falar em público") que a faz com que você se sinta ansiosa e tensa.
- Ao fazer isso, é possível que veja o rosto de uma pessoa, ou um lugar que lhe causa medo, ou simplesmente uma nuvem escura. Onde é que você vê essa imagem que causa o *stress*? Está acima de você, ao seu lado ou à sua frente? Que aspecto tem? É grande ou pequena, escura ou clara? Tem certas cores?
- Comece agora a encolher lentamente a imagem que causa o *stress*. Continue vendo como ela se contrai até ficar tão pequena que pode literalmente caber na palma da sua mão. Ponha a mão bem na sua frente e coloque a imagem na palma da mão.
- Se o elemento causador do *stress* tem um som característico (como uma voz ou o ruído do trânsito), ouça-o cada vez mais fraco. À medida que continua encolhendo, a voz ou o som torna-se quase inaudível.
- Agora, a imagem estressante é tão pequena que cabe sobre o seu dedo indicador. Observe como ela continua encolhendo aí, até converter-se num ponto minúsculo e desaparecer.
- É comum este exercício causar divertimento, a par da descontração, à medida que o temido agente causador do *stress* é reduzido, tornando-se cada vez menos assustador e, finalmente, desaparecendo.

Exercício 9: Como Apagar o Stress

- Sente-se ou deite-se numa posição confortável. Respire lenta e profundamente.
- Visualize uma situação, pessoa ou mesmo uma crença (como, por exemplo, "Tenho medo de ir ao *shopping center*" ou "Tenho pavor de me misturar com outras pessoas em festas") que faz com que você se sinta ansiosa e amedrontada.
- Ao fazer isso, poderá ver uma pessoa específica, um lugar real ou simplesmente formas e cores. Onde é que você vê essa imagem que causa o *stress*? Está abaixo de você, ao seu lado, à sua frente? Que aspecto tem? É grande ou pequena, escura ou clara, ou tem uma cor específica?
- Imagine que um apagador grande, do tipo usado para apagar marcas de giz, acaba de vir pelos ares e cai na sua mão. Sinta e veja realmente o apagador na sua mão. Agarre-o e comece a passá-lo sobre a área onde está localizada a imagem que causa o *stress*. À medida que o apagador vai esfregando a imagem, esta encolhe, desvanece-se e, finalmente, desaparece. Quando você deixar de ver a imagem estressante, continue simplesmente concentrado em sua respiração por mais um minuto, inspirando e expirando lenta e profundamente.

A Cura da Criança Interior

Muitas das nossas ansiedades e medos promanam mais da nossa criança interior do que da nossa vida adulta. É difícil, por vezes, perceber que as perturbações emocionais que sentimos são, na realidade, sentimentos remanescentes dos temores, traumas e experiências da nossa própria infância. Quando não tratados, esses sentimentos persistem em nós na idade adulta, causando sofrimento emocional a respeito de questões que pessoas "crescidas" e competentes acham ser capazes de enfrentar e resolver. Por exemplo, o medo do escuro, o medo de ser detestável e o medo da rejeição originam-se, com freqüência, em antigas experiências disfuncionais ou infelizes com os nossos pais e irmãos. Embora muitas dessas questões emocionais profundas e não-resolvidas possam requerer aconselhamento, sobretudo se estiverem causando episódios de ansiedade, há muito que podemos fazer por nós mesmas para curar feridas da infância. O exercício seguinte ajuda a mulher a entrar em contato com a sua própria criança interior e facilita o processo de cura.

Exercício 10: A Cura da Criança Interior

- Sente-se ou deite-se numa posição confortável. Respire lenta e profundamente.
- Comece a entrar em contato com o lugar onde reside a sua criança interior. Ela está localizada no seu abdome, no seu peito ou está do seu lado? (Essa

pode ser realmente a parte do seu corpo onde você sente o medo maior e a ansiedade, como o peito ou a pelve.) Que idade ela tem? Pode ver que roupas ela está usando? Quais são as emoções dela? Está perturbada, ansiosa, triste ou zangada? É retraída e discreta?

- Comece a ver seus sentimentos perturbados fluindo do corpo dela para um recipiente no chão. Observe como esses sentimentos vão se escoando de todas as partes do corpo dela, até ficar vazio e o recipiente cheio. Feche então o recipiente e preste atenção para o modo como ele encolhe lentamente e se dissolve até desaparecer por completo, carregando com ele todos os sentimentos conturbados.
- Comece agora a encher a sua criança interior com uma luz dourada, purificadora e pacífica. Veja como ela se torna mansa e doce enquanto a luz penetra e enche cada célula no seu corpo. Veja seu corpo descontrair-se. Dê-lhe um bicho de pelúcia ou uma boneca ou mesmo aconchegue-a em seus braços.
- Tendo deixado sua criança interior apaziguada, transfira o seu foco de atenção para a sua respiração. Passe um minuto inspirando e expirando profunda e lentamente. Se você gosta de trabalhar com a sua criança interior, volte a visitá-la com freqüência!

Visualização

Os dois exercícios seguintes usam a visualização como método terapêutico para agir sobre os processos físicos e mentais do corpo; ambos se concentram na cor. A cromoterapia, tal como se aplica à saúde humana, tem uma longa e notável história. Em numerosos estudos, cientistas expuseram sujeitos a cores específicas, ou diretamente pela exposição à terapia da luz, ou por meio da mudança de cor do seu meio ambiente. Pesquisas científicas em vários países do mundo provaram que a cromoterapia pode ter um efeito profundo sobre a saúde e o bem-estar. Pode estimular as glândulas endócrinas, o sistema imunológico e o sistema nervoso, e ajudar no equilíbrio emocional. A visualização da cor numa parte específica do corpo pode ter também um poderoso efeito terapêutico e constituir uma boa técnica de administração do *stress* para aliviar a ansiedade e a tensão nervosa.

O primeiro exercício usa a cor azul, a qual fornece um efeito calmante e relaxante. Para mulheres com ansiedade que estão submetidas a uma grande quantidade de tensão física e emocional, o azul reduz a resposta de luta-ou-fuga. Acalma também as funções fisiológicas tais como a pulsação, a respiração e a transpiração, e relaxa a disposição de ânimo. Se a mulher sente fadiga crônica e está tensa, ansiosa ou irritável, ou carrega consigo grande tensão muscular, o primeiro exercício será muito proveitoso.

O segundo exercício usa a cor vermelha, a qual pode beneficiar mulheres que têm fadiga causada por ansiedade e apreensão crônicas. O vermelho estimula todas as glândulas endócrinas, incluindo a pituitária e as supra-renais. Apura os sentidos do olfato e do paladar. No plano emocional, o vermelho está ligado à vitalidade e aos estados que envolvem elevada energia. Embora a cor vermelha possa acelerar a função do sistema nervoso autônomo, as mulheres com fadiga relacionada com a ansiedade podem colher benefícios da visualização dessa cor. Eu faço freqüentemente a visualização do vermelho quando estou cansada e necessito de estímulo para recarregar as forças. Você pode achar que a cor num exercício a atrai mais do que num outro. Use o exercício com a cor que mais a atrair.

Exercício 11: Alívio da Tensão Por Meio da Cor

- Sente-se ou deite-se numa posição confortável, os braços repousando ao longo do corpo. Ao respirar fundo, visualize que a terra abaixo de você está cheia da cor azul. Essa cor azul estende-se por quinze metros abaixo de você, penetra e inunda a terra inteira. Imagine agora que está abrindo centros de energia nas plantas dos seus pés. Ao inspirar, visualize a cor azul suave envolvendo os seus pés. Quando seus pés estiverem completamente cheios de cor azul, faça então a cor subir pelos tornozelos, pernas e pelve até a região inferior do dorso.
- Toda vez que você expira, veja a cor azul sendo expelida pelos pulmões, carregando com ela toda tensão e *stress*.
- Continue a inspirar a cor azul para o seu abdome, peito, ombros, braços, pescoço e cabeça. Agora, exale a cor azul lentamente para fora dos pulmões. Repita todo esse processo cinco vezes e depois relaxe por alguns minutos.

Exercício 12: Energizar Por Meio da Cor

- Sente-se ou deite-se numa posição confortável, os braços repousando comodamente ao longo do corpo. Ao respirar fundo, visualize um grande balão pairando acima da sua cabeça, repleto de energia salutar de um vermelho vivo e brilhante. Imagine que estoura esse balão, de modo que toda a brilhante energia vermelha é liberada.
- Ao inspirar, veja a brilhante cor vermelha penetrando e enchendo sua cabeça. Ela ocupa todo o seu cérebro, o rosto e os ossos do seu crânio. Deixe a brilhante cor vermelha continuar sendo despejada em sua cabeça até transbordar. Depois, deixe a cor vermelha fluir para o seu pescoço, ombros, braços e peito. Sempre que expirar, sopre a cor vermelha para fora de seus pulmões, levando com ela qualquer cansaço ou fadiga. Sopre qualquer sensação de fadiga para fora do seu corpo.
- Quando inspira, continue levando a brilhante cor vermelha energizante para o seu abdome, pelve, região inferior do dorso, pernas e pés, até todo o seu

corpo ficar impregnado de vermelho. Expire a cor vermelha dos seus pulmões, continuando a soltar qualquer sentimento de fadiga. Repita esse processo cinco vezes. No final deste exercício, você deve se sentir mais energizada e vibrante. Sua energia mental deve sentir-se mais vitalizada e límpida.

Afirmações

Os dois exercícios seguintes fornecem afirmações saudáveis que são muito úteis para mulheres com ansiedade. Como foi descrito anteriormente, os sintomas da ansiedade são devidos a uma complexa interação entre o corpo e a mente. O estado de saúde emocional e física de uma pessoa é determinado, em parte, pelas milhares de mensagens mentais que ela envia diariamente para si mesma com seus pensamentos. Por exemplo, se o medo de lugares públicos desencadeia seus sintomas de ansiedade, a mente enviará um fluxo constante de mensagens para reforçar na pessoa suas crenças a respeito dos perigos e desastres que podem ocorrer em lugares públicos. O susto gera a tensão muscular e torna a respiração superficial. Da mesma forma, se você critica constantemente sua própria aparência, essa falta de amor-próprio pode refletir-se no seu corpo. Por exemplo, seus ombros descairão e você pode adquirir uma expressão apática e sombria.

As afirmações fornecem um método para trocar esses sistemas de crença negativos por pensamentos que preservam a paz e a calma. Declarações positivas substituem as mensagens indutoras de ansiedade por pensamentos que fazem você se sentir bem.

O primeiro exercício de afirmação fornece uma série de declarações cujo objetivo é promover um sentimento de saúde e bem-estar emocional e físico. Usar essas afirmações pode criar uma sensação de paz emocional ao converter suas crenças negativas a respeito do seu corpo e da sua saúde em crenças positivas. O segundo exercício de afirmação ajuda a promover a auto-estima e a autoconfiança, e também ajuda a reduzir a ansiedade. Muitas mulheres com alta ansiedade perdem sua autoconfiança e sentem-se deprimidas e derrotadas devido ao seu estado. Sentem-se frustradas e, de certa forma, culpadas por não encontrarem uma solução. Repita cada afirmação para si mesma ou diga-as em voz alta durante três a cinco minutos. Use um ou outro ou ambos os exercícios regularmente a fim de promover padrões saudáveis e positivos de pensamento.

Exercício 13: Afirmações Positivas para a Mente e para o Corpo

- Lido com o *stress* e com a tensão de forma apropriada e eficaz.
- Meu estado de ânimo é calmo e descontraído.
- Posso enfrentar bem e continuar cuidando de minha vida durante os períodos de *stress*.

- Nutro pensamentos que me enaltecem e me alimentam.
- Gosto de formular pensamentos positivos que me fazem sentir bem a respeito de mim mesma e da minha vida.
- Mereço sentir-me bem neste exato momento.
- Sinto-me calma e em paz.
- Minha respiração é lenta e tranqüila.
- Meus músculos estão relaxados e confortáveis.
- Sinto-me firme, estável e totalmente presente.
- Posso cuidar com eficiência de qualquer situação com que depare.
- Estudo em todos os detalhes, lenta e pacificamente, as soluções para os meus problemas emocionais.
- Estou grata por todas as coisas positivas em minha vida.
- Pratico os métodos de relaxamento que me agradam.
- Meu corpo é forte e saudável.
- Faço uma dieta bem equilibrada e nutritiva.
- Sinto prazer em comer alimentos deliciosos e saudáveis.
- Meu corpo quer alimento que seja fácil de digerir e rico em vitaminas e minerais.
- Faço exercícios regulares de uma forma descontraída e aprazível.

Exercício 14 : Afirmações de Auto-Estima

- Estou cheia de energia, vitalidade e autoconfiança.
- Estou satisfeita com o modo como trato de minhas necessidades emocionais.
- Sei exatamente como administrar o meu programa diário a fim de promover o meu bem-estar emocional e físico.
- Eu escuto as necessidades do meu corpo e regulo o meu nível de atividade de modo a cuidar dessas necessidades.
- Eu amo e honro o meu corpo.
- Eu encho minha mente com pensamentos positivos e que enriquecem o meu eu.
- Sou uma pessoa maravilhosa e cheia de mérito.
- Mereço saúde, vitalidade e paz de espírito.
- Tenho total confiança em minha capacidade para curar-me.
- Sinto-me radiante na minha plenitude de energia e vitalidade.
- O mundo à minha volta está cheio de radiosa beleza e abundância.
- Sou atraída somente para aquelas pessoas e situações que me apóiam e me nutrem com ensinamentos.

- Aprecio as pessoas e situações positivas que figuram correntemente em minha vida.
- Amo-me e honro-me.
- Meus pensamentos e sentimentos positivos dão-me prazer.

Mais Técnicas de Redução do Stress para a Ansiedade

O final deste capítulo contém técnicas adicionais úteis para aliviar a ansiedade e descontrair os músculos retesados. Esses métodos induzem ao profundo relaxamento emocional. Use-os para uma experiência agradável.

Hidroterapia

Durante séculos, as pessoas têm usado a água quente como um modo de acalmar as disposições de ânimo e relaxar os músculos. Você pode ter seu próprio "spa" em casa, adicionando ingredientes relaxantes à água do banho. Apurei que a seguinte fórmula é extremamente útil no alívio de dores musculares e tensão.

Banho Alcalino. Encha uma banheira de água quente. O calor aumentará o seu fluxo menstrual, pelo que deve manter a água um pouco mais temperada se o abundante fluxo for um problema. Adicione uma xícara de sal marinho e uma xícara de bicarbonato de sódio na banheira. Trata-se de uma mistura altamente alcalina e recomendo usá-la somente uma ou duas vezes por mês. Considero-a muito proveitosa para reduzir cãibras e acalmar a ansiedade e irritabilidade. Mantenha-se em imersão durante vinte minutos. É provável que se sinta muito relaxada e sonolenta após esse banho; use-o à noite, antes de ir dormir. Por certo despertará no dia seguinte sentindo-se revigorada e energizada. O calor de qualquer espécie ajuda a descarregar a tensão muscular. Muitas mulheres acham que saunas e banhos também ajudam a acalmar seus humores.

Som

A música pode ter um enorme efeito relaxante sobre a nossa mente e o nosso corpo. Para mulheres com ansiedade e tensão nervosa, recomendo música lenta e suave – a música erudita é especialmente boa. Esse tipo de música pode exercer um pronunciado efeito benéfico sobre as nossas funções fisiológicas. Pode moderar o pulso e os batimentos cardíacos, diminuir a pressão sangüínea e reduzir os níveis dos hormônios associados ao *stress*. Promove a paz e a descontração e ajuda a induzir o sono. Os sons da natureza, como as ondas do oceano e o ruído da chuva, também podem induzir uma sensação de paz e relaxamento. Tenho pacientes que mantêm gravações com sons da natureza no carro e em casa para usar quando se sentem mais estressadas. Toque música relaxante sempre que se der conta de um aumento de sua tensão emocional e física.

Massagem

A massagem pode ser extremamente terapêutica para mulheres que se sentem ansiosas. Os toques suaves por um fisioterapeuta treinado em massagens, pelo seu parceiro conjugal ou até por você mesma, podem ser muito relaxantes. A tensão dissipa-se usualmente com relativa rapidez em conseqüência dos movimentos de amassar, de comprimir e golpear de uma boa massagem para relaxar os músculos retesados e melhorar a circulação. Se tiver condições econômicas para tanto, recomendo que se submeta a uma massagem profissional durante os períodos de *stress*. Caso contrário, combine com um amigo ou parceiro que se disponha a colaborar. Também existem muitos livros no mercado que instruem as pessoas sobre como fazer automassagem.

Montagem do Seu Programa de Redução do Stress

Este capítulo apresentou-lhe as muitas e diferentes maneiras de reduzir a ansiedade e o *stress*, e de tornar cada dia calmo e aprazível. Tente cada exercício pelo menos uma vez. Depois encontre a combinação que melhor funciona no seu caso. Fazer o exercício de que mais gosta não deve tomar mais de vinte a trinta minutos, dependendo de quanto tempo deseja usar. O ideal seria fazer os exercícios diariamente. Com o passar do tempo, eles vão ajudá-la a adquirir um claro discernimento de seus sentimentos e crenças negativos, e a substituí-los por outros positivos e aptos a enriquecer-lhe o próprio eu. A sua capacidade de enfrentar o *stress* aumentará de forma espantosa.

CAPÍTULO 7

Exercícios Respiratórios

A terapia da respiração é um dos meus métodos favoritos para acalmar a disposição de ânimo. Ela pode ter um importante impacto sobre os sentimentos de ansiedade e aflição. Por meio do uso de exercícios respiratórios controlados, você pode baixar o seu nível de ansiedade e gerar uma sensação de paz e calma interiores, assim como descontrair seus músculos.

Quando está respirando lenta e profundamente, a pessoa absorve grande quantidade de oxigênio do meio ambiente. Esse oxigênio ingressa na circulação sangüínea, onde se liga aos glóbulos vermelhos por meio das artérias e veias. O oxigênio permite que as células produzam e utilizem energia, e ajuda-as a eliminar refugos por meio da produção de dióxido de carbono. Esses refugos são expelidos pelos pulmões por meio dos movimentos de expiração. Assim, o corpo todo necessita de níveis mais favoráveis de oxigênio para o seu ciclo normal de construção, renovação e eliminação.

Quando estamos em crise emocional, os níveis de oxigênio declinam. A respiração tende a tornar-se irregular, errática e superficial. Você pode dar consigo respirando depressa demais, ofegante, ou pode até parar inteiramente de respirar, sustando a respiração por períodos prolongados de tempo sem se dar conta disso. Nenhum desses padrões respiratórios é saudável. A respiração ansiosa está ligada com freqüência a outras reações fisiológicas doentias que refletem o estado de *stress* do corpo da pessoa. Quando você está perturbada e emocionalmente estressada, a sua tendência é retesar os músculos, contrair o fluxo sangüíneo, elevar a pulsação e os batimentos cardíacos, e estimular a produção glandular de substâncias químicas estressantes. Os produtos de refugo, como o dióxido de carbono e o ácido láctico, também se acumulam nos músculos e em outros tecidos.

Os exercícios de respiração terapêutica fornecem um meio de romper esse padrão e de ajudar a mente e o corpo a retornarem a um equilíbrio tranqüilo. É importante fazer os exercícios de respiração de maneira lenta e regular. Primeiro, escolha uma posição confortável. Para fazer alguns exercícios, você deve ficar deitada de costas; para outros, ficará sentada, braços e pernas soltos (não cruzados), e manter as costas retas.

Exercício 1: Respiração Abdominal Profunda

A lenta e profunda respiração abdominal é uma técnica muito importante para aliviar a ansiedade e o *stress*. Também melhora o nível de energia e a vitalidade. A respiração abdominal leva a quantidade adequada de oxigênio, o combustível para a atividade metabólica, a todos os tecidos do corpo. Em contraste, a respiração rápida e superficial diminui o fornecimento de oxigênio e mantém a pessoa nervosa e tensa. A respiração profunda ajuda a relaxar o corpo todo e fortalece os músculos no tórax e no abdome. Faça este exercício por três a cinco minutos.

- Deite-se de costas, com os joelhos dobrados e puxados para cima. Mantenha os pés ligeiramente separados. Procure inspirar e expirar pelo nariz.
- Inspire profundamente. Ao inspirar, deixe que o estômago relaxe de modo que o ar flua para o abdome. Deixe seu estômago inflar-se enquanto você estiver inspirando. Visualize seus pulmões enchendo-se de ar para que seu peito estufe.
- Imagine que o ar que você respira está enchendo seu corpo de energia.
- Agora exale profundamente. Ao expelir o ar, deixe o estômago e o tórax esvaziarem-se como balões murchos. Imagine o ar sendo expelido, primeiro do abdome e depois dos pulmões.

Exercício 2: Respiração Lenta e Tranqüila

Respirar lenta e tranqüilamente pode reduzir a ansiedade e promover uma sensação de calma interior. Essa respiração ajuda a aquietar a mente e a tornar nossas emoções mais felizes e harmoniosas. A vida é um prazer. Quando estamos calmas, tomamos melhores decisões e nos relacionamos com as pessoas à nossa volta de um modo mais saudável. Respirar lentamente pode acalmar também nossas reações físicas, na medida em que isso ajuda a equilibrar o funcionamento do sistema nervoso autônomo. Ao moderarmos a respiração, atenuamos as nossas outras reações fisiológicas. Os músculos relaxam e os vasos sangüíneos dilatam-se; é restabelecido um estado de equilíbrio.

- Deite-se de costas, com os joelhos dobrados e puxados para cima. Mantenha os pés ligeiramente afastados. Procure inspirar e expirar pelo nariz.
- Inspire profundamente. Ao inspirar, deixe que o estômago relaxe de modo que o ar flua para o abdome. Deixe seu estômago inflar-se enquanto você es-

tiver inspirando. Visualize as partes inferiores dos seus pulmões enchendo-se de ar.

- Imagine que o ar que está inspirando está repleto de paz e de calma; uma sensação de paz e de calma está impregnando cada célula do seu corpo; todo o seu corpo está envolto numa sensação cálida e relaxada enquanto você inspira lentamente o ar. Agora exale profundamente. Ao expelir o ar, imagine que este está sendo empurrado do fundo dos pulmões para o seu ápice.
- Repita essa seqüência até que todo o seu corpo esteja relaxado e sua respiração compassada e regular.

Exercício 3: Respiração para Adquirir Estabilidade

Quando as mulheres estão ansiosas e tensas, elas perdem com muita freqüência a noção de criaturas com os pés no chão, literalmente enraizadas na terra. Algumas mulheres descrevem uma sensação como que de insensibilidade nas pernas e nos pés. Podem dizer que se sentem como se não tivessem realmente pernas. Quando nos sentimos fisicamente no ar por sintomas de aflição emocional, fica muito difícil funcionar mentalmente; é tarefa árdua conseguir elaborar e executar até ao fim, de maneira coerente, os projetos do dia. Este exercício de respiração ajudará você a adquirir estabilidade e concentração física e mental. Você se sentirá muito mais estável e concentrada no final dele.

- Sente-se ereta numa cadeira. Assegure-se de que está numa posição confortável. Mantenha os pés ligeiramente afastados. Procure inspirar e expirar pelo nariz.
- Inspire profundamente. Ao inspirar, deixe que o estômago relaxe de modo que o ar flua para o abdome. Seu estômago se distenderá enquanto você estiver inspirando. Visualize as partes inferiores dos seus pulmões enchendo-se de ar. Retenha a inalação o máximo que puder.
- Visualize uma corda comprida e grossa partindo da parte inferior de suas nádegas ao centro da terra. Siga com a vista a descida da corda e veja como ela está firmemente presa ao centro da terra. Siga com a vista duas cordas menores que vão desde as plantas dos pés até ao centro da terra também.
- Ao exalar, empurre suavemente suas nádegas para o assento de sua cadeira. Tome consciência de suas nádegas, coxas, panturrilhas, seus tornozelos e pés. Sinta seu vigor e solidez.
- Repita este exercício várias vezes até sentir-se plenamente presente e firme em sua estabilidade física e mental.

Exercício 4: Respirar Cores com Luz Dourada

A respiração cromática tem sido tradicionalmente usada para curar a mente e o corpo e fortalecer o campo energético do corpo. Na nossa cultura, os intuitivos podem ver esse campo de energia como luz ou cores que emanam do corpo. Quando uma pessoa está calma, descontraída e saudável, o campo de energia apresenta-se radiante e cheio de cores. As cores tendem a ser brilhantes e harmoniosas. Quando nos sentimos ansiosas ou tensas, perdemos luz e cor. O nosso campo de energia parece mais discordante e desigual, e as cores mudam, freqüentemente, para tons mais opacos e turvos. A respiração cromática é uma técnica que pode ajudar a fortalecer e a curar o campo energético, assim como a acalmar a mente e o corpo. Ao inspirar as cores curativas, a pessoa começa, com freqüência, a relaxar e a sentir-se mais saudável de novo. A ansiedade e a tensão são substituídas por uma sensação de leveza e paz.

- Sente-se ou deite-se numa posição confortável.
- Imagine-se envolta numa nuvem de bela energia dourada. Ao respirar fundo, inale a energia dourada e visualize-a fluindo pelo seu corpo – uma energia de cura que o aquece e o relaxa.
- Prenda a respiração o máximo que puder. Deixe a nuvem dourada captar toda a sua ansiedade e tensão.
- Depois, expila essa energia através dos pulmões e deixe que ela se afaste de você para bem longe.
- Repita esse processo tantas vezes quantas precisar, até que um sentimento de paz e serenidade substitua a sua ansiedade.

Exercício 5: Respiração para a Cura Emocional

Durante meus anos de prática médica, observei que sentimentos e sistemas de crenças negativos são importantes fatores de ansiedade, tensão nervosa e até doença física. Este exercício usa de novo a respiração cromática para ajudar a pessoa a se livrar de sentimentos negativos tais como a irritação crônica, a mágoa ou outras contrariedades que ela possa estar alimentando. Quanto mais tempo passar expurgando velhos padrões emocionais negativos, menos impacto eles terão sobre os seus humores e sua vida.

- Deite-se de costas com os joelhos dobrados e puxados para cima. Mantenha os pés ligeiramente separados. Procure inspirar e expirar pelo nariz.
- Inspire profundamente e veja-se envolta numa suave luz branca. Ao inspirar essa luz, faça com que ela penetre em todas as células do seu corpo. Trata-se de uma luz purificadora que pode ajudar a expurgar o medo, a ira, a ansiedade e outros sentimentos negativos.

- Ao exalar, sinta a luz varrendo para longe essas emoções.
- Repita esse exercício até sentir-se emocionalmente apaziguada e serena.

Exercício 6: Respiração para Eliminar a Tensão Muscular

Este exercício ajudará você a estabelecer contato com a tensão e a rigidez muscular em geral. Com freqüência, quando estamos ansiosas e perturbadas, retesamos inconscientemente os músculos no corpo todo. Entre outras áreas do corpo, o pescoço, os ombros e a região inferior das costas são particularmente vulneráveis. Este exercício ajudará você a se concentrar em qualquer tensão que esteja afetando a parte superior do seu corpo. Relaxar e descontrair os músculos do pescoço e dos ombros ajudará você a eliminar a tensão muscular em todo o corpo. Para entrar em contato com qualquer tensão muscular que possa estar afetando você, use este exercício enquanto caminha, ou pratica esportes, ou trabalha em seu escritório.

- No escritório, sente-se ereta numa cadeira. Assegure-se de que está numa posição confortável. Mantenha os pés ligeiramente separados. Procure inspirar e expirar pelo nariz.
- Inspire e expire profundamente, movendo a cabeça de um lado para o outro. Mantenha os ombros descaídos e tente tocar a orelha com o ombro. Ao realizar esse movimento, imagine que seu pescoço é feito de uma substância maleável que permitie que você mova a cabeça da esquerda para a direita num movimento flexível, ágil e descontraído.
- Agora, inspire e erga os ombros na direção das orelhas. Prenda a respiração e mantenha os ombros numa posição arqueada. Expire e deixe que os ombros voltem para uma posição descontraída e confortável. Repita essa seqüência várias vezes.
- Inspire e expire profundamente enquanto empurra os ombros para a frente. Descreva um movimento circular amplo e lento com os ombros. Depois traga lentamente os ombros de volta à posição inicial, inspirando e expirando novamente. Repita essa seqüência várias vezes.
- Inspire e expire profundamente, mantendo o resto do corpo imóvel e descontraído. Repita essa seqüência várias vezes.

Exercício 7: Respiração Glandular

A ansiedade e a tensão nervosa reduzem de modo considerável o funcionamento glandular endócrino. As mulheres com as glândulas endócrinas depauperadas podem não só sentir-se estressadas e exaustas mas também propensas a desequilíbrios como a TPM, sintomas de menopausa, hipoglicemia e hipertireoidismo. Além disso, podem ser também mais suscetíveis ao desenvolvimento de infecções como resfriados e gripe, porque as glândulas endócrinas ajudam a regular a função imunológica.

Este exercício ajuda a estimular e energizar as glândulas endócrinas pelo uso da respiração cromática. Quando você dirige sua respiração para as glândulas endócrinas e as visualiza sendo estimuladas pela cor, as glândulas são, de fato, estimuladas de um modo benéfico. O uso da respiração cromática expande o campo eletromagnético das glândulas. Nesse exercício, é usada a cor vermelha; ficou provado em pesquisas que a luz vermelha estimula as funções endócrinas e imunológicas.

- Sente-se ereta numa cadeira, os braços repousando ao longo do corpo com as palmas das mãos para cima. Imagine um grande balão vermelho pairando acima da sua cabeça. Ele tem um tom vibrante de vermelho que cintila de energia. Ao inspirar profundamente, veja a si mesma estourando esse balão e derramando a cor vermelha. Visualize a cor vermelha fluindo para dentro de sua cabeça e concentrando-se no hipotálamo, uma glândula situada na base do cérebro. Quando o hipotálamo começa a transbordar de cor, expire e expulse o vermelho para fora dos pulmões, enchendo o ar à sua volta.
- Ao inspirar de novo, introduza a brilhante cor vermelha na pituitária, uma importante glândula endócrina localizada no cérebro, logo abaixo do hipotálamo. Encha a pituitária com essa cor até que transborde. Depois exale profundamente.
- Prossiga inalando a brilhante cor vermelha e deixe que ela penetre na glândula tireóide, localizada no pescoço, depois na glândula timo, localizada no meio do peito. Finalmente, deixe a cor energizar as glândulas supra-renais, localizadas no meio das costas logo acima dos rins, e dos ovários, localizados na pelve. Quando terminar esse exercício, relaxe por alguns minutos.

Exercício 8: Respiração para Eliminar a Depressão

Fadiga e depressão acompanham freqüentemente a ansiedade em mulheres com grande oscilação do humor. É muito inquietante oscilar entre sentir-se ansiosa e irritável, por um lado, melancólica e abatida, por outro; não existe nunca um senso de equilíbrio emocional adequado. Essas variações de estado de ânimo podem ter origens psicológicas ou resultar da TPM, menopausa e hipoglicemia. O exercício seguinte ajuda a levantar o ânimo e a promover o bem-estar emocional por meio da concentração na respiração.

- Sente-se ereta numa cadeira. Cruze os braços diante do peito, com os dedos tocando a área externa superior do peito. Seus pulsos cruzam-se sobre o chakra do coração, que é o centro de energia para as emoções e sentimentos nos tradicionais modelos terapêuticos orientais.
- Ao inspirar, imagine que uma luz dourada está enchendo o centro do coração com um sentimento afetuoso e reconfortante. Ao expirar, use esse movimento para expelir a depressão e os espíritos não evoluídos.
- Ao inspirar de novo, conduza essa luz dourada através do pescoço, fazendo-a penetrar em sua cabeça. Observe-a iluminando-lhe a cabeça com um brilho suave e sereno. Sinta qualquer depressão ou pensamento negativo dissolvendo-se na luz dourada que enche todas as células do seu cérebro.
- Ao exalar, expila a luz dourada através do topo da sua cabeça e veja-a formando uma nuvem tremeluzente de energia que envolve todo o seu corpo.
- Repita o exercício cinco vezes.

Montagem do Seu Programa de Exercícios Respiratórios

Este capítulo sugere muitos exercícios eficazes para ajudar a reduzir a ansiedade e a tensão por meio da respiração controlada. Experimente cada exercício uma vez e escolha aqueles de que gosta mais a fim de os praticar regularmente. Esses exercícios podem ajudá-la mesmo que os pratique somente por alguns minutos cada dia. Com o tempo, os hábitos de respiração saudável se tornarão automáticos e beneficiarão imensamente a sua saúde de modo geral.

CAPÍTULO 8

Exercícios Físicos

O exercício é uma parte importante do seu programa de redução da ansiedade e do *stress*. A descarga da tensão física e emocional que acompanha uma vigorosa sessão de exercícios reduz direta e imediatamente a ansiedade e o *stress*. Além disso, os benefícios fisiológicos a longo prazo do exercício reforçam a sua resistência ao *stress* e promovem mudanças psicológicas benéficas. Vejamos como o exercício produz essas mudanças no corpo e na mente.

Os Benefícios do Exercício

O Exercício Melhora a Resistência a Episódios de Ansiedade e Propicia o Seu Alívio

Quando as mulheres têm excessiva ansiedade e tensão causadas pelo estilo de vida estressante ou por problemas emocionais, o sistema nervoso simpático é facilmente induzido a produzir uma reação de luta-ou-fuga. O mesmo é válido para mulheres que se encontram num estado de desequilíbrio hormonal ou fisiológico causado pela TPM, menopausa, hipoglicemia, superatividade da tireóide ou prolapso da válvula mitral.

O problema para muitas mulheres que têm ansiedade e tensão crônicas é que o sistema nervoso simpático está sempre de prontidão para uma crise. Isso coloca-as num estado de tensão constante, fazendo com que reajam a um pequeno *stress* do mesmo modo que reagem a verdadeiras emergências. As glândulas supra-renais aumentam sua produção de adrenalina e cortisona, e a glândula tireóide bombeia tiroxina (o hormônio da tireóide), ajustando a química do corpo para enfrentar a crise. O coração e o pulso aceleram e os músculos do pescoço e dos ombros ficam tensos, assim como os músculos de outras partes do corpo.

Esses músculos retesados e tensos diminuíram o fluxo sangüíneo e a oxigenação. Produtos de refugo, como o dióxido de carbono em excesso, acumulam-se nesse ambiente físico e podem agravar ainda mais os sintomas de luta-ou-fuga. Além disso, o *stress* faz com que a respiração se torne rápida e superficial. Menos oxigênio é recebido por meio da respiração, o que contribui ainda mais para reduzir o oxigênio disponível para os músculos e órgãos internos.

A tensão que se acumula no corpo para enfrentar essa "emergência" então será descarregada. Com freqüência, ela é descarregada emocionalmente, gritando com os filhos pequenos ou sendo rude e áspera com outras pessoas no trabalho. Algumas mulheres lidam com essa reação de luta-ou-fuga descarregando sua ansiedade na perniciosa dependência de certos alimentos, de álcool ou de cigarros. Por exemplo, comer em excesso torna-se um modo de difundir a tensão. A habitual entrega a um comportamento em função de um vício adquirido é, além do mais, perniciosa para o organismo.

O exercício físico, em especial o dos tipos aeróbicos, descarrega a tensão de luta-ou-fuga sem prejudicar o seu relacionamento pessoal ou o seu próprio corpo. O exercício melhora a oxigenação e a circulação sangüínea para os músculos retesados e para os sistemas orgânicos desvitalizados. Ao melhorar a circulação, o exercício facilita o fluxo de nutrientes adequados por todo o corpo. A remoção de refugos tais como o dióxido de carbono, o ácido láctico e outros produtos do metabolismo torna-se mais eficiente. A acidez ou pH do sangue é reduzida para uma faixa mais favorável, e a produção de energia pelas células ganha maior eficiência. Isso é importante, uma vez que a produção ótima de energia é necessária para realizar muitas funções químicas e fisiológicas do corpo.

Com o exercício regular, os músculos esqueléticos são energizados e tonificados, tornando todos os movimentos – de levantar objetos a caminhar – muito mais facilmente executados. O músculo cardíaco também funciona com mais eficácia. Ao ficar condicionado, o coração está apto a bombear mais sangue a cada batida. Assim, ele pode fazer circular o mesmo volume de sangue com um menor número de batidas e não tem que esforçar-se tanto. Uma vez iniciado um programa de exercícios, a freqüência de batimentos do coração em repouso registra um acentuado declínio. Pesquisas mostraram que essas mudanças benéficas podem ocorrer rapidamente, muitas vezes no curso de alguns meses.

Uma freqüência menor de batimentos do coração em repouso significa mais do que um aumento de vigor e resistência. Um coração saudável também reage menos dramaticamente durante episódios de ansiedade e *stress*. Quando a ansiedade faz as supra-renais bombearem hormônios estressantes, um coração condicionado não sentirá uma elevação significativa na freqüência de batimentos. Numa situação de *stress*, uma pessoa em boa forma terá apenas uma ligeira elevação na freqüência dos batimentos do coração, ao passo que uma pessoa sedentária pode sentir uma assustadora taquicardia e respiração ofegante. Não só uma mulher em boa forma tende a permanecer mais calma e com maior controle de suas emoções durante uma situação difícil mas, em períodos de extremo *stress*, seu bom condicionamento físico também pode ajudar a prevenir um ataque cardíaco e salvar-lhe assim a vida.

O Exercício Melhora o Funcionamento do Cérebro

Além de melhorar o funcionamento cardiovascular, o exercício regular também reduz a ansiedade pelo aperfeiçoamento do funcionamento do cérebro. O funcionamento saudável do cérebro é necessário para diminuir a tensão nervosa e reduzir a tendência para episódios de pânico e fobias. Depois dos exercícios, a pessoa se sentirá mais calma e até mais feliz. Sentir-se-á certamente mais revigorada e cheia de energia. Como é que o exercício promove tão impressionantes mudanças emocionais? O exercício resulta em melhor oxigenação e circulação para o cérebro e os nervos na medida em que desobstrui e dilata os vasos sangüíneos da cabeça e do cérebro. Assim, mais nutrientes podem fluir para esse sistema vital e mais produtos de refugo podem ser removidos dele. De fato, 20% do sangue que flui do coração vai diretamente para o cérebro. O cérebro também utiliza uma grande parcela (de novo 20%) dos nutrientes e energia do organismo.

Estudos realizados com adultos que praticam exercícios comparados com grupos similares de sedentários mostram diferenças flagrantes numa variedade de funções mentais. Os adultos que participam assiduamente de um programa de exercícios têm melhor concentração, pensamento e capacidade para solucionar os problemas de forma mais clara e rápida. Além disso, melhoram o tempo de reação e a memória a curto prazo.

Não só o exercício regular induz progressos funcionais no cérebro, mas também altera de forma espetacular a própria química cerebral de um modo positivo, por meio do aumento da produção das endorfinas beta. As endorfinas beta, substâncias químicas liberadas pelas glândulas pituitárias, atuam como narcóticos naturais. São quimicamente semelhantes à morfina, um sedativo para a dor, mas duzentas vezes mais potentes. As endorfinas têm um efeito espetacular sobre a disposição de ânimo. Quando os níveis no corpo são elevados, melhoram a sensação geral de bem-estar de uma mulher. Os níveis de endorfina beta aumentam após a ovulação, durante o início da segunda metade do ciclo menstrual (chamada a fase luteal pelos médicos). Quando a menstruação se avizinha, os níveis de endorfina beta podem começar a cair. De fato, alguns pesquisadores da TPM acreditam que a queda das endorfinas beta pode ser a responsável pelos sintomas emocionais da TPM, como ansiedade, irritabilidade e oscilações do humor. São esses os sintomas predominantes em mais de 80% das mulheres com TPM.

O exercício ajuda a reduzir a ansiedade e a tensão nervosa ao aumentar a produção de endorfinas beta. Estudos desenvolvidos a partir de pesquisas demonstram que exercícios aeróbicos enérgicos, como correr, podem aumentar até cinco vezes os níveis de endorfina beta. As medições de endorfina beta feitas meia hora depois da sessão de exercícios mostraram que seus níveis eram ainda mais elevados do que no início. De fato, pensa-se que as endorfinas beta são responsáveis pela "embriaguez do corredor de longa distância" a que estão sujeitos os maratonistas. Algumas mulheres que se exercitam com regularidade relatam sensações de exultação, euforia e até de incontida felicidade. O exercício aeróbico pode até ajudar a amortecer a queda pré-menstrual em endorfinas beta e a reduzir assim a ansiedade relacionada com a TPM.

O Exercício Melhora a Função Psicológica

Uma vez que as endorfinas beta tendem a elevar o estado de ânimo e promover o bem-estar, o exercício pode ser também um antídoto eficaz para a depressão. Embora o tratamento comum para a depressão seja a psicoterapia e a medicamentação antidepressiva, um certo número de interessantes estudos químicos mostrou que o exercício ajuda a aliviar, de forma significativa, a depressão moderada. Um desses estudos, feito na Universidade da Virginia, observou estudantes universitários deprimidos. Os que regularmente faziam caminhadas durante o período do estudo mostraram redução significativa nos sintomas de depressão, ao passo que os que não se exercitaram durante o mesmo período não tiveram mudança alguma em seus sintomas. Essa conclusão é importante para mulheres que sofrem de ansiedade e tensão nervosa, porquanto ansiedade e depressão ocorrem juntas com freqüência. Os psicoterapeutas que tratam de mulheres com distúrbios emocionais estão cientes de que essas duas condições coexistem na grande maioria dos casos. Mesmo com problemas de saúde como a TPM e a menopausa, que são primordialmente devidos a uma variedade de desequilíbrios hormonais e químicos (em vez de causas emocionais), a ansiedade e a depressão coexistem com freqüência. As mulheres com esses problemas se queixam de que seu humor vacila entre nervoso ou irritável e deprimido. O exercício pode ser um poderoso antídoto para problemas em ambos os extremos do espectro emocional.

Mulheres nervosas e ansiosas costumam ter dificuldade para dormir à noite. Podem ficar na cama duas ou três horas entregues a conversas imaginárias e intermináveis monólogos. Muitas vezes, essas "conversas" incluem terríveis pensamentos e apreensões a respeito de delicadas situações a enfrentar na vida ou mesmo de preocupações imaginadas. Algumas mulheres têm dificuldade em adormecer quando sua ansiedade se mistura com uma grande hostilidade, irritação ou raiva em relação a uma pessoa ou situação difícil. Tive pacientes ansiosas que me contaram ter tentado fortes soníferos ou bebidas alcoólicas para induzir o sono; entretanto, os sentimentos conturbados podem derrotar os efeitos sedativos da medicação ou do álcool. Isso pode levar ao abuso de drogas e álcool quando as mulheres aumentam sua ingestão num esforço para expulsar seus pensamentos e sentimentos perturbadores durante a noite.

O exercício pode ajudar a reduzir a insônia ao dissipar a energia nervosa e tornar difusa a reação de luta-ou-fuga. Após o exercício, o corpo e a mente estão mais calmos. É freqüentemente mais fácil para as mulheres relaxarem e dormirem profundamente quando incluíram uma sessão de atividade física em sua programação diária. O exercício deve, porém, ser feito relativamente cedo por mulheres que sofrem de insônia, porquanto os efeitos energizantes do exercício não são desejáveis tarde da noite. É preferível exercitar-se mais cedo se a indução do sono for uma das metas principais.

Outros benefícios psicológicos podem resultar do ato de exercitar-se. O exercício regular exige disciplina e uma disposição para superar a resistência e a inércia. Mulheres ansiosas e estressadas sentem-se muitas vezes como se sua vida estivesse correndo fora de controle ou como se a estrutura de sua vida estivesse desmoronando. Isso ocorre, em especial, com mulheres que têm freqüentes ataques de pânico, estão incapacitadas por fobias ou sofrem de um constante nível elevado de ansiedade e nervosismo. Escolher horários específicos para a prática de exercícios e depois realizá-los regularmente fornece estrutura e disciplina. Uma mulher que inicia uma sessão de corrida, caminhada rápida ou golfe sentindo-se ansiosa descobrirá que sua mente passou a estar concentrada na própria atividade ou na atraente paisagem circundante, como um campo de golfe ou uma área para natação. À medida que a sessão progride, a tensão irá dissipando-se. Além disso, como muitas formas de exercício ou esporte requer um certo nível de competência no domínio de uma habilidade ou técnica, a atividade física regular proporciona um tremendo estímulo à autoconfiança em mulheres que sentem não ter controle sobre suas emoções. O domínio de uma habilidade física fornece o plano diretor para controlar com maior eficácia os distúrbios emocionais. Isso permite-lhe tratar dos seus problemas com maior auto-estima, uma melhor imagem de si própria e maiores recursos para enfrentar qualquer situação.

Muitas pessoas também percebem o exercício como um bom hábito. Com freqüência, as mulheres substituem conscientemente pelo exercício os modos mais perniciosos como lideram com o *stress* no passado, como abusar do álcool, comer em excesso ou adotar um comportamento agressivo. Exercitar-se regularmente, três a cinco vezes por semana, é um "vício" positivo que acarreta muitos efeitos benéficos para a saúde.

O Exercício Melhora as Funções Fisiológicas

O exercício também pode ter um efeito benéfico sobre a ansiedade causada por fatores fisiológicos. Por exemplo, o exercício ajuda a reduzir os sintomas de *stress* devidos à hipoglicemia ou ao irresistível desejo de açúcar relacionado com a TPM, graças à estabilização do nível de açúcar no sangue. A par da dieta, o exercício pode ajudar a reduzir a tendência para tão comuns sintomas de hipoglicemia como ansiedade, agitação, irritabilidade, tremores, incapacidade de concentração e tonturas. O exercício ajuda a eliminar as oscilações nos níveis de açúcar no sangue das mulheres que sofrem de hipoglicemia.

O exercício tem um efeito benéfico sobre a ingestão e digestão de alimentos. Em primeiro lugar, reduz o excessivo desejo de comer, tanto no caso de mulheres com dependência de certos alimentos quanto no de mulheres com TPM, que são propensas a comer em excesso alimentos altamente estressantes na semana ou duas que antecedem o início da menstruação. Essa repressão do apetite excessivo e da superalimentação melhora a nossa capacidade para perder e manter o peso. Em segundo lugar, o exercício melhora a capacidade do corpo para perder calorias com mais eficiência e rapidez. Isso proporciona um estímulo adicional para a perda de peso.

O exercício também beneficia a saúde geral de muitos outros sistemas. A eliminação por meio dos intestinos e dos rins é melhorada, o que também ajuda a regular o peso e o equilíbrio de água. A prisão de ventre tem menos probabilidades de ser um problema em mulheres ativas. Ela reduz a tendência para sintomas digestivos relacionados com a ansiedade, como o mal-estar intestinal e a inchação. De fato, tive pacientes com sintomas intestinais associados ao *stress* que me descreveram o alívio dos sintomas imediatamente após sessões de exercícios. O exercício também ajuda a reduzir os níveis de pressão sangüínea, o que significa menos esforço para o coração e contribui assim para uma redução do risco de ataque cardíaco. Em resumo, o exercício beneficia o organismo inteiro e favorece a boa saúde.

Benefícios do Exercício

Melhora a resistência aos episódios de ansiedade e o seu alívio

- Reduz a reação de luta-ou-fuga
- Promove a resistência cardiovascular ao *stress*
- Diminui a tensão da musculatura esquelética
- Reduz a agressividade e a frustração reprimidas
- Promove uma sensação de calma e de paz

Melhora o funcionamento do cérebro

- Promove melhor oxigenação e circulação sangüínea para o cérebro
- Aumenta a produção de endorfinas beta
- Melhora a concentração, a capacidade de solução de problemas, o tempo de reação e a memória a curto prazo

Melhora as funções psicológicas

- Diminui a ansiedade e a tensão nervosa
- Produz uma sensação de bem-estar e até de exultação
- Reduz a depressão

- Reduz a insônia
- Aumenta a sensação de domínio e de autoconfiança
- Promove o desenvolvimento de hábitos benéficos
- Ajuda a diminuir o nocivo comportamento de dependência de drogas

Melhora as funções fisiológicas
- Estabiliza o nível de açúcar no sangue
- Reduz o excessivo desejo de alimento
- Ajuda a perder e manter o peso
- Melhora a eliminação por meio dos intestinos e dos rins
- Melhora as funções digestivas
- Reduz a pressão sangüínea

Montagem do Seu Programa de Exercícios

Avaliação do Nível de Preparação Física

Se você atualmente está num período de transição de um estilo sedentário de vida para um programa de exercícios regulares, cuide desde já de avaliar o seu nível de preparação física. É importante saber se tem quaisquer problemas médicos não-diagnosticados que possam afetar o seu nível adequado de atividade. Neles se incluem problemas tais como doença da tireóide e hipoglicemia, as quais podem desencadear sintomas de ansiedade em relação aos exercícios. Tive pacientes com desequilíbrio da tireóide, por exemplo, que se sentiam mais ansiosas e ofegantes quando estavam praticando exercícios porque os seus níveis excessivos de hormônio da tireóide estavam elevando a pulsação e os batimentos cardíacos para níveis prejudiciais durante os períodos de aumento da atividade.

Se você ainda não o fez, recomendo que preencha os questionários do manual de ansiedade e *stress* (Capítulo 2) sobre seus hábitos atuais de exercício, padrões de tensão muscular e sintomas de má forma física. Se concluir que sofre de tensão muscular crônica ou se ficar ofegante após subir um lanço de escadas, pode efetivamente ter um problema subjacente como anemia (baixa contagem de glóbulos vermelhos), o qual pode, com freqüência, não ser diagnosticado se os sintomas forem meramente imputados a um estilo sedentário de vida. De fato, sugiro que responda a esses questionários de comum acordo com seu médico, porque eles podem oferecer-lhe valiosas pistas para descobrir um problema médico que ainda não foi diagnosticado. Não deixe de informar o seu médico no caso de ter quaisquer problemas previamente diagnosticados, como o prolapso da válvula mitral, o qual também pode desencadear episódios semelhantes à ansiedade.

O seu médico deve checar-lhe o coração, pulmões, pulso e outros parâmetros físicos para avaliar a sua forma com vistas à prática de exercícios. Além disso, são freqüentemente solicitadas análises de sangue e de urina. Essas avaliações podem variar, baseadas nos sintomas que você descreveu ao seu médico, assim como nos próprios exames. Dependendo da idade da mulher, exames de sangue para glicose, tireóide e menopausa são freqüentemente usados quando se testa a ansiedade. Se você não entender quaisquer termos ou o significado desse ou daquele exame, peça ao seu médico uma informação mais detalhada. Uma paciente informada e instruída pode fazer um trabalho muito melhor de planejamento e de participação em seu próprio programa de bem-estar. Uma vez que tenha recebido um atestado de boa saúde ou tenha entendido quaisquer limitações de saúde, você está pronta para iniciar o planejamento do seu programa de exercícios.

A Escolha de um Programa de Exercícios

O tipo de regime de exercício que a mulher escolhe pode variar muito, dependendo dos objetivos que ela deseja realizar. Se o principal objetivo é aliviar a tensão e o *stress*, e melhorar sua saúde geral e bem-estar, então o exercício aeróbico é o melhor. O exercício aeróbico inclui *cooper*, caminhar, andar de bicicleta, esquiar, nadar, dançar, pular corda e patinar. O exercício aeróbico reduz o *stress*, promove a calma e a descontração, e ajuda a reduzir a tendência para a insônia e para o comportamento de dependência de drogas e alimentos. Como requer trabalho ativo por parte dos músculos esqueléticos e cardíacos, reduz a tensão muscular que freqüentemente acompanha a ansiedade, e melhora a boa forma cardiovascular, a oxigenação e a circulação para todos os sistemas do corpo, incrementando assim a resistência ao *stress*.

Se você precisa descarregar a raiva e a frustração reprimidas, esportes competitivos como handebol, *squash*, frescobol, tênis e futebol podem ser os mais adequados, pois exigem movimentos rápidos e esforço contínuo. Se preferir esportes mais relaxantes com outras pessoas, os ideais são o golfe, o críquete e o boliche, pois são modalidades cujo andamento é lento, podendo, assim, proporcionar essa descontração.

Para aquelas mulheres cuja ansiedade e sintomas de *stress* incluem retesamento e tensão muscu-

Tipos de Exercício

- *Cooper*
- Caminhar
- Andar de bicicleta
- Esquiar
- Nadar
- Dança aeróbica
- Pular corda
- Patinar no gelo
- Patinar sobre rodas
- Handebol
- Frescobol
- *Squash*
- Tênis
- Futebol
- Basquete
- Beisebol
- Tênis de Mesa
- Golfe
- Críquete
- Boliche
- Yoga
- Exercícios de alongamento
- Halterofilia
- Jardinagem

lares, exercícios que promovem a flexibilidade muscular, como a yoga e outros exercícios de alongamento, podem ser muito proveitosos. Os alongamentos da yoga são executados muito lentamente, a par da respiração profunda, de um modo descontraído e cuidadoso. São úteis para moderar um sistema ansioso cuja fisiologia está posta em sobremarcha.

Se é importante para a sua auto-imagem aumentar a força e a definição musculares, tanto quanto a crescente robustez física, o levantamento de pesos pode ser uma parte importante do seu regime de exercícios. Finalmente, se ficar ao ar livre enquanto descarrega a ansiedade e a tensão funciona bem para você, a jardinagem pode ser muito proveitosa. Os movimentos de curvar-se e erguer-se enquanto está arrancando ervas daninhas e cavando a terra, preparando-a para novos plantios, dissipam rapidamente a ansiedade e as apreensões.

Com freqüência, as mulheres podem combinar dois ou três tipos de exercício para satisfazer vários objetivos. Seja qual for a forma de exercício que você escolheu, assegure-se de que ele satisfaz as metas primordiais de reduzir a ansiedade e o *stress*, e de promover uma sensação mais apurada de calma e bem-estar.

Mantenha um Diário dos Exercícios

Durante os primeiros meses de um novo programa de exercícios é aconselhável a manutenção de um diário dos exercícios. Você pode usar o modelo de diário que incluí com o manual no Capítulo 2. Da manutenção de um diário dos exercícios derivará muitos benefícios. Mulheres sujeitas a episódios de ansiedade, acessos de pânico e fobias sentem, com freqüência, que perderam o controle sobre si mesmas. Quando experimentam um episódio de ansiedade, fica-lhes difícil organizar e levar a cabo suas atividades. Isso pode impedir o bom desempenho em muitas e diferentes áreas da vida, não apenas nos exercícios. O uso de um diário de exercícios fornece um guia organizacional útil e de que você precisa para iniciar, executar e, por fim, avaliar o programa de exercícios que tenha escolhido. Isso irá habilitá-la a determinar se o seu programa está proporcionando o máximo de benefícios na redução da ansiedade.

Quando preencher o diário, registre as datas em que realizou os exercícios, que tipo de exercício está praticando e suas reações emocionais e físicas à sessão de exercícios. Se faltou a uma sessão planejada, não deixe de registrar a razão disso, como uma doença ou excessivas exigências de trabalho. Registre as reações tanto positivas quanto negativas à sua sessão de exercícios. Ao registrar suas reações emocionais, não deixe de anotar se os seus sintomas de ansiedade, pânico ou *stress* na realidade aumentaram. Isso pode ocorrer se você exorbitar no esforço para executar um programa de exercícios que é vigoroso e exigente demais. Nesse caso, você pode querer reduzir o tempo de duração do exercício, a intensidade com que se exercita ou o tipo de atividade física que está praticando.

Limites Ideais de Variação da Pulsação por Faixa Etária

Idade	*Pulso (indica também pressão arterial)*
20-29	145-164
30-39	138-156
40-49	130-148
50-59	122-140
60-69+	116-132

Ao monitorar as suas reações físicas ao exercício, escolha aqueles parâmetros que significam mudanças benéficas na tensão muscular e na pulsação. Quando realizar exercícios aeróbicos, a sua pulsação deve situar-se dentro dos limites de variação ótimos para a sua idade. (Ver a tabela acima para as variações da pulsação para várias faixas etárias durante a realização dos exercícios.)

Não continue com um programa de exercícios se ele não satisfizer seus objetivos básicos: redução da ansiedade, do *stress* e de seus sintomas associados. Com uma tão vasta gama de exercícios e esportes à escolha, você pode usar o seu diário para ajudá-la a determinar que combinação de atividades físicas funciona melhor no seu caso.

Motive-se para os Exercícios

Se por ventura você deparar com obstáculos mentais para iniciar e manter um programa regular de exercícios, existem muitas maneiras de superar essa resistência. Tenha a certeza absoluta do motivo pelo qual você não quer praticar exercícios, de modo que possa abordar diretamente as questões de interesse. Preencher o diário de exercícios que figura junto do manual do Capítulo 2 deve ajudá-la a assinalar as áreas de resistência.

- Assegure-se de que está praticando os exercícios na parte do dia que acha que é a mais natural. Por exemplo, se gosta de se levantar tarde, não tente exercitar-se de manhã. Exercite-se quando estiver menos pressionada e estressada pelo seu horário. Se o seu maior período de tempo livre é no final da tarde, entre a saída do trabalho e o jantar, reserve esse período para a atividade física.

- Exercite-se num ambiente agradável. Se corre ou caminha, escolha um cenário perto de sua residência que favoreça a paz e a calma. Caminhe ou corra num parque, praia ou mesmo uma rua tranqüila num bairro residencial. Evite as áreas com muitos carros e congestionamentos.

- Exercite-se com uma amiga ou pessoa que a apóie. Isso pode ser de grande ajuda para motivá-la e encorajá-la a fim de iniciar e manter um programa de exercícios.

- Use sua mente para desligar-se das atividades cotidianas. Exercícios mentais positivos podem ajudar a relaxar antes do início da atividade física. Muitas mulheres acham que alguns minutos fazendo visualizações (vendo-se, na mente, fazendo e sentindo prazer em fazer os exercícios) ou afirmações (declarações positivas sobre as vantagens dos exercícios) preparam-nas para a rotina dos exercícios.

- Ouça música enquanto estiver se exercitando. Muitas mulheres acham que o tempo do exercício passa muito mais depressa, e o processo é muito mais divertido e agradável quando estão ouvindo música. Escolha uma música que seja melodiosa e repousante, pois isso ajudará a melhorar o seu humor e a relaxar ainda mais.

- Assegure-se de que escolheu uma atividade de exercício que lhe dá prazer. Não escolha uma atividade que piore o seu nível de ansiedade ou que considere enfadonha. Remeta-se ao quadro de Tipos de Exercícios neste capítulo se necessitar de ajuda para selecionar uma atividade que é divertida e interessante para você.

Inicie um Programa de Exercícios para Aliviar a Ansiedade e o Stress

Antes de iniciar o seu programa de exercícios para aliviar a ansiedade e o *stress*, leia todas as instruções seguintes. Elas irão ajudá-la a executar o seu programa de uma maneira mais favorável. Essas instruções são particularmente boas para mulheres que estão iniciando um programa de exercícios depois de terem levado uma vida sedentária. Também são úteis para mulheres que antes cuidavam de sua boa forma e eram ativas mas deixaram de exercitar-se porque o esforço físico parecia desencadear nelas ansiedade, episódios de pânico ou tensão muscular. Um programa de exercícios que seja puxado demais pode deixar uma mulher com ansiedade sentindo-se ainda mais ansiosa e tensa. Assim, entrar com o pé direito num programa de exercícios pode significar uma importante diferença para que uma mulher se mantenha nele e goste da atividade física que escolheu.

- Durante a primeira semana ou duas do seu programa, desenvolva gradualmente o seu nível de exercícios. Limite inicialmente os exercícios a sessões curtas. Por exemplo, você poderia começar exercitando-se em dias alternados durante apenas dez minutos. Depois, aumente gradualmente o tempo das sessões, em acréscimos de cinco minutos, até estar se exercitando entre trinta e sessenta minutos por sessão.

- Execute os exercícios com desenvoltura e sem pressa. Assegure-se de que reservou o tempo adequado para cada sessão, de modo a não sentir-se afobada. Sempre que se sentir tomada de ansiedade, de pânico ou de tensão muscular excessiva, suspenda o exercício. Depois, reavalie o seu ritmo, para verificar se não estava se esforçando demais. No começo, talvez queira exercitar-se com uma outra pessoa que possa fornecer-lhe apoio, se os seus sintomas de ansiedade se tornarem sérios demais.

- Use roupas folgadas e confortáveis. Se está fazendo exercícios de alongamento ou yoga, trabalhe sem meias para dar completa liberdade de movimento aos seus pés e evitar escorregadelas.

- Evacue os intestinos ou a bexiga antes de iniciar os exercícios. Procure exercitar-se pelo menos noventa minutos antes de uma refeição e espere até duas horas, no mínimo, depois de comer para exercitar-se. As sessões antes do jantar são especialmente boas, porquanto ajudam a difundir as tensões que se acumularam ao longo do dia.

- Evite a prática de exercícios quando estiver doente ou durante períodos de extremo *stress*. Nessas horas, serão mais úteis os exercícios de redução do *stress* ou da respiração fornecidos neste livro.

- Mova-se lenta e cuidadosamente quando começar uma sessão de exercícios. Isso ajudará a promover a flexibilidade dos músculos e a evitar lesões.

- Repouse sempre por alguns minutos após terminar uma sessão.

CAPÍTULO 9

Yoga para Alívio da Ansiedade e do Stress

Os alongamentos da yoga fornecem alívio eficaz para a ansiedade e o *stress*. Execute-os sempre lenta e cuidadosamente, e acompanhe os alongamentos com respiração profunda e relaxada. Os alongamentos da yoga aquietam a disposição de ânimo e promovem um profundo sentido de paz e serenidade. Ao contrário dos exercícios aeróbicos, com sua cadência rápida, a yoga abranda efetivamente a pulsação, a pressão arterial e a respiração. Isso beneficia muitas mulheres com ansiedade e tensão relacionadas com as pressões da vida. A yoga fornece um oásis de calma no qual a mulher pode pôr de lado essas pressões e concentrar-se na lenta execução dos exercícios e na respiração calma e profunda.

Quando pratica uma série de exercícios de yoga, a mulher alonga suavemente cada músculo de seu corpo. Esses exercícios relaxam os músculos tensos e melhoram sua flexibilidade. Também promovem a melhor circulação e oxigenação em áreas tensas e contraídas de todo o corpo. Em conseqüência disso, o metabolismo geral dos músculos e sistemas orgânicos é melhorado. Os efeitos da redução do *stress* e os efeitos fisiológicos da yoga beneficiam todos os sistemas do corpo, incluindo a função digestiva e a eliminação, o sistema endócrino (glandular), o sistema nervoso e o sistema imunológico.

Incluí neste capítulo uma série de posturas da yoga que reduzem especificamente a ansiedade e o *stress*. Alguns desses exercícios atuam sobre as emoções, acalmando a sua disposição de ânimo e induzindo a paz e serenidade. Outras posturas ajudam a aliviar as causas físicas da ansiedade e do *stress*, como a TPM e os problemas relacionados com a menopausa.

Recomendo que leia primeiro todos os exercícios para ver quais os que melhor se aplicam às causas de sua ansiedade e *stress*. Talvez você queira experimentar primeiro os exercícios. Ou talvez prefira experimentar inicialmente todos os exercícios na primeira semana ou duas e ver quais os que produzem resultados mais benéficos. Você pode fazer os alongamentos da yoga três vezes por semana, ou mesmo diariamente, se a ansiedade e os sintomas de *stress* reagem bem a uma prática mais freqüente.

Quando começar os exercícios para alívio da ansiedade e do *stress*, é importante que focalize sua mente e se concentre nas posições. Primeiro, sua mente visualiza como o exercício se apresenta, depois seu corpo procede à execução correta da postura. Preste muita atenção às instruções iniciais. Olhe cuidadosamente para a disposição do corpo nas fotos. Se praticar o alongamento de forma adequada, as probabilidades de alívio para os seus sintomas são muito maiores.

Desenvolva lentamente cada postura. Essa lentidão permite-lhe ter maior domínio sobre os movimentos do corpo. Minimizar a possibilidade de lesão e maximizar os benefícios para determinada parte do corpo, constitui o foco da postura. Se praticar regularmente esses alongamentos da yoga sem pressa, também soltará gradualmente os músculos, ligamentos e articulações. Talvez fique surpresa ao constatar até que ponto se tornou ágil e flexível.

Caso sinta alguma dor ou desconforto, o mais provável é que tenha ido além da sua capacidade atual e deve reduzir imediatamente a quantidade de alongamentos até que possa executá-los sem causar nenhum mal-estar. Tenha cuidado, pois as lesões musculares podem exigir muito tempo de recuperação. Se sofrer um entorse, aplique gelo na área lesionada durante dez minutos. Use a bolsa de gelo duas ou três vezes por dia durante vários dias. Se a dor persistir, procure seu médico.

Obedeça às instruções de respiração para o exercício. Da maior importância, não retenha a respiração. Deixe que os movimentos respiratórios se processem facilmente e sem qualquer esforço.

Alongamento 1: Postura da Criança

Este exercício é excelente para acalmar a ansiedade e o *stress* devidos a causas emocionais, e também aliviará a ansiedade e a irritabilidade causadas pela TPM e menopausa. Para mulheres com episódios de dependência alimentar ou coexistente prolapso da válvula mitral, atenuará a ansiedade. Este exercício alonga suavemente a região inferior das costas e é um dos mais eficazes para aliviar cãibras menstruais.

- Sente-se sobre os calcanhares. Incline a testa até o chão, alongando a coluna o máximo que puder.
- Feche os olhos.
- Mantenha essa postura enquanto se sentir à vontade nela.

Alongamento 2: A Esponja

Este exercício alivia a ansiedade e o *stress* devidos a causas emocionais, TPM ou menopausa. Ajuda a aquietar a ansiedade em mulheres com episódios coexistentes de dependência alimentar ou prolapso da válvula mitral. Alivia as cãibras menstruais e as dores na região inferior das costas. Também reduz a tensão nos olhos e o inchaço do rosto.

- Deite-se de costas com uma toalha enrolada debaixo dos joelhos. Os braços devem estar estendidos ao lado do corpo, com as palmas das mãos para cima.

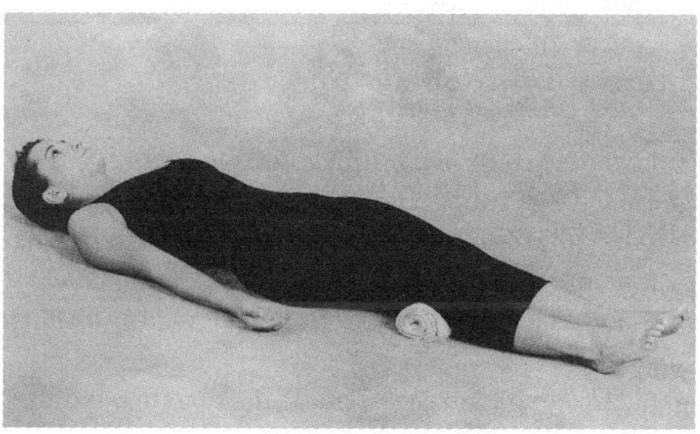

- Feche os olhos e relaxe o corpo todo. Inale o ar lentamente, respirando a partir do diafragma. Ao inalar, visualize a energia do ar à sua volta sendo atraída para dentro de todo o seu corpo. Imagine que o seu corpo é poroso e receptivo como uma esponja, de modo que essa energia possa ser absorvida revitalizando cada uma de suas células.

- Exale o ar lenta e profundamente, deixando que cada grama de tensão seja retirada do seu corpo.

Alongamento 3: Rock and Roll

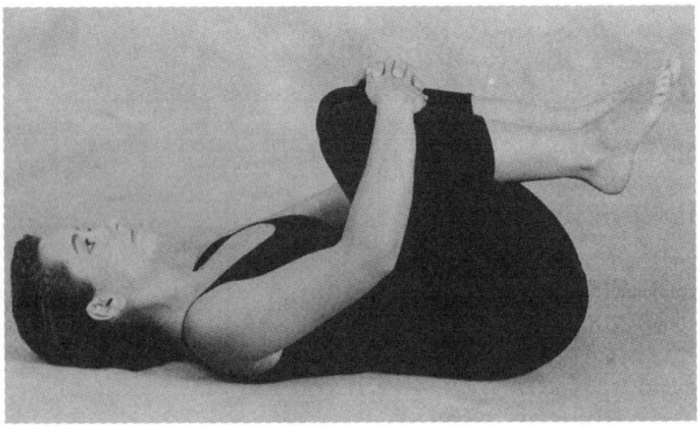

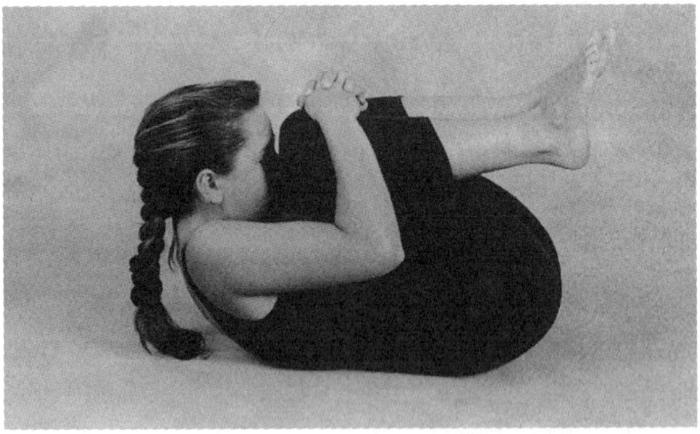

Este exercício massageia o pescoço e a coluna, e dá flexibilidade à coluna vertebral. Ele vai revigorar e energizar você, ajudando-a a equilibrar o corpo e a mente, e reduz a fadiga. Também promove a boa circulação e alivia a tensão na região inferior das costas. Para acentuar os benefícios do exercício, fique deitada de costas por alguns minutos depois do exercício.

- Deite-se de costas no chão. Dobre os joelhos e traga-os até o peito, prendendo-os firmemente com as mãos. Os dedos devem se entrelaçar logo abaixo dos joelhos.

- Levante a cabeça na direção dos joelhos e, suavemente, balance para a frente e para trás sobre a coluna curvada. Observe a harmonia de suas costas e de seus ombros. Inspire lentamente quando balança para a frente e expire lentamente quando balança para trás. Conserve o queixo entre os ombros enquanto faz esse balanço. Evite balançar muito para trás, apoiada no pescoço.

- Balance para a frente e para trás de cinco a dez vezes.

Alongamento 4: Postura do Dólar

Esta postura reduz a ansiedade e a tensão nervosa e ajudará a eliminar as dores de cabeça e a insônia causadas pela tensão. Aumenta a flexibilidade da coluna, reduz a rigidez e as dores nas costas.

- Deite-se de costas, com as pernas dobradas e os pés juntos. Coloque as mãos ao lado de ambos os tornozelos para ajudar a manter as pernas juntas.

- Ao inspirar, erga as pernas bem acima de sua cabeça. Para assegurar-se de que a postura é confortável, ajuste o ângulo das pernas, dobrando os joelhos a fim de aplicar pressão entre as escápulas.

- Conserve essa postura por um minuto, respirando lenta e profundamente.

- Volte à posição original, deitando-se de costas com os olhos fechados. Relaxe nessa posição por vários minutos.

Alongamento 5: Pernas para o Alto

Este exercício acalma a ansiedade e o nervosismo. Fortalece as costas e os músculos abdominais, melhora a circulação sangüínea e a oxigenação em toda a pelve.

- Deite-se de costas e pressione a curvatura lombar contra o chão. Isso faz com que você use os músculos abdominais sem tensionar a parte inferior das costas.

- Levante lentamente a perna direita enquanto inspira. Conserve as costas apoiadas contra o chão, permitindo que o resto do corpo fique relaxado. Movimente a perna bem devagar; imagine que ela está sendo suavemente içada por uma roldana. Não faça movimentos bruscos com a perna. Mantenha essa posição por algumas inspirações.

- Abaixe a perna e expire.

- Repita o exercício com a perna esquerda. Depois, sempre alternando as pernas, repita o exercício de cinco a dez vezes.

Alongamento 6: Postura da Cobra

Este exercício reduz a ansiedade e a tensão nervosa. Também ajuda a eliminar as dores de cabeça causadas pela tensão. Ao alongar a coluna, você estimula a circulação e aumenta a flexibilidade.

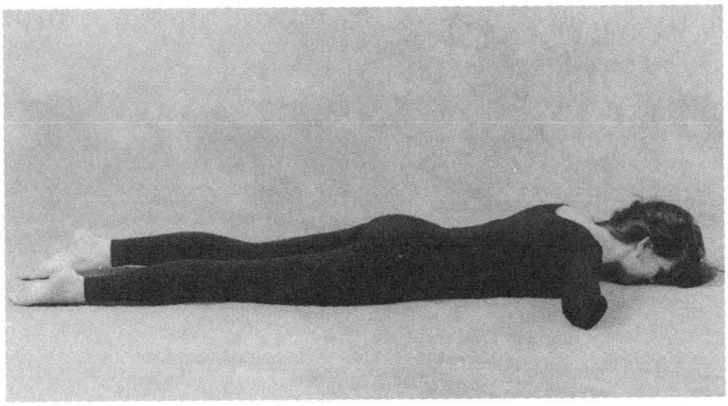

- Deite-se de bruços, com o queixo no chão e os pés juntos. Coloque as mãos espalmadas no chão sob os ombros.

- Ao inspirar, erga a cabeça e estenda o pescoço para trás. Depois, levante o peito, usando os músculos dos braços e do dorso.

- Ao completar a inalação, erga o tronco todo em arco, mantendo as coxas no chão.

- Mantendo-se nessa posição, expire profundamente. Depois respire profunda e lentamente, inspirando e expirando por trinta segundos.

- Usando os braços como suporte, abaixe um pouco o tronco. Mantendo o corpo nessa posição, respire profundamente por trinta segundos.

- Depois, abaixe o corpo por completo. Relaxe com a cabeça voltada para um lado e os braços repousando suavemente no chão. Feche os olhos e relaxe por alguns minutos.

Alongamento 7: Postura do Barco

Este exercício ajuda a aliviar a tensão do corpo em geral. Melhora a circulação e a concentração. Fortalece as áreas dorsal e abdominal inferiores.

- Deite-se de bruços com os pés juntos e os braços colados ao corpo.

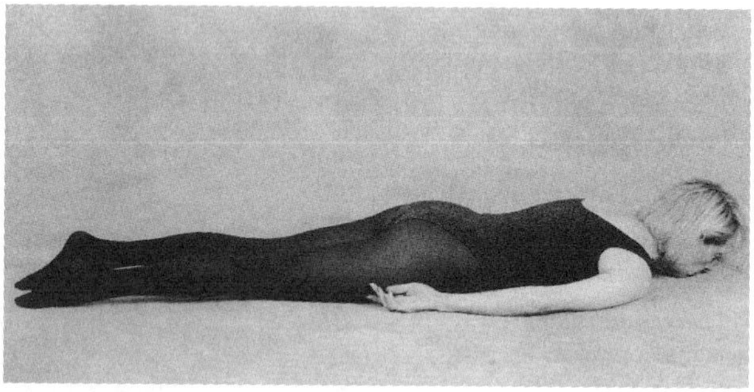

- Estenda os braços para fora e para a frente da cabeça no chão.

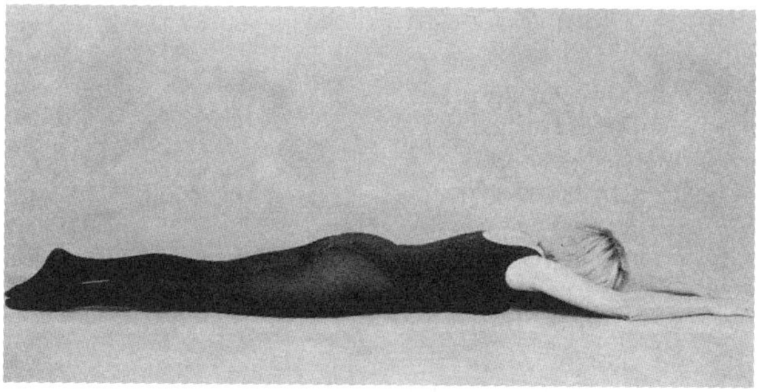

- Ao inspirar, arqueie as costas e levante do chão os braços, a cabeça, o peito e as pernas. Mantenha a postura por todo o tempo que puder, até trinta segundos, respirando profunda e lentamente.

- Volte à posição de repouso original com a cabeça voltada para um lado, e completamente relaxada de um a três minutos.

Alongamento 8: Rotação para o Lado

Este exercício ajuda a aliviar a tensão emocional e a frustração. Ao ajudar a liberar a tensão emocional trancada nos músculos, este alongamento promove uma sensação de relaxamento, de equilíbrio mental, de aumento de energia e de vitalidade.

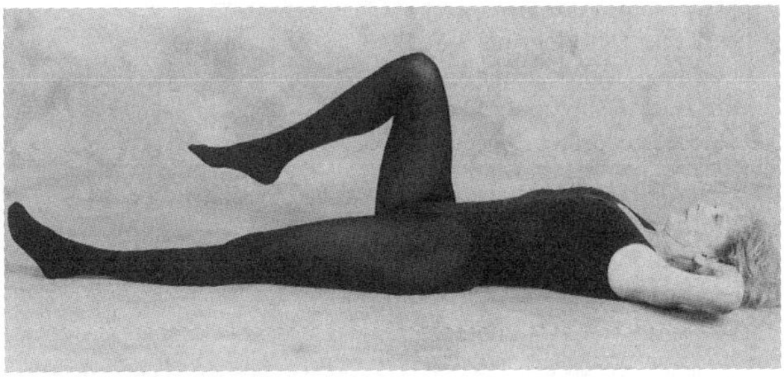

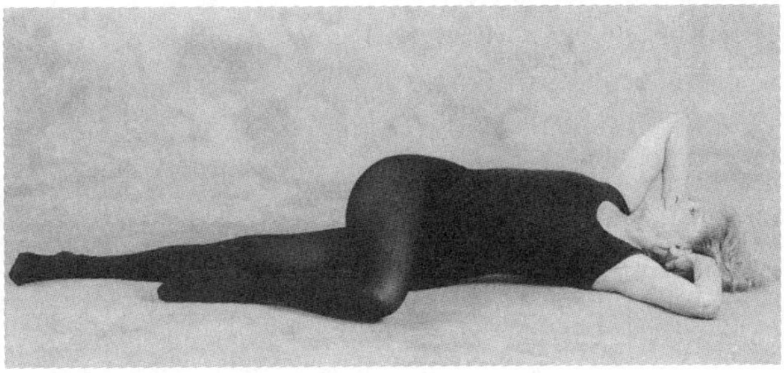

- Deite-se de costas com as mãos entrelaçadas sob a nuca.
- Ao inspirar, dobre e levante a perna direita.
- Então expire e role para o seu lado esquerdo, com o joelho esquerdo tocando o chão. Ao fazer isso, solte um suspiro.
- Ao inspirar, volte à sua posição original.
- Repita a seqüência dez vezes, alternando os lados.
- Depois relaxe de costas por um minuto.

Alongamento 9: O Gafanhoto

Este exercício, ao energizar o trato reprodutivo feminino, ajuda a aliviar a ansiedade e o *stress* relacionados com a TPM, a menopausa e outros sintomas pré-menstruais e menopausais. Também energiza o fígado, os intestinos e os rins, e fortalece a região dorsal inferior, o abdome, as nádegas e as pernas.

- Deite-se no chão de rosto para baixo. Feche as mãos e coloque-os sob os quadris. Isso impede que você comprima a região lombar enquanto faz este exercício.

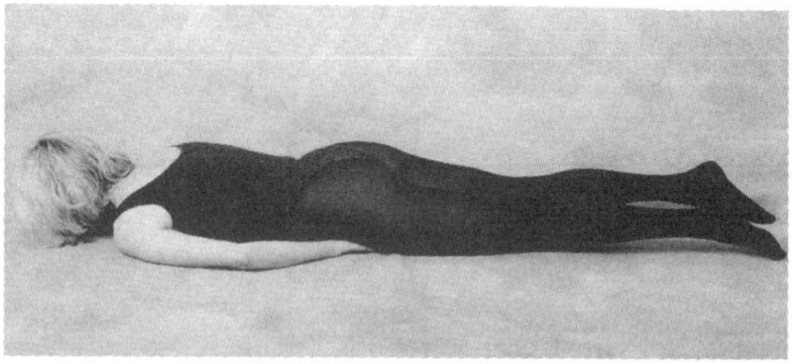

- Estique o corpo e levante a perna direita com um impulso o mais alto que puder, mantendo os quadris sobre as mãos. Se possível, mantenha essa posição por cinco a vinte segundos.

- Baixe a perna e, lentamente, retorne à posição inicial. Repita com a perna esquerda e, depois com as duas pernas juntas. Lembre-se de conservar os quadris sempre repousados sobre as mãos.

- Repetir dez vezes.

Alongamento 10: O Arco

Este exercício é um dos alongamentos mais eficientes para aumentar a energia e a vitalidade totais do corpo e para descarregar a tensão muscular. Fortalece o sistema nervoso, equilibra a disposição de ânimo, pode reduzir o desejo irreprimível de açúcar e ajuda a reduzir a ansiedade e a tensão nervosa. Melhora a concentração e a clareza mentais. Também estimula a tireóide, o timo, o fígado, os rins e o trato reprodutivo feminino, além de melhorar a função digestiva.

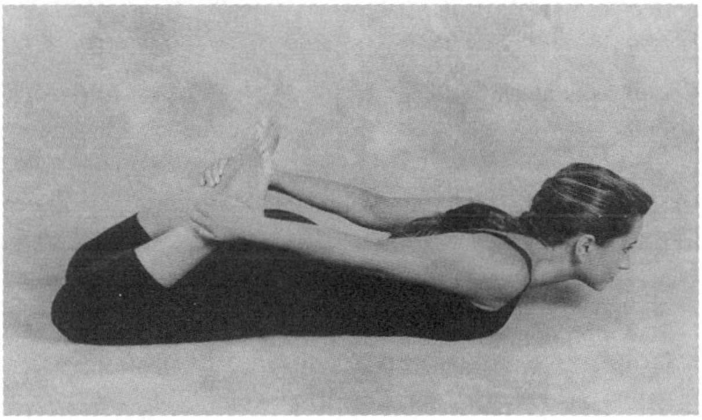

- Deite-se no chão com o rosto para baixo e os braços repousando ao longo do corpo.

- Lentamente, dobre as pernas na altura dos joelhos e leve os pés na direção das nádegas. Estique os braços para trás e, cuidadosamente, segure um pé e depois o outro. Dobre os pés para facilitar o ato de segurá-los.

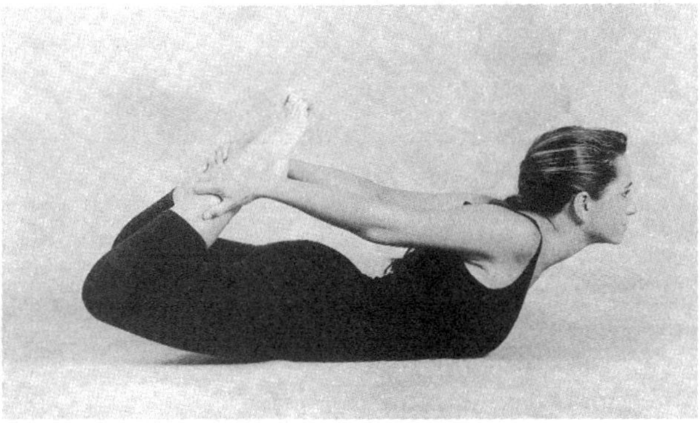

- Ao inalar o ar, levante a cabeça e erga o tronco do chão o máximo que puder. Junte os joelhos e afaste também as pernas do chão o mais que lhe for possível. Imagine que seu corpo se assemelha à graciosa curvatura de um arco. Mantenha essa posição por dez a quinze segundos.

- Desmanche essa postura lentamente. Deixe seu queixo tocar o chão e, finalmente, solte os pés e faça-os voltar bem devagar ao chão. Volte à sua posição inicial.

- Repetir cinco vezes.

Alongamento 11: Postura de Meia-Roda

Este exercício ajuda a aliviar a tensão nervosa e o *stress*, as dores de cabeça por causa da tensão e dos problemas menstruais. Também ajuda a prevenir resfriados e infecções respiratórias. Use-o para aliviar sintomas alérgicos e respiratórios.

- Deite-se de costas com os joelhos dobrados e as plantas dos pés bem assentes no chão.

- Coloque as mãos sob a nuca, com as costas das mãos fazendo pressão uma contra a outra e os nós dos dedos mínimos pressionando a base do crânio. Mantenha o dedo indicador e o polegar de cada mão distantes um do outro.

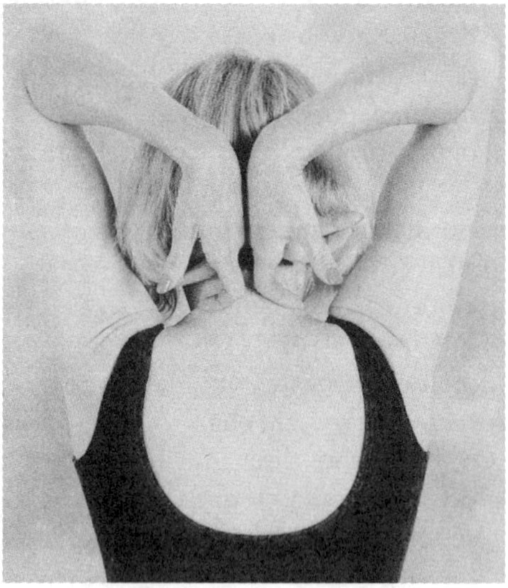

- Inspire profundamente e erga os quadris, descrevendo um arco. Respire profundamente nessa posição durante até um minuto.

- Ao expirar, baixe lentamente o tronco e volte à sua posição inicial.

- Relaxe nessa posição por um a três minutos.

CAPÍTULO 10
Acupressura para Alívio da Ansiedade e do Stress

A acupressura ajuda a aliviar as causas emocionais e físicas da ansiedade e do *stress*. Baseada numa antiga técnica oriental de cura, envolve a aplicação de suave pressão dos dedos em pontos específicos da pele. Ao contrário da acupuntura, que requer o uso de agulhas e muitos anos de treinamento, a acupressura pode ser facilmente aprendida e executada.

Tenho recomendado o uso de simples pontos de acupressura às minhas pacientes há muitos anos, e muito me satisfez o retorno positivo que elas me deram. Muitas delas disseram-me que se sentiam mais calmas e mais pacíficas depois de trabalhar com a acupressura. Este capítulo inclui diretrizes fáceis de seguir e muitas fotografias de exercícios específicos, que facilitaram o uso da acupressura por você.

Sobre a Acupressura

A pressão em pontos específicos da pele cria mudanças em dois níveis. No nível físico, a acupressura afeta a tensão muscular, a circulação sangüínea e outros parâmetros fisiológicos. Num nível mais sutil, de acordo com a medicina oriental tradicional, a acupressura também estimula a energia vital do corpo, promovendo assim a cura. De fato, a acupressura baseia-se na crença de que o corpo contém uma energia vital chamada chi. É diferente da energia eletromagnética e, no entanto, semelhante a ela. A saúde pode ser vista como um estado em que chi está distribuída igualmente por todo o corpo e presente em quantidades suficientes para energizar todas as células e tecidos do organismo.

A energia chi circula por todo o corpo em canais chamados meridianos. Quando funcionando de maneira saudável, esses canais distribuem a energia de modo uniforme por todo o corpo, ora na superfície da pele, ora profundamente nos órgãos. A doença ocorre quando a energia flui num meridiano que está bloqueado ou inativo. Em conseqüência disso, os órgãos internos que correspondem aos meridianos podem mostrar sintomas de doença. O fluxo do meridiano pode ser corrigido pela estimulação dos pontos na superfície da pele por massagem manual. Quando o fluxo normal de energia por meio do corpo é reatado, acredita-se que o corpo cura-se espontaneamente.

Siga as instruções simples e estimule os pontos de acupressura usando a pressão dos dedos. É seguro e indolor, e não requer o uso de agulhas.

Como Fazer a Acupressura

Faça a acupressura sozinha ou com uma amiga quando se sentir relaxada. O ambiente deve estar aquecido e tranqüilo. Suas mãos devem estar limpas e as unhas cortadas para evitar arranhões. Se é propensa a ter mãos frias, lave-as com água quente.

Trabalhe do lado do corpo no qual você sente mais desconforto. Se os dois lados mostrarem desconforto igual, escolha o que quiser. Trabalhar em um lado parece aliviar os sintomas nos dois lados. Parece que há uma transferência de energia, ou de informação, de um lado para o outro.

Para encontrar o ponto de acupressura correto, olhe a fotografia que acompanha as instruções. Cada ponto corresponde a um ponto específico nos meridianos da acupressura. Você pode massagear os pontos uma vez por dia ou mais durante o tempo em que tiver os sintomas.

Mantenha uma pressão constante em cada ponto indicado durante um a três minutos. Aplique a pressão lentamente com a ponta ou a polpa dos dedos. Assegure-se de que sua mão está confortável. Coloque vários dedos sobre a área do ponto. Se sentir resistência ou tensão na área sobre a qual está aplicando a pressão, você pode apertar com um pouco mais de força. Contudo, se começar a sentir a mão tensa ou cansada, alivie um pouco a pressão. Pode ser que você sinta o ponto de acupressura um pouco dolorido; isso significa que o canal ou caminho da energia está bloqueado.

Durante o tratamento, a suscetibilidade à dor no ponto deve desaparecer lentamente. Também é possível que você sinta uma sensação subjetiva de energia irradiando desse ponto para o corpo. Muitas pacientes descrevem essa sensação como algo bastante agradável. Não se preocupe se não sentir nada; nem todos sentem. O principal objetivo é aliviar os seus sintomas.

Respire suavemente enquanto estiver fazendo cada exercício. À medida que for ficando mais descontraída, o seu corpo responderá às mudanças no fluxo de energia.

Exercício 1: Para Alívio de Ansiedade e Stress

Este exercício ajuda a aliviar a ansiedade, a tensão nervosa e a insônia. Pode também ajudar a aliviar a ansiedade coexistente com o prolapso da válvula mitral. Estimula todo o sistema endócrino porque envolve um ponto poderoso para a glândula pituitária. Os pontos neste exercício também ajudam a mitigar enxaquecas, torcicolo e dificuldades respiratórias relacionadas com o *stress*. Também é um exercício eficaz para aliviar ondas de calor relacionadas com a menopausa e sintomas de hipoglicemia.

- Sente-se ereta numa cadeira. Sustente cada uma das etapas seguintes por um a três minutos.

- A mão esquerda sustenta o ponto localizado na leve depressão existente no topo da cabeça. A mão direita é colocada no ponto diretamente entre as sobrancelhas, onde o cavalete do nariz se une à testa.

- A mão direita é aplicada no ponto no centro do esterno, no nível do coração. Os dedos ajustar-se-ão às reentrâncias nesse osso.

Exercício 2: Para Alívio da Tensão Muscular, Stress e Hipoglicemia

Mulheres que se sentem ansiosas e estressadas sofrem com freqüência de músculos tensos. Essa importante seqüência de pontos ajuda a aliviar a tensão na parte superior do corpo. O pescoço e os ombros suportam geralmente uma grande carga de tensão. Nessa área, a tensão pode atuar como um estrangulamento e impedir que a energia flua do corpo inteiro. Assim, essa seqüência energiza o corpo todo, aliviando a fadiga e o esgotamento, assim como a ansiedade e a tensão nervosa. Os pontos nessa seqüência fortalecem o sistema imunológico e incluem também um importante ponto de tratamento para a hipoglicemia.

- Sustente cada uma das etapas seguintes por um a três minutos. Você começará o exercício deitada e depois sentada ereta numa cadeira.

- Enrole uma toalha na metade do seu comprimento. Deite-se de costas e coloque a toalha sob a parte superior do tronco, entre as escápulas, aplicando pressão num importante ponto de pressão. Relaxe nessa posição por um a três minutos.

- Agora sente-se. A mão esquerda sustenta o ponto no topo da escápula, de 2,5 a 5 cm ao lado da coluna. Esse ponto está localizado entre a escápula e a coluna. Talvez você o sinta rijo e resistente.

  A mão direita sustenta o mesmo ponto no lado direito.

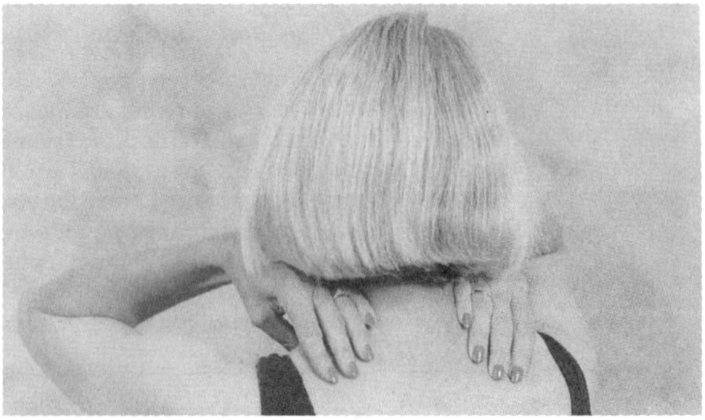

- A mão esquerda pressiona o ponto localizado na parte posterior do alto do ombro esquerdo, onde o pescoço encontra o ombro. A mão direita sustenta o mesmo ponto no lado direito.

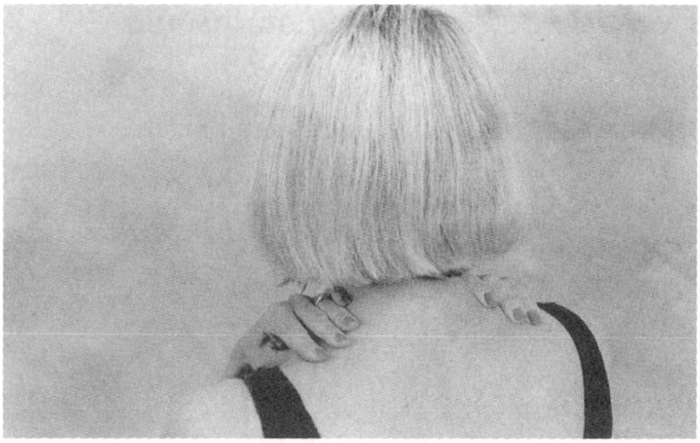

- A mão esquerda sustenta o ponto localizado na metade do pescoço, com os dedos sobre o músculo próximo à coluna. A mão direita sustenta o mesmo ponto no lado direito.

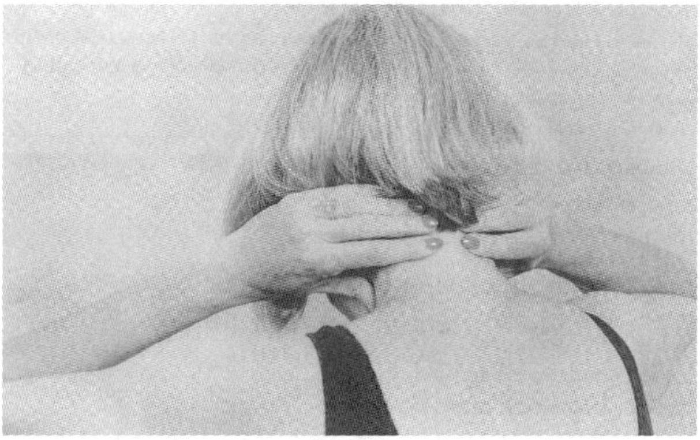

- A mão esquerda sustenta o ponto localizado na base do crânio, de 2,5 a 5 cm a partir da coluna. Seus dedos sentirão um ponto na concavidade aí existente.

  A mão direita pressiona o ponto no lado direito.

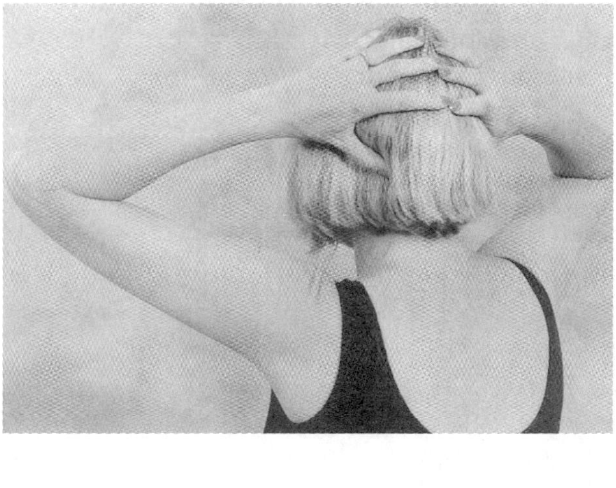

Exercício 3: Para Alívio da Insônia

Este exercício ajuda a aliviar a insônia e a ansiedade. Na medicina oriental, estes pontos são chamados de "sono prazeroso" e de "sono tranqüilo".

- Sente-se confortavelmente e pressione esses pontos durante um a três minutos.

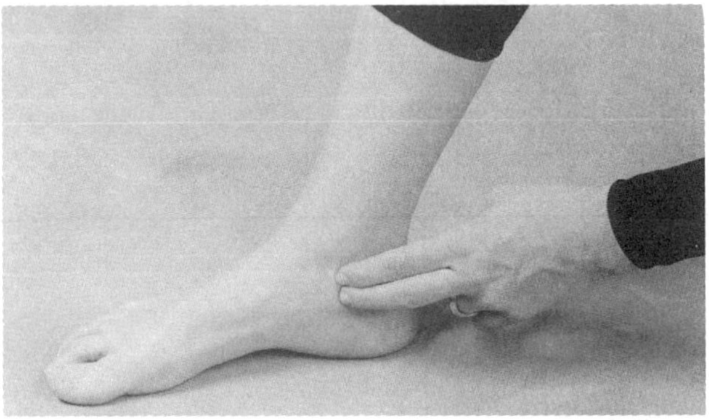

- A mão esquerda sustenta o ponto localizado no lado interno do tornozelo direito. Esse ponto está localizado na concavidade diretamente abaixo do lado interno do osso do tornozelo.

- A mão direita sustenta o ponto localizado na concavidade abaixo do lado externo do tornozelo direito.

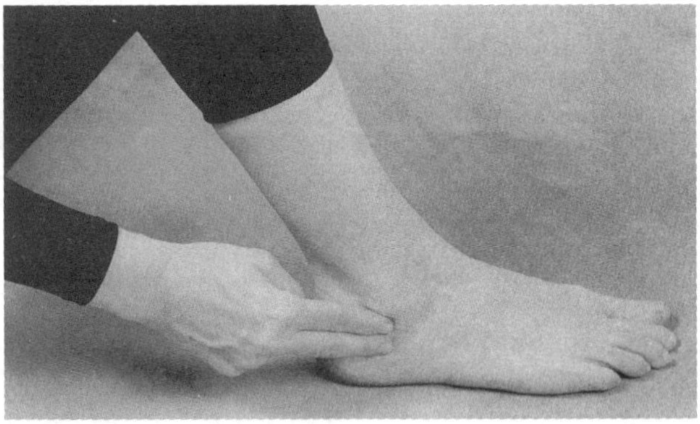

Repita este exercício pressionando os pontos no pé esquerdo.

Exercício 4: Para Alívio da Tensão no Peito

Este exercício alivia a tensão no peito e a respiração superficial causada pela ansiedade. Envolve também um ponto que reduz os sintomas de hipoglicemia.

- Sente-se confortavelmente. Pressione cada ponto durante um a três minutos.

- A mão esquerda sustenta o ponto sobre a parte externa do tórax. Esse ponto está localizado três dedos abaixo da clavícula. A mão direita sustenta o mesmo ponto do lado direito.

- A mão esquerda sustenta o ponto na mão direita localizado logo abaixo da base do polegar, no sulco do pulso.

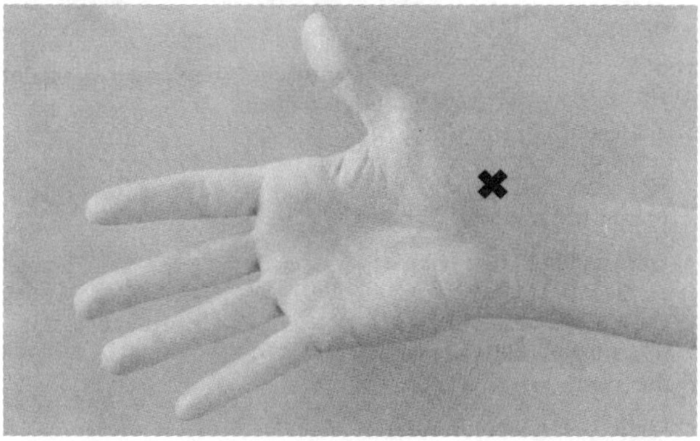

- A mão esquerda sustenta o ponto do lado da palma da mão direita, no centro da almofada abaixo do polegar.

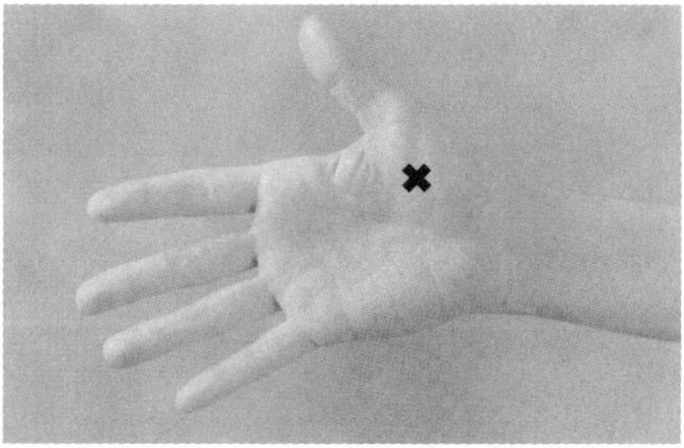

Exercício 5: Para Alívio da Tensão Digestiva

Este poderoso ponto energético é um dos mais importantes na medicina oriental. Ajuda a aliviar problemas digestivos causados pela tensão nervosa e ansiedade. Também é usado para diminuir rapidamente a fadiga e aumentar a energia e a resistência. Tem sido tradicionalmente usado por atletas para tonificar e fortalecer os músculos, bem como para aumentar o vigor.

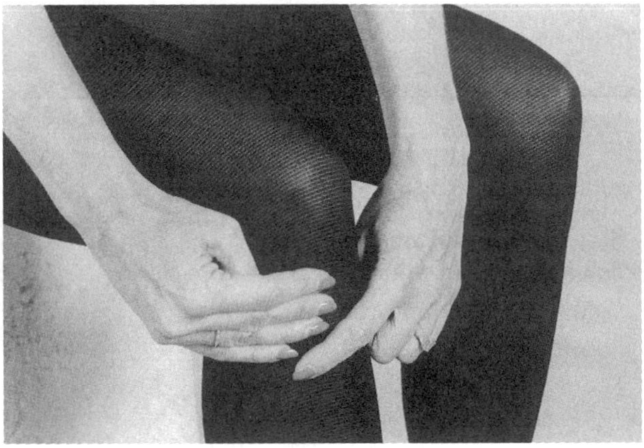

- Sente-se ereta numa cadeira. Pressione o ponto durante um a três minutos.
- A mão esquerda pressiona o ponto abaixo do joelho direito. Localize esse ponto com a mão direita, medindo quatro dedos abaixo da rótula, na direção do lado externo da tíbia. O ponto é sensível ao toque em muitas pessoas.

Exercício 6: Alivia a Ansiedade Relacionada com a TPM e a Menstruação

Este exercício alivia os sintomas de TPM e as cãibras menstruais, equilibrando pontos no meridiano da bexiga. Esse meridiano alivia os sintomas ao equilibrar a energia do trato reprodutivo feminino. A medicina oriental usa esses pontos para aliviar a ansiedade, o medo e a exaustão relacionados com a TPM, cãibras e outros problemas reprodutivos.

- Sente-se no chão e apóie as costas contra uma parede ou um móvel pesado. Sustente cada etapa por um a três minutos.

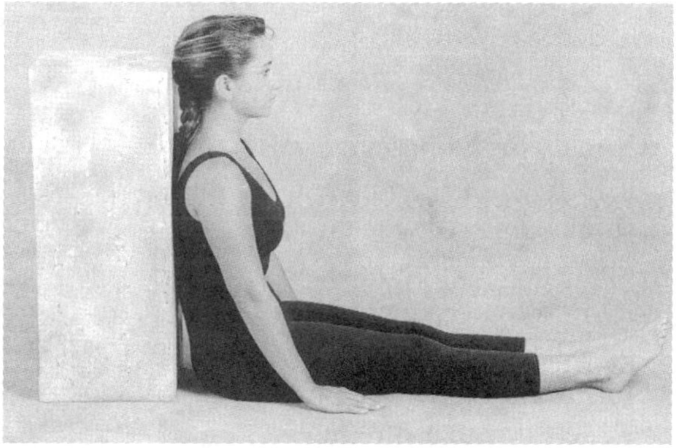

- Método alternativo: Deite-se no chão e coloque as pernas sobre o assento de uma cadeira. Execute o exercício a partir dessa posição.

- Coloque a mão direita 2,5 cm acima da cintura sobre o músculo localizado no lado esquerdo da coluna (sentirá o músculo firme e como uma corda).

  Coloque a mão esquerda na dobra da perna atrás do joelho.

- A mão direita permanece na mesma posição. A mão esquerda é colocada no centro da parte de trás da panturrilha direita. Esse ponto fica logo abaixo da parte mais cheia da panturrilha.

- A mão direita permanece 2,5 cm acima da cintura, sobre o músculo localizado no lado da coluna. Coloque a mão esquerda logo abaixo do osso do tornozelo, do lado de fora do calcanhar direito.

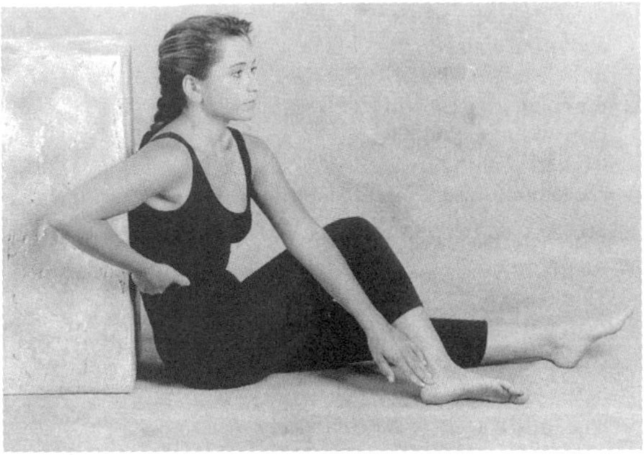

- A mão direita permanece na mesma posição. A mão esquerda sustenta as partes anterior e posterior do dedo mínimo do pé.

Exercício 7: Alivia a Tensão e a Fadiga Menstruais

Este exercício ajuda a aliviar a ansiedade e a depressão menstruais, útil para mulheres que sofrem de significativo *stress* na vida. Ajuda a minorar as ondas de calor relacionadas com o início da menopausa, assim como as dificuldades respiratórias causadas pela ansiedade. A seqüência de pontos alivia a fadiga de que muitas mulheres sofrem durante os dias que antecedem seu período menstrual. O segundo passo na seqüência tem sido tradicionalmente proibido para uso por mulheres grávidas depois do seu primeiro trimestre.

- Sente-se ereta e apóie as costas contra uma cadeira. Sustente cada etapa por um a três minutos.

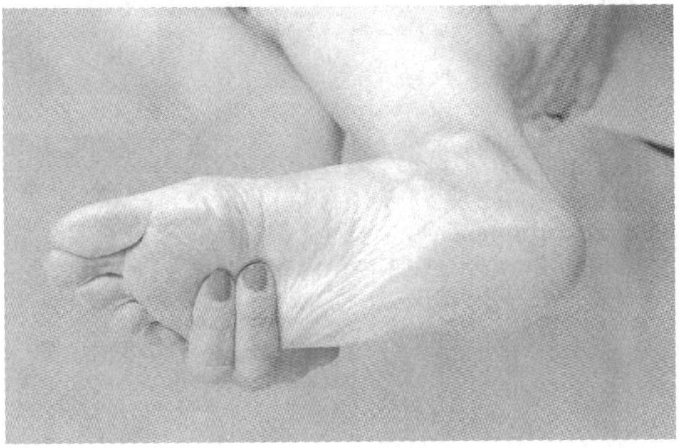

- A mão direita pressiona o ponto na base da protuberância arredondada da planta do pé direito. Esse ponto está localizado entre as duas almofadas do pé.

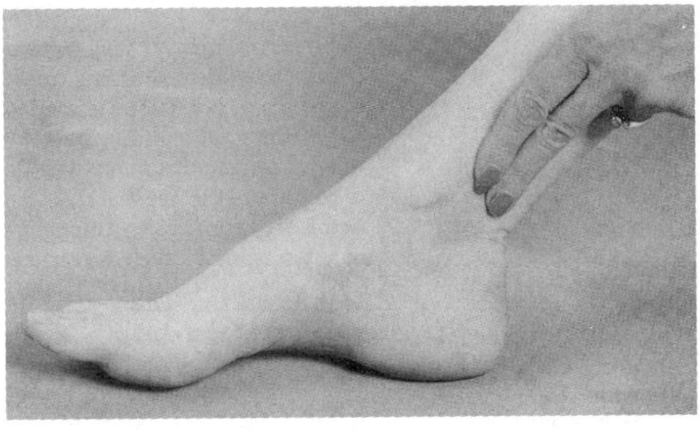

- A mão esquerda pressiona o ponto intermédio entre o lado interno do tornozelo direito e o tendão de Aquiles. O tendão de Aquiles está localizado na parte posterior do tornozelo.

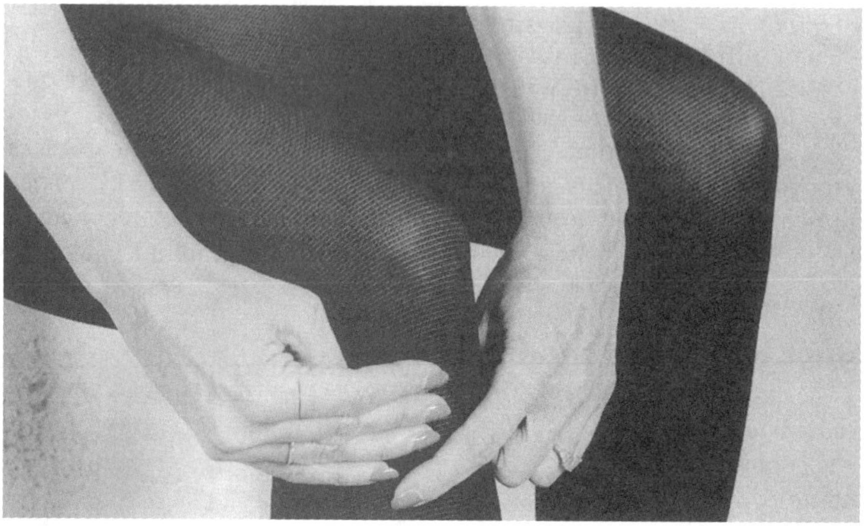

- A mão esquerda pressiona o ponto abaixo do joelho direito, localizado quatro dedos abaixo da rótula, na direção do lado de fora da tíbia. É sensível ao toque em muitas pessoas.

Exercício 8: Para o Equilíbrio da Glândula Tireóide

Estes pontos ajudam a equilibrar a glândula tireóide e a normalizar sua função. Também favorecem o tônus e a cor saudáveis da pele.

- Sente-se ou deite numa posição confortável. Mantenha cada etapa por um a três minutos.

- A mão esquerda pressiona o ponto na concavidade atrás do lóbulo da orelha.

- A mão esquerda pressiona o ponto diretamente abaixo do lóbulo da orelha e para trás do maxilar inferior.

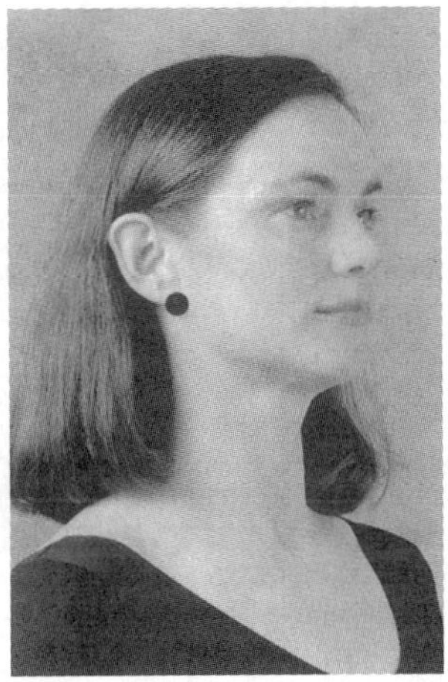

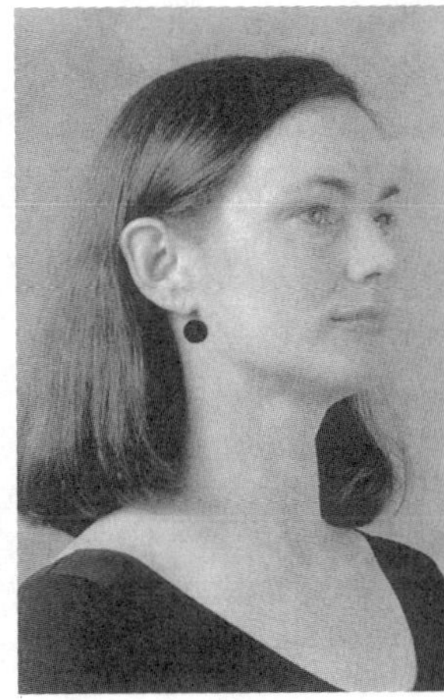

Exercício 9: Para o Equilíbrio da Glândula Tireóide

Este exercício equilibra a glândula tireóide. Uma glândula hiperativa pode causar ansiedade e nervosismo.

- Sente-se ereta numa cadeira. Mantenha cada etapa por um a três minutos.

- As mãos envolvem os ombros, com os polegares pressionando suavemente de ambos os lados no topo das clavículas.

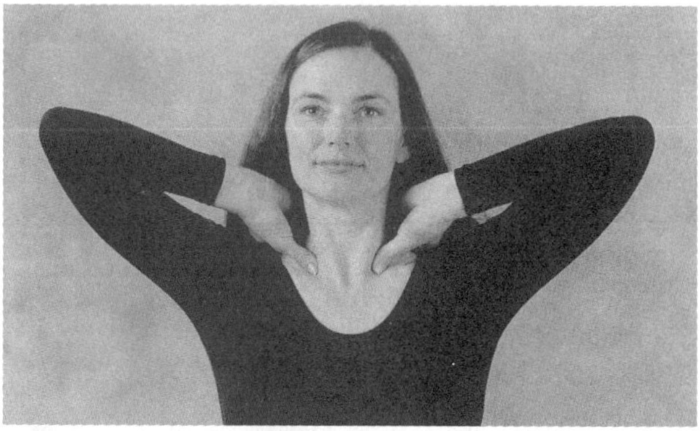

- Dedos nas costas. Pressione contra a parte superior dos ombros e da área das escápulas.

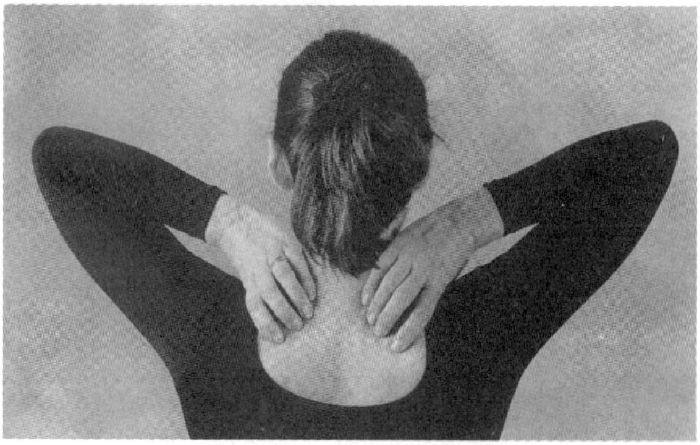

Exercício 10: Para o Alívio da Dependência Alimentar

Este exercício ajuda a aliviar a dependência e os vícios alimentares que agravam a ansiedade e a tensão nervosa. Inclui-se aí o chocolate, o açúcar e a cafeína. Este exercício também ajuda a aliviar a ansiedade e o *stress* emocional que com freqüência pioram os problemas digestivos. Use esse ponto com o estômago vazio, antes de comer. Não pressione este ponto profundamente.

- Sente-se ou deite-se numa posição confortável. Mantenha este ponto por um a três minutos.

- A mão direita pressiona um ponto na linha mediana do corpo, a meio caminho entre a base do esterno e o umbigo.

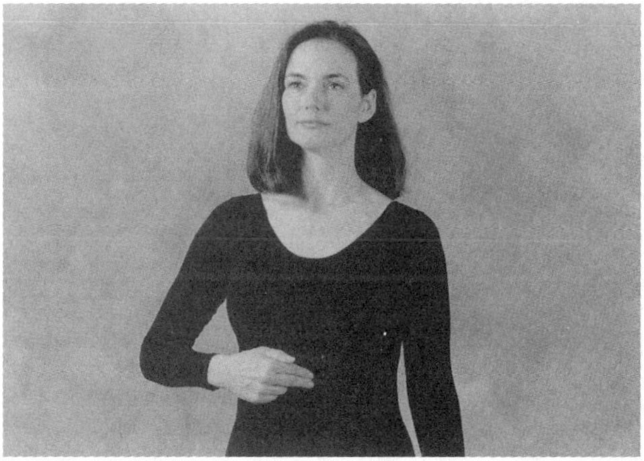

CAPÍTULO 11
O Tratamento da Ansiedade com Medicação

Embora este livro tenha enfatizado a importância e eficácia de técnicas de autoajuda para o tratamento da ansiedade e do *stress*, a medicação também tem um lugar próprio em algumas circunstâncias. Isso é sobretudo verdadeiro quando os sintomas de ansiedade são graves. A medicação pode ser então necessária para se obter o adequado alívio de sintomas num paciente em situação delicada. Isso é igualmente válido para a mulher, quer sofra de causas de ansiedade com base emocional, quer se defronte com certos problemas físicos que causam ansiedade, como a TPM, a menopausa, o hipertireoidismo e prolapso da válvula mitral.

Psicotrópicos como Terapia Apropriada

Durante meus vinte anos de prática médica, a minha tendência tem sido a de usar a psicofarmacologia como segunda linha de tratamento. Abordo cautelosamente o uso de psicotrópicos por causa dos seus poderosos efeitos químicos sobre o corpo e seu potencial para causar efeitos colaterais tóxicos. Prefiro usar as mais seguras e mais brandas terapias naturais, como dietas, nutrientes suplementares, técnicas de redução do *stress*, exercícios de respiração profunda, aconselhamento e exercícios físicos como primeira linha de tratamento, sempre que possível.

Quando os Psicotrópicos são Apropriados

Por vezes, entretanto, o uso de drogas pode ser uma necessidade absoluta para o bem-estar da paciente. É esse o caso, com freqüência, quando os sintomas são tão graves que não respondem completamente às terapias naturais. São exemplos a ansiedade, as fobias e os ataques de pânico de tamanha freqüência e gravidade que não permitirão a uma mulher trabalhar e executar suas atividades cotidianas necessárias, seja no desempenho de suas funções num emprego ou do seu papel de mãe para cuidar dos filhos. Se o estado de ansiedade está provocando sofrimento emocional excessivo, nesse caso a medicação é também indicada, pelo menos a curto prazo. Numa ordem semelhante de idéias, uma mulher com ansiedade profunda relacionada com a menopausa, bruscas variações de humor e sintomas afins, como ondas de calor ou suores noturnos causados por deficiência hormonal, pode precisar de uma terapia de reposição de hormônio. Isso pode ser necessário para dar-lhe o requerido alívio e voltar a um nível de conforto emocional e fisiológico.

Com freqüência, a fim de obter os melhores resultados no tratamento da ansiedade e do *stress* de todos os tipos, combino a medicação com terapias naturais. Isso fornece à uma mulher toda uma gama de opções disponíveis de tratamento. Também enfatizo a prevenção, assim como o alívio imediato dos sintomas.

O Uso Seguro e Eficaz de Psicotrópicos

Quando uso psicotrópicos para o tratamento da ansiedade, procuro prescrever sempre medicação só para uso a curto prazo e na menor dose terapêutica possível. Lamentavelmente, a dependência da droga e os desagradáveis efeitos colaterais são possibilidades concretas com o uso a longo prazo de muitos psicotrópicos redutores da ansiedade, especialmente em doses elevadas. O uso criterioso e eficaz dessas medicações reduz o risco de desagradáveis efeitos secundários, assim como os sintomas de abstinência que podem ocorrer quando as drogas são suspensas.

Antes de iniciar um programa de medicação, certifique-se de que compreende os riscos e os benefícios das medicações que está considerando. Discuta com o seu médico os efeitos colaterais potenciais e quaisquer contra-indicações para as atividades normais quando usar essas drogas. Por exemplo, se uma droga causa efeitos sedativos, não se deve tentar dirigir um automóvel quando esses efeitos são pronunciados. Apure por quanto tempo o seu médico planeja mantê-la sob medicação e após que período de tempo ela será suspensa para evitar efeitos de abstinência. O seu médico deve ter um bom plano em mente quando iniciar um programa que inclui medicação.

Antes de iniciar a medicação, forneça ao seu médico todas as informações que possam afetar o uso de uma determinada droga. A informação pertinente inclui dados sobre *quaisquer* alergias ou reações incomuns que possa ter a drogas ou quaisquer outras substâncias, como alimentos, conservantes ou corantes. Por exemplo, se tem prolapso da válvula mitral, você deverá usar antibióticos antes de um tratamento dental ou cirurgia. Não deixe de notificar o seu médico se estiver tomando correntemente alguma outra prescrição ou automedicando-se. Isso ajudará a prevenir os efeitos potencialmente perigosos da interação de drogas. Informe seu médico se estiver grávida ou amamentando, porque o uso de medicações pode ser perigoso para o feto ou o bebê. Se contrair qualquer novo problema médico enquanto estiver usando qualquer das seguintes drogas, informe seu médico imediatamente.

Se acha difícil a comunicação com o seu médico ou se a constrange falar sobre suas preocupações, sugiro que encontre um outro médico com quem se sinta à vontade. A decisão sobre se usar uma determinada medicação requer uma decisão mútua por parte da paciente e do médico, trocando informações completas sobre o estado da paciente e os benefícios e riscos da droga. Tais assuntos podem ser melhor discutidos num relacionamento paciente-médico positivo.

Na seção seguinte deste capítulo, descrevo as drogas mais comumente usadas para causas emocionais e físicas de ansiedade e *stress*. Isso deve fornecer-lhe informação útil quando tomar uma decisão com o seu médico sobre a terapia com psicotrópicos.

Drogas por Prescrição Médica

Quatro tipos principais de psicotrópicos podem ser úteis para aliviar a ansiedade, o *stress* e os sintomas de pânico. São eles: os tranqüilizantes e sedativos benzodiazepínicos, os antidepressivos, os betabloqueadores e uma droga antiansiedade (cloridrato de buspirona). Descreverei seus usos, assim como seus efeitos colaterais.

Tranqüilizantes e Sedativos Benzodiazepínicos

As benzodiazepinas estão entre as medicações mais comumente usadas para tratar a ansiedade. Elas diminuem a ansiedade ao causar a depressão do sistema nervoso central. Todas têm propriedades sedativas também, dependendo da dosagem. Companhias farmacêuticas desenvolveram e isolaram mais de duas mil fórmulas de benzodiazepinas e testaram mais de uma centena delas para suas propriedades ansiolíticas. As benzodiazepinas estão divididas em dois grupos: tranqüilizantes e sedativos.

No primeiro grupo, o dos tranqüilizantes benzodiazepínicos, Frontal® (alprazolam), Limbitrol® (clorodiazepóxido), Valium® (diazepam), Lexotan® e Sulpan® (bromazepan), Tranxilene® (clorazepato) e Rivotril® (clonazepam) são os mais comumente prescritos para a ansiedade aguda a curto prazo e, em doses menores, a longo prazo. Clínicos gerais e psiquiatras prescrevem também esses psicofármacos para tratar mulheres com ansiedade relacionada com a TPM e a menopausa, assim como mulheres com distúrbios alimentares, sobretudo a dependência de certos alimentos coexistente com a ansiedade.

Em doses elevadas, os tranqüilizantes comportam-se como sedativos, pelo que também podem ser usados para induzir o sono. Certos tranqüilizantes, como o Valium®, reduzem a tensão e o espasmo musculares, os quais são por vezes agravados em mulheres que sofrem de ansiedade e *stress* excessivos. Este tranqüilizante pode ser administrado por via intravenosa a alcoólicos, um benefício para pessoas que reagem à administração por via oral com náuseas e vômitos.

O segundo grupo, as benzodiazepinas sedativas (as chamadas "pílulas para dormir") incluem Dalmadorm® (flurazepam), Halcion® (triazolam), Lorax® (lorazepam) e Nitrazepol® (nitrazepam). Esses sedativos são muito eficazes na indução de um estado de sono profundo e restaurador em seu início. São úteis a curto prazo e para mulheres com ansiedade aguda, assim como insônia causada por menopausa e episódios de TPM. Com o uso contínuo, entretanto, a paciente desenvolve uma tolerância às drogas e as doses precisam ser aumentadas gradualmente. Isso acarreta consigo o risco de crescentes efeitos colaterais, bem como sintomas de abstinência quando a terapia é interrompida. Assim, é preferível que essas drogas sejam usadas somente para breves períodos de terapia.

Como todas as benzodiazepinas têm mecanismos semelhantes de ação, elas diferem principalmente no tempo em que permanecem no nosso organismo (a chamada "semivida") depois que o fígado decompõe os seus componentes em metabólitos químicos. Os metabólitos são a forma como elas são excretadas do nosso corpo. Algumas benzodiazepinas como o Valium® e o Dalmadorm® têm longas semividas, ao passo que o Frontal® e o Halcion® tendem para semividas mais curtas e são excretados rapidamente.

Os tranqüilizantes e sedativos benzodiazepínicos têm efeitos colaterais semelhantes, incluindo sonolência, letargia, fadiga e "ressaca matinal". Podem, ocasionalmente, ocorrer reações paradoxais nas primeiras semanas de terapia. Essas reações são caracterizadas por um recrudescimento da ansiedade, irritabilidade, furor, insônia, e até alucinações.

Quando os tranqüilizantes e sedativos benzodiazepínicos são receitados por longos períodos de tempo (mais de vários meses), podem ocorrer sintomas de abstinência quando a terapia é suspensa. Isso é porque o uso dessas drogas a longo prazo pode resultar em dependência física e psíquica. Pode desenvolver-se a tolerância e as dosagens têm que ser aumentadas com o tempo para continuar a obter-se um efeito terapêutico. A retirada abrupta pode produzir sintomas semelhantes ao da retirada do álcool. Sintomas mais moderados de abstinência incluem insônia, fraqueza e ansiedade. Os mais graves incluem convulsões e delírio. Idealmente, a retirada de benzodiazepinas deve ocorrer gradualmente ao longo de um período de dois a quatro meses.

Em resumo, as medicações benzodiazepínicas têm uma vasta gama de usos para o tratamento da ansiedade, irritabilidade, insônia e tensão muscular causada por problemas emocionais e físicos, incluindo ansiedade aguda, distúrbios do pânico, TPM, menopausa, dependências alimentares e alcoolismo. Entretanto, por causa dos efeitos colaterais e da tolerância aos psicotrópicos que aumentam com as elevações das doses, essas drogas devem ser receitadas somente para curtos períodos de tempo. Além disso, não são curativas. Oitenta por cento das mulheres relatam a recorrência de seus sintomas de ansiedade com a suspensão do uso das drogas. Assim, embora essas medicações possam aliviar os sintomas temporariamente, uma combinação de terapias naturais de auto-ajuda e aconselhamento é necessária para impedir uma recorrência dos sintomas de ansiedade a longo prazo.

Antidepressivos

Os antidepressivos são as medicações mais comumente usadas para tratar a depressão se esta coexistir com a ansiedade. Também são usados para tratar ataques de pânico ou a agorafobia com ataques de pânico. Os antidepressivos também são correntemente receitados para mulheres com TPM e menopausa que sofrem de sintomas de oscilação brusca do humor.

Os antidepressivos hoje usados são, primordialmente, os derivados tricíclicos, vulgarmente conhecidos como "elevadores do humor". Produzem tanto um efeito antidepressivo quanto um moderado efeito tranqüilizante. Porque requer algum tempo para desenvolver um efeito terapêutico uma vez iniciado o tratamento, há um perigoso período de tempo, antes de a droga se firmar no controle, em que a paciente pode permanecer deprimida e revelar tendências suicidas. Entretanto, após duas a três semanas de tratamento, 80% das pacientes deprimidas e ansiosas notam uma elevação do humor, crescente vivacidade e melhora no apetite. As medicações tricíclicas mais comuns incluem: Tryptanol® (amitriptilina), Tofranil® (imipramina), Anafranil® (clorimipramina) e Pamelor® (nortriptilina). Embora se ignore qual seja o seu mecanismo de ação, pensa-se que a depressão é aliviada com a elevação dos níveis de neurotransmissores como a serotonina e a norepinefrina. Estas são substâncias químicas presentes no cérebro que regulam o humor, a personalidade, o sono e o apetite. Muitas mulheres com depressão podem carecer de níveis adequados desses neurotransmissores.

Quais antidepressivos são os mais apropriados para episódios de pânico, agorafobia e ansiedade coexistentes com a depressão varia de pessoa para pessoa. A eficiência de qualquer antidepressivo depende da química do corpo de cada indivíduo. Como resultado, a paciente pode ter que experimentar vários antidepressivos para encontrar aquele que produza o melhor efeito terapêutico.

Os efeitos colaterais dessas drogas são bastante comuns. De fato, cerca de um quarto de todos as pacientes param a terapia com essas drogas por causa dos desagradáveis efeitos colaterais. Muitas mulheres que usam antidepressivos queixam-se, inicialmente, de boca seca, visão turva, prisão de ventre, sonolência ou mesmo ansiedade e agitação. Esses sintomas tendem a diminuir de intensidade depois das primeiras semanas tomando a medicação, por vezes são reduzidos ao mínimo quando se inicia o tratamento com doses muito baixas. Outros efeitos colaterais incluem o desenvolvimento de tremores nas mãos; isso ocorre em 10% das pacientes. Torpor e formigamento nos braços e pernas também são relatados ocasionalmente.

Ao contrário das benzodiazepinas, os antidepressivos não envolvem dependência física, pelo que a ameaça de desenvolver sintomas de abstinência não está em causa. Entretanto, algumas mulheres tornam-se psicologicamente dependentes dos antidepressivos e podem ver-se em grandes dificuldades para abandonar a medicação.

Uma vez postos de lado os antidepressivos, os sintomas podem reaparecer mas com menos freqüência do que no caso das mulheres que usam benzodiazepinas. A taxa de recorrência situa-se entre 25 e 50% (em contraste com aproximadamente 80 a 90% para as benzodiazepinas). Assim, o uso dessas medicações por seis meses, pelo menos, pode também ajudar a prevenir a recorrência da depressão por um longo período de tempo.

Também existem no mercado muitos outros antidepressivos sem relação alguma com a classe tricíclica. Neles se incluem medicações como o Prozac® (cloridrato de fluoxetina) e o Donaren® (cloridrato de trazodona). Como os antidepressivos tricíclicos, essas drogas parecem exercer seus efeitos sobre o sistema nervoso bloqueando o mecanismo envolvido no trajeto ascendente dos neurotransmissores, elevando assim os níveis de serotonina. Embora a literatura sugira que essas drogas causam menos efeitos colaterais, elas devem ser usadas com cautela. Os efeitos colaterais são idênticos aos dos antidepressivos tricíclicos e incluem dores de cabeça, sonolência, fadiga, nervosismo, insônia, mudanças na pulsão sexual, náusea, diarréia, suores, exantemas e dores musculares.

Em suma, os antidepressivos podem produzir muitos benefícios no tratamento a curto e a médio prazo da ansiedade coexistente com a depressão, episódios de pânico e agorafobia. Também são úteis para o tratamento da depressão relacionada com a TPM e a menopausa. Embora os efeitos colaterais sejam comuns e a dependência psicológica pode se desenvolver, a dependência física não é um problema. Além disso, em algumas mulheres a recorrência da depressão é prevenida ou, pelo menos, retardada uma vez suspenso o tratamento.

Betabloqueadores

Essas drogas são primordialmente usadas para tratar condições deflagradas pela hiperatividade do sistema nervoso simpático. Essa é a parte do sistema nervoso que deflagra a reação de luta-ou-fuga, com aumento da pulsação e dos batimentos cardíacos. Betabloqueadores como o Inderal® (hidroclorato de propranolol) ajudam a reduzir a hiperatividade do sistema nervoso bloqueando a transmissão de impulsos nervosos aos receptores do tipo beta do sistema nervoso simpático. Esses receptores encontram-se em abundância nos nervos que controlam o músculo cardíaco. Ao deprimir o trabalho cardíaco, essas drogas aliviam problemas sensíveis ao *stress* como a arritmia (batimento cardíaco irregular ou manifestamente acelerado), pressão sangüínea elevada e enxaquecas. O Inderal® é também comumente usado para tratar a ansiedade, em especial quando acompanhada de sintomas físicos como a taquicardia ou palpitações do coração. É muito útil quando tomado como dose única para aliviar sintomas de ansiedade que podem preceder uma situação estressante, como falar em público, exames ou uma entrevista para obter emprego. As mulheres com prolapso da válvula mitral são mais propensas a ataques de pânico do que a população em geral, por razões que ainda não são entendidas. Em mulheres com essa condição, o uso de Inderal® pode ajudar a controlar os batimentos rápidos ou irregulares do coração e os episódios de ansiedade.

O uso de Inderal® deve ser evitado ou cuidadosamente monitorado em mulheres com deficiência cardíaca congestiva ou asma, pois o uso dessa droga é suscetível de agravar essas condições. O Inderal® pode ajudar a aliviar os sintomas de hipertireoidismo, uma causa física de ansiedade. Entretanto, deve ser usado cuidadosamente porque pode mascarar sinais clínicos de condições tais como a taquicardia e dificultar a avaliação da maior ou menor gravidade de condições subjacentes. Embora reduzir o ritmo cardíaco seja benéfico para mulheres com hipertireoidismo, parar de tomar o Inderal® pode agravar os sintomas e pôr a paciente em risco de precipitar uma crise tireóidea.

Mulheres com sintomas de ansiedade que não têm essas condições preexistentes potencialmente perigosas podem usar o Inderal® com razoável segurança. Efeitos colaterais comuns incluem a diminuição excessiva dos batimentos cardíacos, declínio da pressão sangüínea, fadiga, ligeira tontura, fraqueza, sonolência, náusea, vômitos e cãibras intestinais. Se o Inderal® for prescrito numa base regular, podem ocorrer sintomas de abstinência, pelo que a droga deve ser suspensa gradualmente ao longo de um suficiente período de tempo.

Ansiolítico

O BuSpar® (cloridrato de buspirona) é um ansiolítico relativamente novo que tem dois benefícios bem definidos sobre as benzodiazepinas e outros sedativos. Em primeiro lugar, não causa excessivos níveis de sedação, pelo que é reduzido o efeito colateral potencialmente debilitante da sonolência. Em segundo lugar, não vicia, de modo que as mulheres que usam o BuSpar® não correm o risco de se tornarem dependentes dessa droga ou de terem que atravessar um período de abstinência potencialmente desconfortável para abandonar seu uso. Por conseqüência, alguns médicos são hoje mais favoráveis ao BuSpar® em relação a drogas tradicionais como o Frontal® para uso regular no tratamento da ansiedade em geral. Também é útil para tratar o componente de ansiedade quando coexistem a ansiedade e a depressão. É menos útil, porém, para tratar acessos de pânico e não é usualmente prescrito para a ansiedade criada pelas tensões da vida cotidiana.

Embora o BuSpar® seja uma droga relativamente segura, não deve ser usada como medicação antidepressiva pertencente à classificação dos inibidores da monoamina oxidase (os chamados inibidores da MAO ou IMAO). A interação dessas duas drogas pode causar uma elevação da pressão sangüínea. Além disso, embora o BuSpar® seja considerado menos sedante que outras drogas ansiolíticas, uma mulher que o usa deve evitar dirigir um automóvel até estar segura de que a droga não afeta seu desempenho mental e motor. Efeitos colaterais no sistema nervoso, como sonolência, tontura, nervosismo e insônia, graves o suficiente para justificar a necessidade de suspensão do uso da droga, foram observados em 3,4% de 2.200 mulheres estudadas num estudo clínico. Esse estudo foi realizado durante a etapa de pré-aprovação de testes com vistas à coleta dos dados necessários para que a droga pudesse ser vendida nos Estados Unidos. No mesmo estudo clínico, 1,2% das mulheres testadas sofreram distúrbios digestivos, como náuseas, suficientemente fortes para requerer a descontinuidade da droga. Outros efeitos colaterais registrados incluem dores no peito, distúrbios oníricos, *tinnitus* (zunir nos ouvidos), inflamação da garganta e congestão nasal. Entretanto, os efeitos colaterais ocorrem num número relativamente pequeno de pacientes que usam a droga. Para mulheres que toleram bem a droga, a ausência de dependência física ou de potencial para se abusar da droga faz do BuSpar® uma excelente escolha para o tratamento da ansiedade generalizada.

Drogas para a TPM

Existem numerosos tratamentos com drogas para a ansiedade, as oscilações do humor e a crescente sensibilidade ao *stress*. Incluem a progesterona, assim como drogas contra alterações do humor, como os tranqüilizantes e antidepressivos benzodiazepínicos. Examinarei nesta seção o uso da progesterona. Para informação sobre tranqüilizantes e antidepressivos, ver a seção precedente.

Progesterona

A progesterona é um hormônio secretado pelos ovários após a ovulação, e está presente, junto com o estrógeno, durante a segunda metade do ciclo menstrual. Como a TPM começa também após a ovulação, muitos suspeitam de que os desequilíbrios nos níveis de estrógeno e da progesterona causam a TPM, em especial os sintomas emocionais. (Mais de 80% das mulheres com TPM queixam-se de ansiedade e oscilações bruscas de humor durante vários dias e até duas semanas em cada mês.) Uma vez que o estrógeno e a progesterona afetam a química do cérebro, tanto quanto o humor, essa é uma hipótese particularmente interessante. Os níveis excessivos de estrógeno estão ligados à ansiedade e à irritabilidade, ao passo que a progesterona tem um efeito sedativo no cérebro. A progesterona também aumenta a produção pelo cérebro de seus próprios narcóticos, como as endorfinas beta, que ajudam a promover uma sensação de bem-estar emocional. Quando acontece um desequilíbrio entre os dois hormônios femininos, a favor de um hormônio ou do outro, podem manifestar-se sintomas de natureza emocional. Isso ocorre certamente em mulheres mais jovens que usam a pílula anticoncepcional ou em mulheres na menopausa em tratamento de reposição hormonal. Sintomas de ansiedade e de irritabilidade à flor da pele ou de depressão e fadiga, podem ocorrer se a mistura hormonal fornecida pela pílula não condiz com o tipo somático da paciente. Dosagens ou fórmulas diferentes podem ter que ser testadas até que se encontre a mistura certa para uma determinada paciente.

Lamentavelmente, pesquisas feitas sobre esta questão mostram dados contraditórios. A TPM é realmente causada por uma deficiência ou desequilíbrio da progesterona, ou a progesterona ajuda mesmo a aliviar essa condição em estudos clínicos controlados? As conclusões negativas de pesquisas médicas contradizem as experiências de muitas mulheres com TPM que usaram a terapia da progesterona. Muitas mulheres sentem que a progesterona é o único tratamento médico que ajuda, finalmente, a erradicar sua ansiedade. Com freqüência, seus médicos prescreveram toda uma gama de drogas contra as alterações de humor sem obter quaisquer resultados positivos no alívio dos sintomas mais graves de ansiedade e bruscas oscilações de humor. Quando tentaram depois a progesterona, muitas mulheres obtiveram alívio dos sintomas. De fato, a progesterona é hoje a medicação mais prescrita para o tratamento da TPM. Um estudo recente mostrou que 70% dos médicos nos Estados Unidos que tratam da TPM usam a terapia da progesterona.

Em minha prática clínica, prefiro usar a progesterona como segunda linha de tratamento para acompanhar as terapias naturais como dieta, suplementos nutricionais e administração do *stress*, e só se a gravidade dos sintomas justificar o uso de drogas. A minha impressão pessoal é que a progesterona ajuda a reduzir os sintomas de TPM em algumas mulheres.

O tratamento com progesterona deve ser iniciado três dias antes de se manifestarem os sintomas de TPM. Por exemplo, se os sintomas de TPM começam normalmente cinco dias antes do período menstrual, você deve começar a tomar progesterona oito dias antes do esperado início do seu período. A progesterona é comercializada correntemente em supositórios retais ou vaginais, ou em comprimidos para administração por via oral. Entretanto, gotas nasais e até cremes de progesterona para a pele são usados ocasionalmente. Os supositórios são usualmente prescritos em dosagens de 200 mg com a maioria das mulheres usando um total de 400 a 800 mg de progesterona por dia durante o seu período de tratamento. Contudo, doses menores ou doses de até 1200 mg diários podem dar os melhores resultados terapêuticos para algumas pacientes.

São muito raros os efeitos colaterais da terapia da progesterona; incluem a irritação local da mucosa retal ou vulvar causada pelo veículo em que a progesterona é misturada, vazamento da progesterona da vagina e um leve aumento da incidência de vaginite. Em mulheres com ciclos menstruais irregulares, doses elevadas de progesterona podem retardar o início da menstruação. Isso pode ser remediado suspendendo simplesmente a progesterona; a hemorragia menstrual seguir-se-á pouco depois.

Drogas para a Menopausa

A terapia pelo estrógeno e a progestina (uma forma sintética de progesterona) é usualmente o tratamento farmacológico preferido para a ansiedade e irritabilidade relacionadas com a menopausa. Entretanto, o uso de tranqüilizantes e antidepressivos pode ser ocasionalmente necessário para ajudar uma mulher durante as fases mais instáveis da menopausa. Isso ocorre, sobretudo, durante as fases iniciais da menopausa, quando as oscilações hormonais podem ser erráticas e abruptas. Mulheres na menopausa submetidas ao *stress* são grandemente suscetíveis a amplas variações do humor quando os níveis hormonais despencam dos níveis superiores dos ativos anos reprodutivos para os níveis inferiores típicos do período pós-menopausa. Essas mulheres podem necessitar de hormônios e de drogas estabilizadoras do humor. Examino aqui o uso da terapia pelo estrógeno e a progestina; para mais informação sobre os benefícios e os efeitos colaterais dos tranqüilizantes e sedativos benzodiazepínicos, assim como dos antidepressivos, queiram reportar-se à seção anterior deste capítulo, "Drogas por Prescrição Médica".

Terapia de Reposição Hormonal

O fato de se usar ou não hormônios é uma questão que a maioria das mulheres na menopausa discute com seu médico, assim como com amigas e por meio da leitura. O uso de estrógeno está sendo muito ventilado nos noticiários, dado o grande número de mulheres férteis que, depois de trazer ao mundo um incontável número de bebês, estão começando sua transição para a menopausa. Estatisticamente, o uso de estrógeno e da progestina é muito inferior ao que a maioria das mulheres suspeita. Apenas 15 % das mulheres na faixa etária da menopausa e pós-menopausa recorrem, na realidade, à terapia de reposição hormonal (TRH). As mulheres que optam por não usar a TRH fazem-no, com freqüência, ou porque seus sintomas são moderados ou ausentes, ou porque nutrem muitas apreensões a respeito dos possíveis efeitos colaterais imediatos ou a longo prazo que poderiam ocorrer com o uso de hormônios. Para mulheres com ansiedade de moderada a grave, irritabilidade, depressão, fadiga e insônia, relacionadas com as mudanças hormonais da menopausa, o uso da TRH pode ser muito benéfico.

Muitas mulheres na menopausa acham que a TRH ajuda a estabilizar o humor e dá um tremendo impulso no nível de energia. Muitas de minhas pacientes descreveram não só alívio das ondas de calor e da secura vaginal, mas também redução da ansiedade e aumento da pulsão sexual. Depressão, melancolia e fadiga são freqüentemente erradicadas, assim como a insônia e a irritabilidade.

O estrógeno pode ser tomado em forma de comprimidos, como creme vaginal, sistema transdérmico ou injeção. Há muitas marcas no mercado, geralmente compostas de combinações de dois tipos de estrógeno que ocorrem naturalmente no corpo feminino: o estrona e o estradiol. O estrona é o principal tipo de estrógeno que o corpo da mulher produz depois da menopausa, enquanto que o estradiol está presente em maiores quantidades durante os anos menstruais.

Existem no mercado o estrógeno sintético e o naturalmente derivado. A marca mais popular é o Premarin® (comprimidos de estrógeno conjugado), o qual provém da urina de éguas grávidas e contém uma mistura natural de estrógeno, incluindo o estrona.

Se você toma estrógeno em comprimidos, o usual é ser administrado diariamente do primeiro ao vigésimo quinto dia do mês. Cerca de uma semana após tomar o último comprimido, ocorrerá uma hemorragia semelhante a um período menstrual, salvo se, é claro, você foi submetida a uma histerectomia. Uma progestina como Provera® é usualmente adicionada durante dez a quatorze dias no final de cada período de 25 dias de estrógeno porque pesquisas indicam que ela protege as mulheres de contraírem câncer do útero. Por essa razão, a maioria dos médicos prescreve hoje em dia uma combinação de estrógeno e progestina para sintomas de menopausa. As marcas comuns de progestinas no mercado incluem Provera® (acetato de medroxiprogesterona), Farlutal® (acetato de medroxiprogesterona) e Micronor® (comprimidos de noretindrona).

Por causa dos possíveis efeitos colaterais devido ao uso de hormônios, a maioria dos médicos prescreve a menor dose de estrógeno e progestinas suscetível de aliviar os sintomas. Doses muito mais elevadas eram usadas muitas décadas atrás, tanto em terapia de reposição de estrógeno e em comprimidos anticoncepcionais, mas a tendência atual é definitivamente no sentido de menores doses de hormônios para alcançar os mesmos efeitos benéficos. Mulheres com uma história de câncer de útero ou de mama, tumores fibróides ativos, endometriose, doença do fígado ou da vesícula biliar, e problemas vasculares, devem evitar a terapia de reposição hormonal. Lamentavelmente, progestinas como Provera® podem agravar a fadiga e a depressão em mulheres suscetíveis. Mulheres com ansiedade e depressão coexistentes devem usá-las com cautela.

Drogas para o Hipertireoidismo

A secreção excessiva de hormônios tireoidianos pode causar sintomas de ansiedade e nervosismo. Embora esses sintomas sejam geralmente acompanhados de sintomas físicos, com sudação, perda de peso, intestinos soltos e taquicardia, pode ser difícil numa determinada paciente distinguir, no início, entre causas emocionais de ansiedade e hipertireoidismo. Uma vez determinado o diagnóstico por exames da função tireoidiana, o foco do tratamento será sustar a excessiva secreção do hormônio. Suprimir a tireóide cirurgicamente ou por meio de medicação é o tratamento. A farmacoterapia para a supressão da tireóide é considerada a seguir.

Propiltiouracila

O propiltiouracila é uma droga antitireoidiana que bloqueia a produção de hormônios tireoidianos no interior da própria glândula. O propiltiouracila não destrói o hormônio que já foi produzido. Por conseguinte, pode levar de quatro a seis semanas para que os níveis elevados de hormônio tireoidiano voltem ao normal. Uma vez reposto o nível em sua faixa normal, a paciente pode ser colocada numa dose mais baixa de manutenção da droga a fim de evitar que os níveis subam de novo. Entretanto, exames da função tireoidiana devem ser periodicamente monitorados para assegurar-se de que os níveis não caiam demais, produzindo o hipotireoidismo. Alternativamente, alguns médicos preferem usar o propiltiouracila em doses mais altas até que o hormônio tireoidiano da paciente desça a níveis abaixo da faixa normal. Nesse ponto, é instituída a terapia de reposição hormonal a fim de normalizar os níveis da tireóide.

O propiltiouracila é o tratamento mais adequado para mulheres jovens e crianças porque permite que os órgãos da reprodução permaneçam intactos. Fornece uma alternativa para a remoção cirúrgica da glândula tireóide e evita os riscos e potenciais complicações pós-operatórias de uma cirurgia. Além do hipotireoidismo, que pode ser minimizado com uma cuidadosa monitoração, os efeitos colaterais incluem uma erupção cutânea, a qual se desenvolve em 5% das pacientes. Outros efeitos colaterais menos freqüentes incluem dores de cabeça, dores musculares e articulares, dilatações das glândulas linfáticas no pescoço, e perda do sentido do paladar.

O uso da droga a longo prazo parece ajudar a evitar a recorrência do hipertireoidismo. Em pacientes tratadas entre dezoito e 24 meses com propiltiouracila, entre 50 e 70% não têm recorrência da doença após a dosagem da droga ser lentamente diminuída e finalmente suspensa. As mulheres que tiveram uma recorrência após a cessação da droga podem ter novo tratamento com propiltiouracila, iodo radiativo ou cirurgia.

Iodo Radiativo

Em alguns casos, o isótopo radiativo do iodo é administrado simplesmente solicitando à paciente que beba água tratada com iodo radiativo. Incolor e sem gosto, a água tratada com radiação é muito perigosa para a glândula tireóide. O iodo radiativo é seletivamente absorvido na glândula tireóide em altas concentrações. Age então para destruir a glândula tireóide, sem causar qualquer dano em outros tecidos do corpo. Em conseqüência, os níveis excessivos de hormônio tireoidiano caem. Com freqüência, os hormônios diminuem lentamente para o nível hipotireoidiano com poucos anos de tratamento. Como as células produtoras de hormônio da tireóide estão essencialmente destruídas, torna-se necessária a terapia de reposição tireoidiana.

O tratamento com iodo radiativo é geralmente usado em mulheres de mais de 30 anos que não têm mais desejo de gerar filhos. Isso é porque a radiação pode ser uma possível causa de danos genéticos. Há também um maior risco de desenvolvimento de câncer com o uso dessa droga. Tal como o propiltiouracila, oferece uma abordagem não-cirúrgica para o tratamento do hipertireoidismo. Mesmo com seus potenciais efeitos colaterais e permanente destruição da própria glândula tireóide, essa alternativa da cirurgia pode impedir muito o debilitante desgaste da paciente.

Em resumo, uma grande variedade de drogas oferece a possibilidade de real alívio de sintomas para as causas emocionais e físicas de uma ansiedade grave. Todas as drogas têm, entretanto, a possibilidade de causar efeitos colaterais a curto e longo prazos. Antes de iniciar qualquer farmacoterapia, uma mulher deve examinar com o seu médico todos os possíveis riscos e benefícios. Isso permitirá que ela realize a melhor escolha possível de medicação e a menor chance de enfrentar efeitos colaterais adversos.

Drogas por Prescrição Médica

Ansiedade e Depressão
- Tranqüilizantes benzodiazepínicos
- Sedativos benzodiazepínicos
- Antidepressivos
- Betabloqueadores
- Ansiolíticos

Vício Alimentar
- Antidepressivos

TPM
- Progesterona
- Tranqüilizantes benzodiazepínicos
- Antidepressivos

Menopausa
- Estrógeno e progesterona (naturais ou sintéticos)
- Tranqüilizantes e sedativos benzodiazepínicos
- Antidepressivos

Hipertireoidismo
- Propiltiouracila
- Iodo radiativo
- Terapia de reposição tireoidiana
- Betabloqueadores

Prolapso da válvula mitral
- Betabloqueadores

CAPÍTULO 12

Como Montar o Seu Programa

Ansiedade e Stress ofereceu-lhes um completo programa de auto-ajuda para prevenir e aliviar os sintomas. Incluí muitas opções de tratamento com que trabalhar quando você organizar seu próprio programa. Experimente as terapias que sente serem as mais confortáveis. Poderá descobrir que se sente melhor com certos exercícios de redução do *stress* do que com outros. Se assim for, pratique somente aqueles que lhe proporcionem maior sensação de alívio para os seus sintomas.

Não se deixe atolar em detalhes. Tenha sempre em mente que o seu objetivo final é o alívio dos seus sintomas de ansiedade e a melhora de sua saúde e bem-estar como um todo. Recomendo geralmente que se inicie qualquer programa de auto-ajuda lentamente, de modo que possa habituar-se sem esforço às mudanças em seu estilo de vida. As pessoas diferem em sua capacidade de adaptação a importantes mudanças em seu modo de vida. Embora algumas das minhas pacientes gostem de eliminar seus antigos hábitos prejudiciais à saúde o mais depressa possível, muitas outras mulheres acham ser por demais estressantes essas rápidas mudanças em seus hábitos adquiridos de longa data. Descubra o ritmo que funciona melhor no seu caso.

Sinta prazer no programa. Eu digo sempre às minhas pacientes que encarem o programa de auto-ajuda como uma aventura agradável. Os exercícios e as rotinas de redução do *stress* devem propiciar a você uma sensação de equilíbrio emocional e de bem-estar. Os cardápios e seleções de alimentos que recomendei neste livro fornecem uma oportunidade para experimentar novos alimentos deliciosos e saudáveis.

Enquanto faz o seu programa, não fixe para si própria expectativas irrealistas ou extremamente rigorosas. Não precisa ser perfeita para obter ótimos resultados. Siga as instruções gerais do programa o melhor que puder e os seus horários lhe permitam. Nada de terrível acontecerá com você se esquecer, ocasionalmente, de tomar suas vitaminas ou se não tiver tempo de se exercitar num determinado dia. Não fique desanimada se não puder obedecer às recomendações dietéticas durante as férias, aniversários ou feriados. Reveja periodicamente as instruções gerais propostas neste livro e continue a adaptar o seu estilo de vida às saudáveis sugestões que compartilhei com você. Com o tempo, você se dará conta das muitas mudanças benéficas.

Seja o seu próprio sistema de *feedback*. Seu corpo lhe dirá se está no caminho certo e se o que está realizando a faz sentir-se melhor. Também lhe dirá se o seu regime alimentar e *stress* emocional atuais estão agravando os seus sintomas. Lembre-se de que até mudanças moderadas em seus hábitos podem redundar em mudanças significativas.

Manual da Ansiedade

Preencha a seção do manual de trabalho incluído neste livro. Os questionários ajudarão você a determinar quais as áreas de sua vida que mais contribuíram para os seus sintomas e necessitam melhorar mais. Depois, recapitulando o manual a cada um ou dois meses enquanto realiza o programa de auto-ajuda, verá as áreas em que está realizando mais progressos, tanto no que tange ao alívio de sintomas quanto à iniciação de hábitos de vida mais saudáveis. O manual pode fornecer *feedback* de maneira organizada e fácil de usar.

Suplementos Dietéticos e Nutricionais

Recomendo que proceda gradualmente a todas as mudanças nutricionais. Muitas mulheres consideram o desjejum a refeição mais fácil de mudar porque é a mais simples e quase sempre feita em casa. Para mudar outras refeições e lanches, reveja periodicamente as listas de alimentos a eliminar e as dos que devem ser destacados. Escolha a cada mês alguns alimentos que está disposta a eliminar de sua dieta. No lugar deles, experimente os alimentos que ajudam a prevenir e aliviar a ansiedade. As receitas e cardápios do Capítulo 4 devem ser muito úteis; use os planos de refeições como diretrizes enquanto reestrutura o seu regime alimentar de acordo com as suas necessidades.

Vitaminas, sais minerais, ácidos graxos essenciais e suplementos na base de ervas ajudarão a completar o seu programa nutricional e a acelerar o processo de cura. Muitas mulheres consideram isso uma parte muito importante do programa de auto-ajuda.

Exercícios Respiratórios e de Redução do Stress

Os exercícios respiratórios para redução do *stress* podem desempenhar um papel importante para facilitar o processo de cura emocional e física. Esses exercícios foram projetados para induzir um estado de paz, calma e descontração, assim como para reforçar novos processos de controle do *stress*. Quando praticados regularmente, também ajudam a consolidar a confiança e a auto-estima. Os exercícios de visualização podem ajudar a estabelecer em sua mente um plano diretor para a obtenção de um nível ótimo de saúde; isso habilita o corpo e a mente a trabalharem juntos em harmonia.

Comece experimentando todos os exercícios respiratórios e de redução do *stress* enumerados neste livro. Escolha a combinação que funciona melhor para você. Pratique a administração do *stress* regularmente e adquira consciência dos seus habituais padrões respiratórios. Ambas as técnicas ajudarão a relaxar e a descarregar tensões.

Não é preciso gastar quantidades enormes de tempo nesses exercícios. Reserve de quinze a trinta minutos de cada dia, dependendo da flexibilidade de seus horários; mesmo dez minutos retirados de seus afazeres diários podem ser úteis. Pode achar que as horas mais tranqüilas são as da manhã, antes de se levantar, ou as de fim de noite, antes de ir dormir; ou pode escolher uma pausa durante o dia. Você pode fechar a porta do seu escritório ou ir, em casa, para o seu quarto a fim de relaxar por uns dez minutos. Use esse tempo para respirar profundamente, fazer as visualizações ou meditar. Depois, você se sentirá muito mais calma e mais descontraída.

Exercício Físico

Mulheres com sintomas de ansiedade devem fazer exercícios moderados numa base regular, pelo menos três vezes por semana. Os exercícios aeróbicos podem ajudar a melhorar a circulação e oxigenação, proporcionando assim um efeito relaxante. É importante, porém, executar a sua rotina de exercícios de maneira lenta e confortável para não intensificar os seus sintomas. O exercício frenético, realizado num ritmo exageradamente rápido, nada tem de saudável, se a mulher já é nervosa e tensa; isso pode, na realidade, estressá-la e causar-lhe um esgotamento ainda maior. Escolha um ritmo que seja relaxante e confortável.

Para fazer os alongamentos da yoga e as massagens da acupressura descritos neste livro, recomendo que reserve meia hora diária para a primeira semana ou duas do começo do seu programa de auto-ajuda. Experimente todos os exercícios. Após esse período inicial de exploração, escolha aqueles que lhe agradam mais e parecem dar-lhe maior alívio. Pratique-os regularmente, para que possam ajudar a prevenir e reduzir os seus sintomas.

Conclusão

Quero reafirmar que cada uma de nós pode, por si mesma, empreender uma enorme quantidade de iniciativas e atividades que lhe assegurem um nível ótimo de saúde e bem-estar. Com o acesso à informação, educação e recursos de saúde, toda mulher pode desempenhar um importante papel na criação do seu próprio estado de boa saúde. Pratique as benéficas técnicas de auto-ajuda que descrevi neste livro. Siga bons hábitos nutricionais, exercite-se e pratique com regularidade as técnicas de redução do *stress*. Combinando bons princípios de cuidado pessoal com os de orientação médica regular, você poderá desfrutar dos mesmos resultados maravilhosos que as minhas pacientes e eu mesma temos tido para uma vida saudável e bem-estar.

Bibliografia

Capítulo 3, Artigos

Abraham, G. E. "Nutritional factors in the etiology of the premenstrual syndrome." *Journal of Reproductive Medicine,* 1983; 28:446-64.

Boulenger, J. P. e outros. "Increased sensitivity to caffeine in patients with panic disorders: Preliminary evidence." *Archives of General Psychiatry,* 1984; 41:1067-71.

Bruce, M. "Anxiogenic effects of caffeine in patients with anxiety disorders." *Archives of General Psychiatry,* 1992; 49:867-69.

Bruce, M. e M. Lader. "Caffeine abstention in the management of anxiety disorders." *Psychological Medicine,* 1989; 19:211-14.

Charney, D. S. e outros. "Increased anxiogenic effects of caffeine in panic disorders." *Archives of General Psychiatry,* 1985; 42:233-43.

Chou, Tony. "Wake up and smell the coffee: caffeine, coffee and the medical consequences." *The Western Journal of Medicine,* 1992; 157(5):544-53.

Christensen, L. "Psychological distress and diet – effects of sucrose and caffeine." *Journal of Applied Nutrition,* 1988; 40(1):44-50.

Dalton, K. "Diet of women with severe premenstrual syndrome and the effect of changing to a three-hourly starch diet." *Stress Medicine,* 1992; 8:544-53.

Dalvit-McPhillips, S. "A dietary approach to bulimia treatment." *Physiology and Behavior,* 1984; 33(5):769-75.

Freund, G. "Benzodiazepine receptor loss in brains of mice after chronic alcohol consumption." *Life Sciences,* 1980; 27(11):987-92.

Fullerton, D.T., e outros. "Sugar, opioids and binge eating." *Brain Research Bulletin,* 1985; 14(6):673-80.

Goei, G. S. e outros. "Dietary patterns of patients with premenstrual tension." *Journal of Applied Nutrition,* 1982; 34(1):4-11.

Heishman, S. e J. Henningfield, "Stimulus functions in humans: the relation to dependence potential". *Neuroscience and Behavioral Reviews,* 1992; 16:273-287.

Jones, D. V. "Influence of dietary fat on self-reported menstrual symptoms." *Physiology and Behavior*, 1987; 40(4):483-87.

King, D. S. "Can allergic exposure provoke psychological symptoms? A double-blind test." *Biological Psychiatry,* 1981; 16(1):3-19.

Manu, P., e outros. "Food intolerance in patients with chronic fatigue." *International Journal of Eating Disorders,* 1993; 13(2):203-09.

Lee, M. A. e outros. "Anxiety and caffeine consumption in people with anxiety disorders." *Psychiatry Research*, 1985; 15:211-17.

Lee, M. A. e outros. "Anxiogenic effects of caffeine on panic and depressed patients." *American Journal of Psychiatry*, 1988; 145(5):632-35.

Levy, M. e E. Zylber-Katz. "Caffeine metabolism and coffee-attributed sleep disturbances." *Clinical Pharmacology and Therapeutics*, 1983; 33(6):770-75.

Monteiro, M. G. e outros. "Subjective feelings of anxiety in young men after ethanol and diazepam infusions." *Journal of Clinical Psychiatry*, 1990; 51(1):12-6.

Rainey, J. M., Jr., e outros. "Specificity of lactate infusion as a model of anxiety." *Psychopharmacology Bulletin*, 1984; 20(1):45-9.

Rogers, S. "Chemical sensitivity: breaking the paralyzing paradigm." *Internal Medicine World Report*, 1992; 7(3)1:15-16.

Rossignol, A. M. "Caffeine-containing beverages and premenstrual syndrome in young women." *American Journal of Public Health*, 1985; 75(11):1335-337.

Rossignol, A. M. e outros. "Tea and premenstrual syndrome in the People's Republic of China." *American Journal of Public Health*, 1989; 79(1):67-9.

Rossignol, A. M. "Do women with PMS self-medicate with caffeine?" *Epidemiology*, 1991; 2(6):403-08.

Rossignol, A. M. e H. Bonnlander. "Caffeine-containing beverages, total fluid consumption, and premenstrual syndrome." *American Journal of Public Health*, 1990; 80(9):1106-110.

Sanders, L. R. e outros. "Refined carbohydrate as a contributing factor in reactive hypoglycemia." *Southern Medical Journal*, 1982; 75:1072.

Shirlow, M. J. e C. D. Mathers. "A study of caffeine consumption and symptoms: indigestion, palpitations, tremor, headache, and insomnia." *International Journal of Epidemiology*. 1985; 14(2):239-48.

Capítulo 5, Livros

Castleman, M. *The Healing Herbs*. Emmaus, PA: Rodale Press, 1991.

Crook, W., Dr. *Chronic Fadigue Syndrome and the Yeast Connection*. Jackson, TN.: Professional Books, 1992.

Crook, W. Dr. *The Yeast Connection*. Jackson, TN: Professional Books, 1983.

Erasmus, U. *Fats and Oils*. Burnaby, BC, Canadá: Alive Books, 1986.

Gittleman, A. L. *Supernutrition for Women*. Nova York: Bantam Books, 1991.

Hasslering, B., Dr. S. Greenwood, e M. Castleman. *The Medical Self-Care Book of Women's Health*. Nova York: Doubleday, 1987.

Hogladaroom, G., R. McCorkle e N. Woods. *The Complete Book of Women's Health*. Englewood Cliffs, N.J.: Prentice-Hall, 1982.

Kirschmann, J. e L. Dunne. *Nutrition Almanac*. Nova York: McGraw-Hill, 1984.

Lambert-Lagace, L. *The Nutrition Challenge for Women*. Palo Alto, CA: Bull Publishing, 1990.

Lark, S., Dra. *Heavy Menstrual Flow and Anemia Self-Help Book*. Berkeley, CA: Celestial Arts, 1996.

Lark, S., Dra. *Chronic Fatigue and Tiredness Self-Help Book*. Berkeley, CA: Celestial Arts, 1995.

Lark, S., Dra. *Fibroid Tumors and Endometriosis Self-Help Book*. Berkeley, CA: Celestial Arts, 1995.

Lark, S., Dra. *Guia Completo da Menopausa*. São Paulo, Ed. Cultrix, 2001.

Lark, S., Dra. *Menstrual Cramps Self-Help Book*. Berkeley, CA: Celestial Arts, 1995.

Lark, S., Dra. *TPM – A Tensão Pré-Menstrual*, São Paulo, Ed. Cultrix, 2001.

Mowrey, D., Ph. D. *The Scientific Validation of Herbal Medicine*. New Canaan, CT: Keats Publishing, 1986.

Murray, M., N. D. *The 21st Century Herbal*. Bellevue, WA: Vita-Line, Inc., 1992.

Padus, E. *The Woman's Encyclopedia of Health and Natural Healing*. Emmaus, PA: Rodale Press, 1981.

Reuben, C. e J., Priestly, Dr. *Essential Supplements for Women*. Nova York: Perigree Books, 1988.

Trowbridge, J. Dr., e M. Walker, D. M. P. *The Yeast Syndrome*. Nova York: Bantam Books, 1988.

Capítulo 5, Artigos

Abbey, L. C. "Agoraphobia." *Journal of Orthomolecular Psychiatry*, 1982; 11:243-59.

Abraham, G. E. "Magnesium deficiency in premenstrual tension." *Magnesium Bulletin*, 1982; 1:68-73.

Abraham, G. E. e J.T. Hargrove. "Effect of Vitamin B_6 on premenstrual symptomatology in women with premenstrual tension syndrome: A double-blind cross-over study." *Infertility*, 1980; 3:155-65.

Andersen, R. A. "Chromium, diabetes mellitus and lipid metabolism." *Journal of the American College of Nutrition*, 1992; 11(5):607.

Andersen, R. A. e outros. "Chromium supplementation of humans with hypoglycemia." *Federation Proceeding*, 1984; 43:471.

Baranov, A. I. "Medicinal uses of ginseng and related plants in the Soviet Union: Recent trends in the Soviet Literature." *Journal of Ethnopharmacology*, 1982; 6:339-53.

Boman, B. "L-tryptophan: a rational anti-depressant and a natural hypnotic?" *Australian and New Zealand Journal of Psychiatry*, 1988; 22(1):83-97.

Bordoni, A. e outros. "Treatment of premenstrual syndrome with essential fatty acids (evening primrose oil)." *Journal of Clinical Medicine*, 1987; 68(1):23.

Brush, M. G. e M. Perry. "Pyridoxine and the premenstrual syndrome." *Lancet*, 1985; 1:1339.

Buist, R. A. "Anxiety neurosis: The lactate connection." *International Clinical Nutrition Review*, 1985; 5:1-4.

Carlson, R. J. "Longitudinal observations of two cases of organic anxiety syndrome." *Psychosomatics*, 1986; 27(7); 529-31.

Cheraskin, E. e outros. "Daily vitamin C consumption and fatigability." *Journal of the American Geriatric Society*, 1976; 24(3):136-37.

Chow, B. F. e H. F. Stone. "The relationship of vitamin B_{12} to carbohydrate metabolism and diabetes mellitus." *The American Journal of Clinical Nutrition*, 1957; 5:431.

Elghamry, M. I. e I. M. Shihata. "Biological activity of phytoestrogens." *Planta Medica*, 1965; 13:352-57.

Facchinetti, F. "Oral magnesium successfully relieves premenstrual mood changes." *Obstetrics and Gynecology*, 1991; 78(2):177-81.

Fitten, L. J. e outros. "L-tryptophan as a hypnotic in special patients." *Journal of the American Geriatric Society*, 1985; 33:294.

Formica, P. E. "The housewife syndrome. Treatment with the potassium and magnesium salts of aspartic acid." *Current Therapeutic Research*, 1962; 4:98.

Gaby, A. R. "Aspartic acid salts and fatigue." *Current Nutritional Therapeutics*, novembro de 1982.

Glen, I., e outros. "The role of essential fatty acids in alcohol dependence and tissue damage." *Alcoholism* (NY) 1987; 11(1):37.

Havsteen, B. "Flavonoids, a class of natural products of high pharmacological potency." *Biochemical Pharmacology*, 1983; 32:1141-148.

Horrobin, D. F. "The role of essential fatty acids and prostaglandins in the premenstrual syndrome." *Journal of Reproductive Medicine*, 1983; 28(7):465.

Kofle, K. H. "Magnesium in psychotherapy." *Magnesium Research*, 1988; 1(1):99.

Kuhnau, J. "The flavonoids: A class of semi-essential food components: Their role in human nutrition." *World Review of Nutrition and Diet*, 1976; 24:117-91.

Larsson, B., e outros. "Evening primrose oil in the treatment of premenstrual syndrome. A pilot study." *Current Therapeutic Research*, 1989; 46:58.

Leathwood, P. D., e outros. "Aqueous extract of valerian root (Valeriana officinalis L.) improves sleep quality in man." *Pharmacology, Biochemistry, and Behavior*, 1982; 17(1):65-71.

Lindahl, O. e L. Lindwall. "Double blind study of valerian preparation." *Pharmacology, Biochemistry, and Behavior*, 1989; 32(4):1065-66.

London, R. S. "The effect of a nutritional supplement on premenstrual symptomatology." *Journal of the American College of Nutrition*, 1991; 10(5):494-99.

London, R. S., e outros. "The effect of alpha-tocopherol on premenstrual symptomatology: A double-blind trial." *Journal of the American College of Nutrition*, 1983; 2: 115-22.

Mamalakis, G. "Type A behavior and tissue linoleic acid: implications for stress management." *Journal of the American Collage of Nutrition*, 1991; 11(5):606.

Middleton, E. "The flavonoids." *Trends in Pharmaceutical Science*, 1984; 5:335-38.

Mira, M. e outros. "Vitamin and trace element status of women with disordered eating." *American Journal of Clinical Nutrition*,1989; 50:940-44.

Mohler, H. e outros. "Nicotinamide is a brain constituent with benzodiazepine-like actions." *Nature*, 1979; 278:563.

Nader, S. "Premenstrual syndrome: tailoring treatment to symptoms." *Postgraduate Medicine*, 1990; 90(1):173-80.

Neuringer, M. e W. E. Connor. "Omega-3 fatty acids in the brain and retina: Evidence for their essentiality." *Nutrition Revue*, 1986; 44(9):285.

Penland, J. "Effects of trace element nutrition on sleep patterns in adult women." *Federation of the American Society of Experimental Biology*, 1988; 2:A434.

Penland, J. e P. E. Johnnson. "The dietary calcium and manganese effects on menstrual cycle symptoms." *American Journal of Obstetrics and Gynechology*, 1993; 168(5):1417-423.

Puolakka, J. e outros. "Biochemical and clinical effects of treating the premenstrual syndrome with prostaglandin synthesis precursors." *Journal of Reproductive Medicine*, 1985; 39(3): 149-53.

Replogle, W. H. e F. J. Eicke. "Megavitamin therapy in the reduction of anxiety and depression among alcoholics." *Journal of Orthomolecular Medicine*, 1989; 4(4):221-24.

Rogers, S. "Chemical sensitivity: breaking the paralyzing paradigm: how knowledge of chemical sensitivity enhances the treatment of chronic disease." *Internal Medicine World Report*, 1992; 7(8):13-41.

Rosen, H. e outros. "Effects of the potassium and magnesium salts of aspartic acid on metabolic exhaustion." *Journal of Pharmaceutical Science*, 1962; 51:592.

Rudin, D. O. "The major psychoses and neuroses as omega-3 essential fatty acid deficiency syndrome. Substrate pellegra." *Biological Psychiatry,* 1981; 16(9):837-50.
Schneider-Helmert, D. e C. L. Spinweber. "Evaluation of L-tryptophan for treatment of insomnia: A review." *Psychopharmacology* (Berlim) 1986; 89(1):1-7.
Shute, E. V. "Notes on the menopause." *Canadian Medical Association Journal*, 1937, 10:350.
Simpson, L. O. "The etiopathogenesis of premenstrual syndrome as a consequence of altered blood rheology: A new hypothesis (evening primrose oil, fish oils)." *Medical Hypotheses,* 1988; 25(4):189.

Capítulo 6, Livros

Benson, R. e M. Klipper. *Relaxation Response*. Nova York: Avon, 1976.
Bourne, E. J. *The Anxiety and Phobia Workbook*. Oakland, CA: New Harbinger Publications, 1990.
Brennan, B. A. *Hands of Light*. Nova York: Bantam, 1987. [*Mãos de Luz*, publicado pela Editora Pensamento, São Paulo, 1990.]
Davis, M. M., M. Eshelman e E. Eshelman, *The Relaxation and Stress Reduction Workbook*. Oakland, CA.: New Harbinger Publications, 1982.
Gawain, S. *Creative Visualization*. San Rafael, CA.: New World Publishing, 1978. [*Visualização Criativa*, publicado pela Editora Pensamento, São Paulo, 1990.]
Gawain, S. *Living in the Light*. Mill Valley, CA: Whatever Publishing, 1986. [*Vivendo na Luz*, publicado pela Editora Pensamento, São Paulo, 1991.]
Kripalu Center for Holistic Health. *The Self-Health Guide*. Lenox, MA: Kripalu Publications, 1980.
Loehr, J. e J. Migdow. *Take a Deep Breath*. Nova York: Villard Books, 1986.
Miller, E. *Self-Imagery*. Berkeley, CA: Celestial Arts, 1986.
Ornstein, R., e D. Sobel. *Healthy Pleasures*. Reading, M. A: Addison-Wesley, 1989.
Padis, E. *Your Emotions and Your Health*. Emmaus, PA: Rodale Press, 1986.

Capítulo 8, Livros

Bailey, C. *Fit or Fat?* Boston: Houghton Mifflin, 1977.
Caillet, R., Dr., e C. Gross. *The Rejuvenation Strategy*. Nova York: Pocket Books, 1987.
Hanna, T. *Somatics*. Reading, MA: Addison-Wesley, 1988.
Huang, C.A. *Tai Ji*. Berkeley, CA: Celestial Arts, 1989.
Jerome, J. *Staying Supple*. Nova York: Bantam Books, 1987.
Kripalu Center for Holistic Health. *The Self-Help Guide*. Lenox, MA: Kripalu Publications, 1980.
McLish, R., e J. Vedral, Ph.D. *Perfect Parts*. Nova York: Warner Books, 1987.
Pinkney, C. *Callanetics: 10 Years Younger in 10 Hours*. Nova York: Avon, 1984.
Solveborn, S. A., Dr. *The Book About Stretching*. Nova York: Japan Publications, 1985.
Tobias, M. e M. Stewart, *Stretch and Relax*. Tucson, AZ: The Body Press, 1985.

Capítulo 9, Livros

Bell, L. e E. Seyfer. *Gentle Yoga*. Berkeley, CA: Celestial Arts, 1987.
Couch, J. e N. Weaver. *Runner's World Yoga Book*. Nova York: Runner's World Books, 1979.

Folan, L. *Lilias, Yoga, and Your Life*. Nova York: Macmillan, 1981.
Mittleman, R. *Yoga 28 Day Exercise Plan*. Nova York: Workman, 1969.
Iyengar, B. K. S. *Light on Yoga*. Nova York: Schocken Books, 1966. [*A Luz da Ioga*, publicado pela Editora Cultrix, São Paulo, 1986.]
Moore, M. e M. Douglas. *Yoga*. Arcane, ME: Arcane Publications, 1967.
Singh, R. *Kundalini Yoga*. Nova York: White Lion Press, 1988.

Capítulo 10, Livros

The Academy of Traditional Chinese Medicine, *An Outline of Chinese Acupuncture*. Nova York: Pergamon Press, 1975.
Bauer, C. *Acupressure for Women*. Freedom, CA: The Crossing Press, 1987.
Chang, S. *The Complete Book of Acupuncture*. Berkeley, CA: Celestial Arts, 1976.
Gach, M.R. e C. Marco. *Acu-Yoga*. Tóquio: Japan Publications, 1981.
Houston, F. M. *The Healing Benefits of Acupressure*. New Canaan, CT: Keats Publishing, 1974. [*Benefícios Terapêuticos da Acupressura*, publicado pela Editora Pensamento, São Paulo, 1996.]
Kenyon, J. *Acupressure Techniques*. Rochester, VT: Healing Arts Press, 1980.
Nickel, D.J. *Acupressure for Athletes*. Nova York: Henry Holt, 1984.
Pendleton, B. e B. Mehling. *Relax With Self-Therap/Ease*. Englewood Cliffs, NJ: Prentice-Hall, 1984.
Teeguarden, I. *Acupressure Way of Health: Jin Shin Do*. Tóquio: Japan Publications, 1978.